A FLAG WORTH DYING FOR

The Power and Politics of National Symbols

國旗的世界史

旗 幟 的 力 量 與 政 治

Tim Marshall

提姆・馬歇爾 著　林添貴 譯

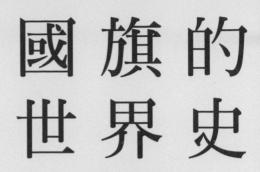

第一章　星條旗

1-1 美國國旗

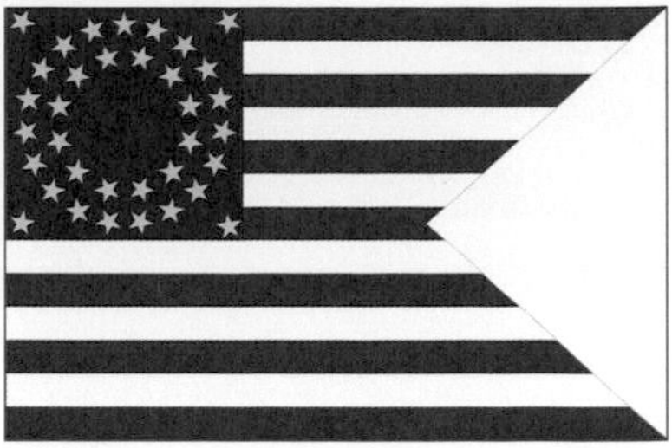

1-2 十九世紀第七騎兵隊隊旗

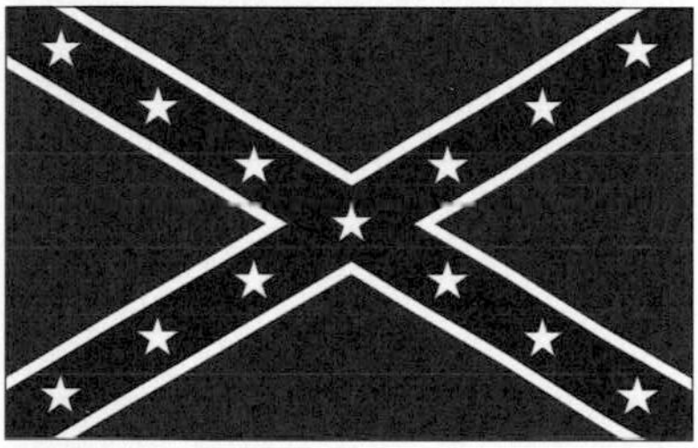

1-3 邦聯旗

第二章　The Union and the Jack

2-1 不列顛聯合王國國旗

2-2 英格蘭旗幟（白底紅色聖喬治十字旗）

2-3 蘇格蘭旗（藍底白色 X 形聖安德魯十字旗）

2-4 威爾斯國旗

2-5 愛爾蘭聖派垂克 X 形十字旗

2-6 斐濟國旗

2-7 吐瓦魯國旗

2-8 澳洲國旗

2-9 紐西蘭國旗

2-10 紐埃國旗

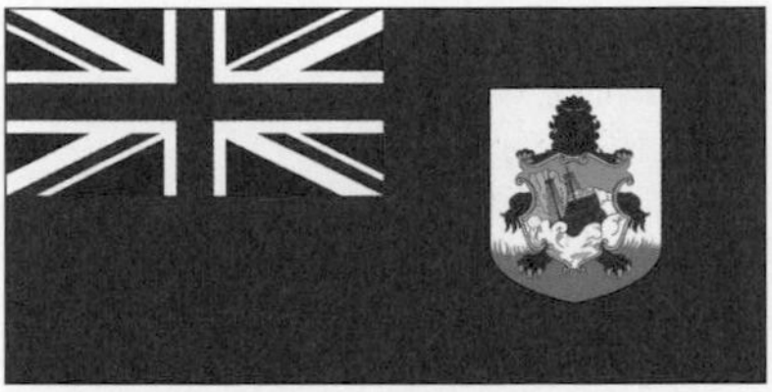

2-11 百慕達旗幟

2-12 安圭拉旗幟

2-13 開曼群島旗幟

2-14 蒙塞拉特旗幟

2-15 加拿大安大略省旗

2-16 加拿大曼尼托巴省旗

2-17 加拿大卑詩省旗

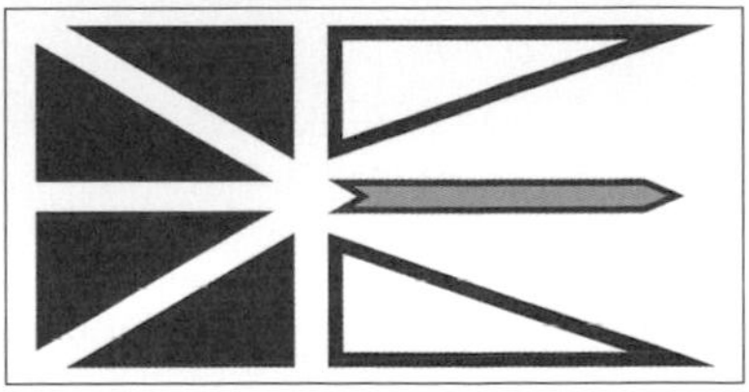

2-18 加拿大紐芬蘭與拉布拉多省旗

2-19 美國夏威夷州州旗

2-20 英國海軍白船旗

2-21 愛爾蘭國旗

第三章　十字架與十字軍東征

3-1 歐盟旗

3-2 法國國旗

3-3 德國國旗

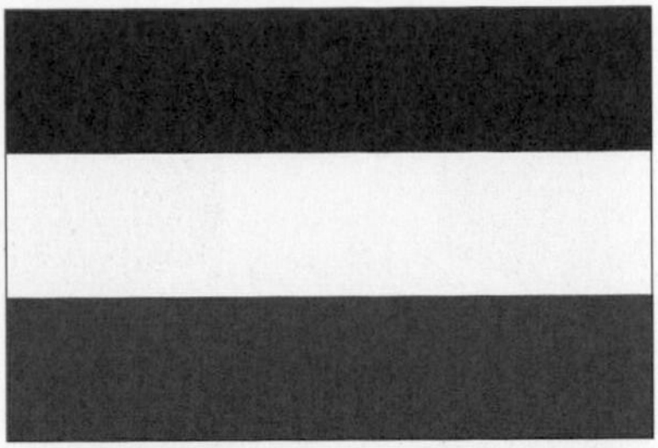

3-4 俾斯麥所訂定的德意志第二帝國國旗

3-5 納粹旗（1935-45 德國國旗）

3-6 耆那教旗幟

3-7 德意志民主共和國（東德）國旗（1959-1990）

3-8 1956-68 奧運東西德聯合代表隊旗幟

3-9 義大利國旗

3-10 特蘭斯帕達納共和國國旗

3-11 隆巴達軍團軍旗

3-12 奇斯帕達納共和國國旗

3-13 義大利王國國旗

3-14 丹麥國旗

3-15 瑞典國旗

3-16 挪威國旗

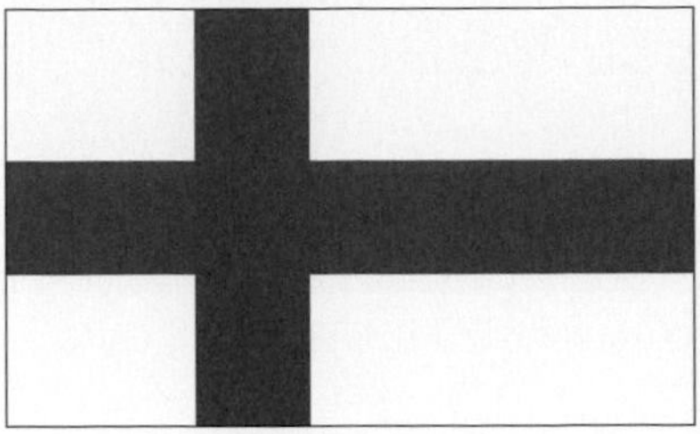
3-17 芬蘭國旗

3-18 冰島國旗

3-19 瑞士國旗

3-20 葡萄牙國旗

3-21 奧地利國旗

3-22 荷蘭國旗

3-23 俄羅斯國旗

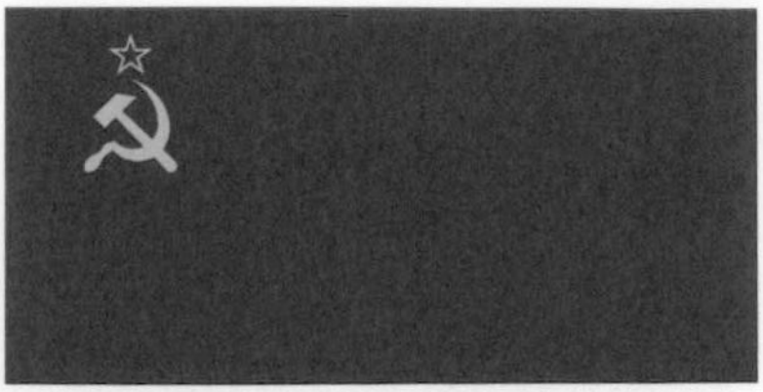

3-24 蘇維埃社會主義聯邦共和國（蘇聯）國旗

3-25 塞爾維亞國旗

3-26 斯洛維尼亞國旗

3-27 克羅埃西亞國旗

3-28 蒙特內哥羅國旗

3-29 蒙特內哥羅國旗

3-30 1995 年至今馬其頓共和國國旗

3-31 科索沃國旗

3-32 波士尼亞－赫塞哥維納共和國國旗（1992 年 5 月至 1998 年 2 月）

3-33 波士尼亞－赫塞哥維納國旗（1998 年至今）

第四章　阿拉伯的色彩

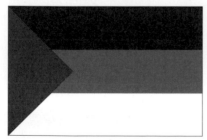

4-1 阿拉伯起義旗

4-2 沙烏地阿拉伯國旗

4-3 約旦國旗

4-4 土耳其國旗

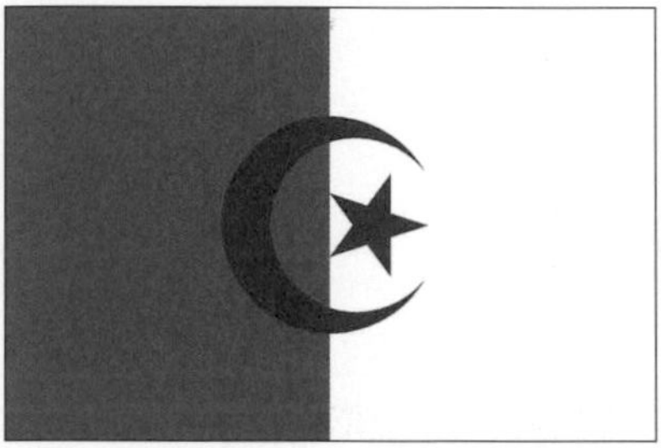

4-5 阿爾及利亞國旗

4-6 突尼西亞國旗

4-7 伊朗國旗

4-8 黎巴嫩國旗

4-9 埃及國旗

4-10 伊拉克國旗

4-11 以色列國旗

4-12 利比亞國旗

第五章 恐怖的旗幟

5-1 伊斯蘭國旗幟

5-2 征服敘利亞黎凡特陣線旗幟

5-3 真主黨旗幟

5-4 哈馬斯旗幟

5-5 伊茲・阿丁－卡桑旅團旗幟

5-6 哈馬斯政治部門旗幟

5-7 法塔旗幟

5-8 阿克薩烈士旅團徽記

第六章　伊甸園東

6-1 土庫曼國旗

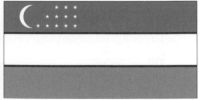

6-2 烏茲別克國旗

6-3 哈薩克國旗

6-4 塔吉克國旗

6-5 吉爾吉斯國旗

6-6 阿富汗國旗

6-7 巴基斯坦國旗

6-8 印度國旗

6-9 尼泊爾國旗

6-10 中華人民共和國國旗

6-11 1862（同治元年）黃龍旗

6-12 1889（光緒十五年）黃龍旗

6-13 中華蘇維埃共和國國旗

6-14 1912-1928 中國北洋政府五族共和旗

6-15 東突厥斯坦獨立運動旗幟

6-16 西藏流亡政府國旗「雪山獅子旗」

6-17 中華民國國旗

6-18 中華台北奧會旗

6-19 大韓民國（南韓）國旗

6-20 朝鮮民主主義人民共和國（北韓）國旗

6-21 日本國旗

6-22 日本軍旗

第七章 自由之旗

7-1 衣索比亞國旗

7-2 「環球黑人改善協會」泛非洲三色旗

7-3 牙買加國旗

7-4 拉斯塔法里亞運動的旗幟（衣索比亞的舊國旗）

7-5 迦納國旗

7-6 加彭國旗

7-7 幾內亞國旗

7-8 喀麥隆國旗

7-9 多哥共和國國旗

7-10 馬利國旗

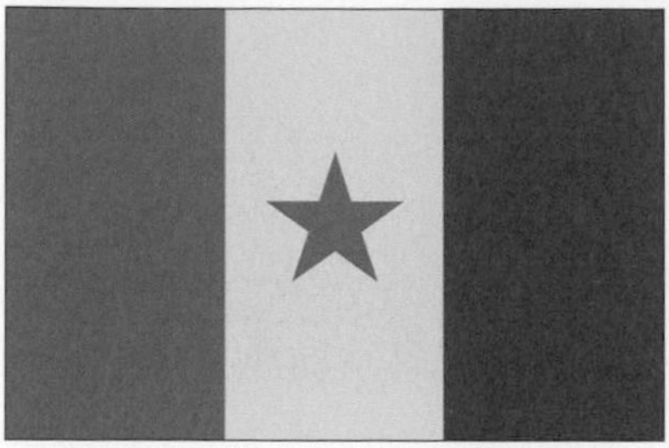

7-11 塞內加爾共和國

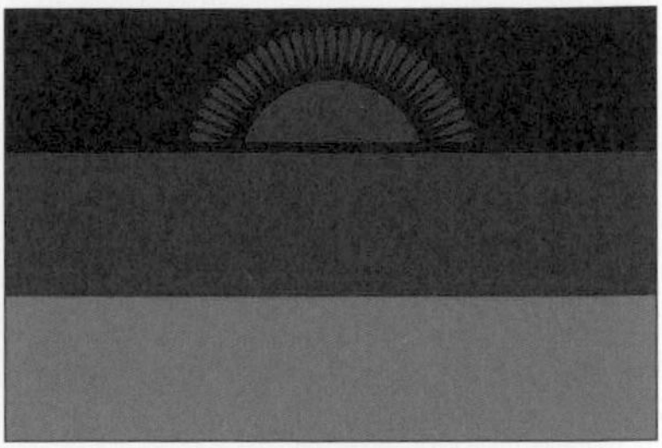

7-12 馬拉威國旗

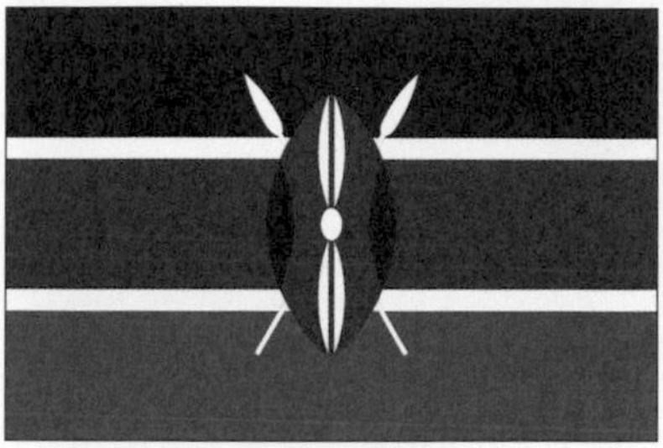

7-13 肯亞國旗

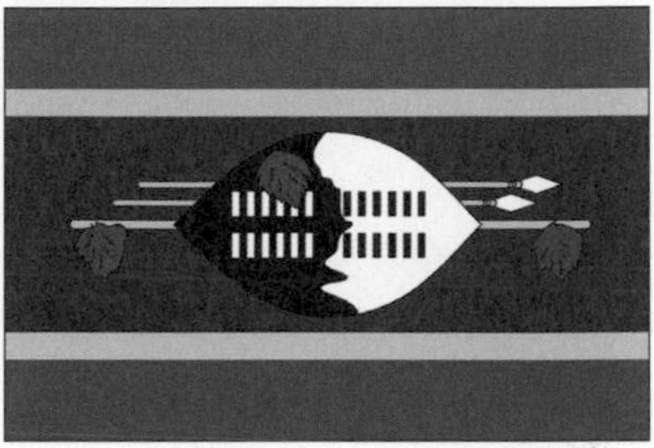

7-14 史瓦濟蘭國旗

7-15 莫三鼻克國旗

7-16 烏干達國旗

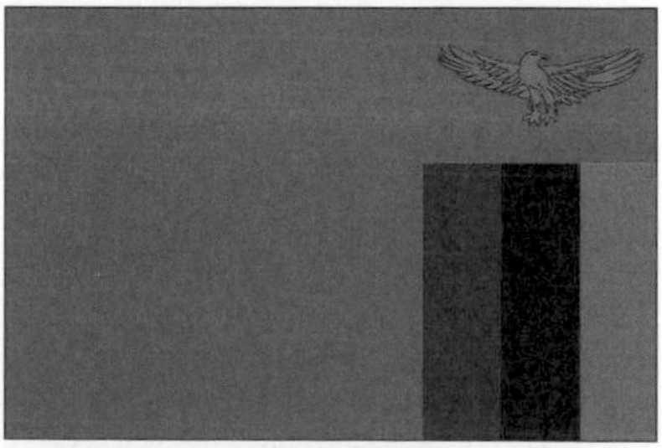

7-17 尚比亞國旗

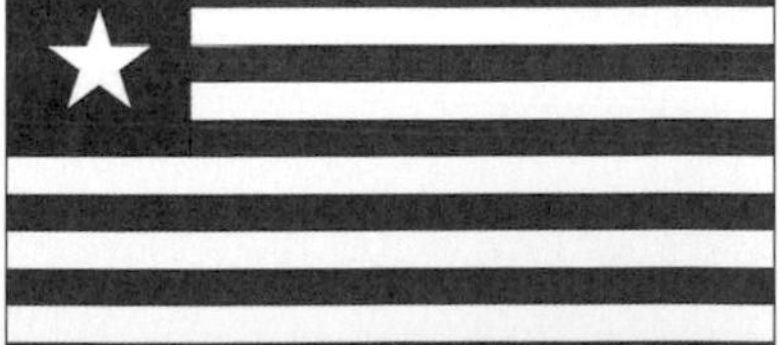

7-18 賴比瑞亞國旗

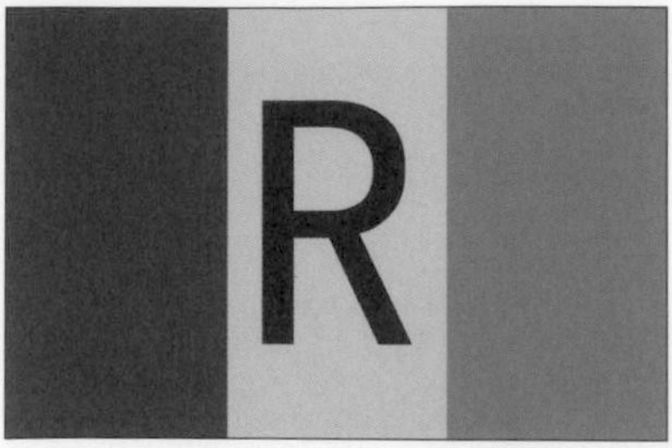

7-19 1962-2001 盧安達國旗

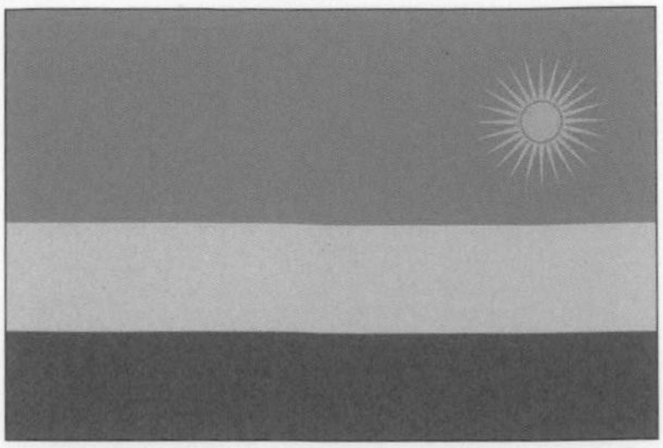

7-20 盧安達國旗

7-21 盧安達國旗

7-22 塞昔爾國旗

7-23 奈及利亞國旗

7-24 南非國旗

第八章 革命之旗

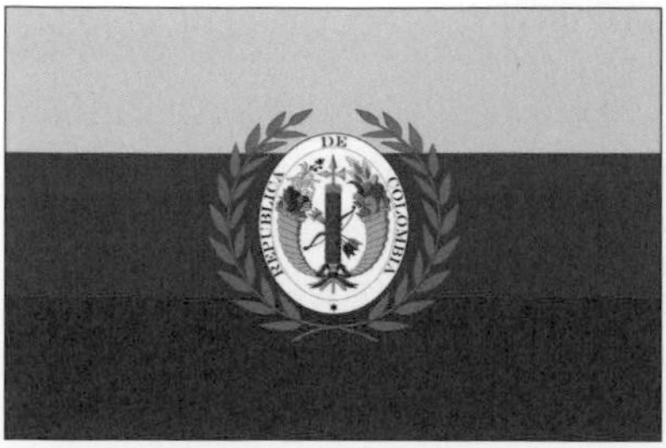

8-1 大哥倫比亞國旗

8-2 哥倫比亞國旗（1861 年迄今）

8-3 委內瑞拉國旗

8-4 厄瓜多國旗

8-5 玻利維亞國旗

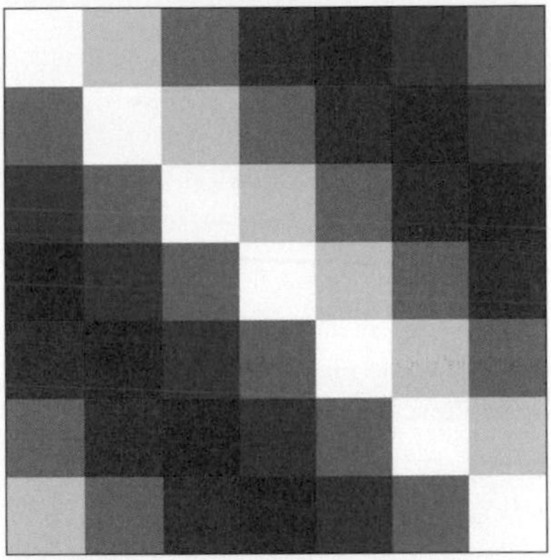

8-6 Wiphala 旗

8-7 墨西哥國旗

8-8 尼加拉瓜國旗

8-9 中美洲聯邦共和國國旗

8-10 薩爾瓦多國旗

8-11 宏都拉斯國旗

8-12 瓜地馬拉國旗

8-13 哥斯大黎加國旗

8-14 巴拿馬國旗

8-15 秘魯國旗

8-16 阿根廷國旗

8-17 福克蘭群島旗

8-18 烏拉圭國旗

8-19 巴西國旗

第九章 好壞與美醜

9-1 骷髏旗

9-2 紅十字旗

9-3 紅新月旗

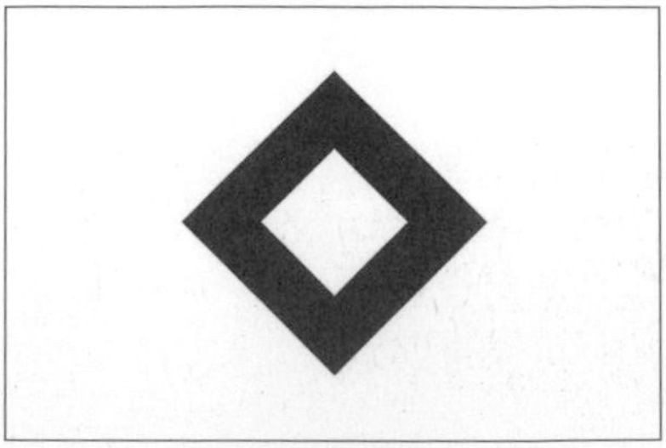

9-4 紅水晶旗

9-5 北大西洋公約組織會旗

9-6 奧林匹克五環旗

9-7 黑白色格子旗

9-8 彩虹旗

9-9 地球國際旗

9-10 聯合國會旗

目次

各界推薦

「本書充滿歷史軼事和時事評論，並進行了有趣的調查，包括對旗幟的研究——超過八十五個國家及伊斯蘭國、LGBTQ社群和海盜的旗幟。……這些迎風飄盪的集體認同，象徵著不斷團結又分裂的世界。」

——《紐約客》（*The New Yorker*）

「作者一個個國家敘述世界各國國旗的多樣性，並即興地以生動有趣的文字表達出來，充滿有趣的軼事和細節。這是專家的寶庫，其意義超出了世界旗幟的色彩與內涵。」

——《科克斯評論》（*Kirkus Reviews*）

「這可能是我們企盼已久、對國旗最完整的介紹——對世界最著名、有趣的旗幟展開華麗、詳細、研究透徹的巡禮……馬歇爾引導我們了解無數精彩的故事。」

——《地理雜誌》（*Geographical Magazine*）

「有洞見又有趣……真正的好書，在當今英國脫歐、川普、中國和伊斯蘭國紛擾的世界中，更形重要。」

——丹・路易斯（Dan Lewis），*Wanderlust* 雜誌

「馬歇爾指出，我們經常忘掉既有旗幟的強勢象徵……它們是溝通忠誠、力量和思想的快捷、視覺方式。」

——羅比・米連（Robbie Millen），《泰晤士報》（*The Times*）

「精心寫作、令人不忍釋手的作品。不論是種族認同、日本帝國主義、巴拿馬航運法令或納粹敗亡等主題，國旗道出了人類的處境。」

——勞倫斯・越飛（Lawrence Joffe），《猶太紀事報》（*Jewish Chronicle*）

「充滿敏銳的分析，非常有趣的作品。」

——安德魯・尼爾（Andrew Neil）

「及時探索歷史和傳說的線索如何編織成為國旗。」

——《泰晤士報文學副刊》（*Times Literary Supplement*）

「在今天全球化、媒體無遠弗屆的環境，國家與非國家標誌的角色已變得更加重要，其影象甚至更強烈和危險。這本機智的書讓我們注意到這股力量，我們不應該低估或誤判當今世界旗幟演進的事實。任何有心了解今天國際事務背後意義的人，都不應錯過這本書。」

——人類安全中心（Human Security Center）

「對於全世界的標誌及其歷史、意義，非常有趣的巡禮。」

——《每日郵報》（*Daily Mail*）

「輕快有趣的讀物……對於代表國家和國際榮耀的高度鮮明之象徵，進行了　容豐富的調查研究。」

——《出版家週刊》（*Publishers Weekly*）

「有趣的世界國旗短程旅行。」

——《圖書館期刊》（*Library Journal*）

「充滿活力……精彩絕倫……包含某些有趣的小驚奇。這本書值得理解這些長方形絲布竟可撼動個人和社群做出不尋常的行為，不論好壞。」

——《論壇雜誌》（*Tribune Magazine*）

「一本具有深刻意義的優異作品。」

——evilcyclist.wordpress.com

「節奏快速、不時詼諧地檢視國旗背後的故事……我真的很喜歡這本書，願意推薦給每位對國旗、對現代世界及我們如何認同國家有興趣的人。我一向認為很難向讀書推薦非小說作品，若有團體勇敢地選讀這本書，他們一定會有所收穫。」

——Nudge-book.com

導論

「我只不過就是你所相信的我，
我就是你相信我能做到的一切。」
——美國國旗與內政部長佛蘭克林．連恩（Franklin K. Lane）在一九一四年國旗日的「對話」

九一一當天，大火已熄、灰燼大底落定後，紐約消防局三名打火英雄爬上紐約市世界貿易中心仍在冒煙的廢墟，升起了一面美國國旗。

這件事並非事先規畫，也沒有官方攝影師在場；三人只是覺得在死傷枕藉、嚴重破壞的當下，他們應該做點具有正面意義的事。地方報紙攝影記者湯姆．佛蘭克林（Tom Franklin）恰好搶下這個鏡頭。後來他說，他的照片「啟示了我美國人民的力量」。

一片彩布究竟訴說著什麼，能讓這張照片不僅在美國、也在全世界新聞媒體上一再轉載？美國人很清楚，「老光榮」（Old Glory，譯按：美國國旗的俗稱）告訴他們的東西，非美國人難以體會它的幽微深意；但是，我們的確了解，因為我們許多人對我們自己國家和歸屬也會有同樣的感覺。你或許對你的國旗所代表的意義有非常正面、或甚至負面的意見，但事實是一樣的：這麼一塊平凡無奇的布塊正是國家的表徵。一個國家的歷史、地理、人民和價值——全透過這張布的形狀、顏色充分象徵出來。它深具意義，即使對不同的人可能會有不同的意義。

有一點很清楚，那就是這些表徵的意義一直很重要，有時甚至比以往更重要。我們看到民族主義再度興起，而伴隨著它，國族象徵也日益重要。邁入二十一世紀，某些知識份子圈普遍主張，在全球化時代，民族國家將會式微。這個觀點完全忽視各國仍然重視其認同意識的力量。

全世界各個國家的國旗都具有獨特意義和相似意義。它們全都訴說著某些東西——有時或許還說了太多。

二〇一四年十月有個案例，塞爾維亞國家足球隊在主場：貝爾格勒市游擊隊體育場（Partizan Stadium）迎戰阿爾巴尼亞隊。這是一九六七年以來阿爾巴尼亞代表隊首度訪問塞爾維亞首都。中間這段期間，南斯拉夫發生內戰，也和在科索沃（Kosov）的阿爾巴尼亞裔爆發衝突。經歷北約組織一連三個月轟炸塞爾維亞部隊和城鎮之後，戰爭在一九九九年終止，塞爾維亞實質上分治。然後，科索沃在二〇〇八年片面宣布獨立。這項行動得到阿爾巴尼亞的支持，也受到許多國家承認——西班牙沒有承認它，反而備受矚目。西班牙認為，科索沃國旗若在獨立的科索沃首都升起，可能刺激境內加泰隆尼亞（Catalonia）獨立運動。

時間快轉到六年之後，塞爾維亞和科索沃的關係——當然它和阿爾巴尼亞的關係也一樣——仍然相當緊張。因為確信他們將會受到攻擊，外地來的球迷不准入場。

儘管氣氛緊繃，觀眾席不時冒出有人高喊：「宰了阿爾巴尼亞人！」球賽進行的節奏遲緩。上半場即將結束前，球迷、然後部分球員開始注意到有一架遙控無人機從夜空慢慢飛近中場線。後來查明，三十三歲的阿爾巴尼亞裔民族主義者伊斯邁・莫里納吉（Ismail Morinaj）躲在附近大天使聖加百列教堂（Holy Archangel Gabriel）高處，可以看到球場，而遙控操作這架無人機。

無人機逐漸下降，全場吃驚、陷入一片靜默，它來到半場中央圈上方，突然爆裂開來。露出一面阿爾巴尼亞國旗。

光是阿爾巴尼亞國旗就足以出問題了，可是它還不止於此。旗上有代表阿爾巴尼亞的雙頭黑鷹，二十世紀初期兩位阿爾巴尼亞獨立英雄的臉像，以及「大阿爾巴尼亞」地圖，涵蓋部分塞爾維亞、馬其頓、希臘和蒙特內哥羅（Montenegro）。它還寫了一個大字autochthonous，指的是「原住民」。它要傳達的訊息是，阿爾巴尼亞人才是本地區真正的主人、而不是斯拉夫人；阿爾巴尼亞人從西元前四世紀就來到此地，是古代伊里安人（Illyrian）後裔，而斯拉夫人則在六世紀才來到此地。

塞爾維亞隊員史帝芬・米特洛維奇（Stefan Mitrovic）伸手拉下這面旗子。後來他說，他開始「盡可能平靜地捲起它，以便交給裁判員」，好讓球賽繼續進行下去。兩名阿爾巴尼亞球員從他手裡把旗子搶過去，事情就這樣爆開。幾個球員開始互毆扭打，然後一名塞爾維亞球迷從觀眾席衝進場，以一張塑膠椅砸阿爾巴尼亞隊長的腦袋。更多塞爾維亞球迷衝進場，這時候塞爾維亞球員才醒悟大勢不妙，試圖保護阿爾巴尼亞球員躲回休息室。球賽因此中斷。鎮暴警察和球迷們打成一團，還開火。

事件的政治後果非常嚴重。塞爾維亞警察搜索阿爾巴尼亞隊的更衣室，然後指控阿爾巴尼亞總理的內兄從觀眾席上操作無人機。兩國媒體全都民族主義附身；塞爾維亞外交部長伊維卡・達西奇（Ivica Dacic）說，塞爾維亞遭到「挑釁」，並且宣稱：「如果有人在地拉那（Tirana）或普里斯提納（Pristina）亮出大塞爾維亞國旗，早就被列入聯合國安全理事會議程了。」幾天之後，阿爾巴尼亞總理取消預定訪問塞爾維亞的行程——如果成行，它將是將近七十年來的第一次。（譯按：地拉那是阿爾巴尼亞共和國首都。普里斯提納是科索沃首府。）

喬治・歐威爾（George Orwell）曾經說，足球賽是「不開槍的戰爭」，現在竟然一語成讖。鑒於巴爾幹情勢的動盪不安，足球、政治和一面國旗混合在一起，甚至可以導致真實的戰爭。

在世貿雙星大廈現場豎起美國國旗，的確預告戰爭將要爆發。湯姆・佛蘭克林說，當他按下快門時，就想到它和前一場戰爭——第二次世界大戰——另一張著名影像的相似。當年美軍陸戰隊在硫磺島浴血戰豎起美國國旗。許多美國人將立刻認識到對稱，理解到這兩個時刻都抓住強大的感情激盪：悲哀、勇氣、英雄主義、抗爭、集體的奮戰和努力。

這兩張影像，尤其是九一一事件這張，也激發民眾想起美國國歌〈星條旗〉第一節，特別是最後兩句：

你看星條旗不是還高高飄揚
在這自由國土、勇士的家鄉？

在美國人民遭到強烈震撼之際，看到國旗飄揚，對許多人而言，起了安定作用。軍人高舉五十州眾星旗可能觸動美國文化中的軍國主義精神，但在世貿雙子星大廈廢墟之中看到紅白藍三色國旗飄揚，也將有助於許多平民百姓面對紐約市那個秋日所出現的另一個令人深刻不安的圖像。

我們如此寄託感情的這些國家標誌，從何而來？國旗在人類史上是相當晚近才出現的現象。印在布上的標誌早於國旗之前出現，古代的埃及人、亞述人（Assyrians）和羅馬人都使用它，直到中國人發明絲布，今天我們所知曉的國旗才蔚為風氣。傳統的布料太重，不容易舉起來，在風中也不易飄揚起來；絲布輕得多，因此做成的旗幟可以伴隨大軍進入戰場。

新布料和風俗沿著絲路傳播。阿拉伯人率先採用，歐洲人因為在十字軍東征期間接觸到而跟進使用。可能因為這些軍事作戰涉及許多西方軍隊，而更需要使用徽記、旗幟來幫忙辨識參戰部隊。後來這些徽記用於區分階級和血胤關係，尤其皇室朝代需借重它們來辨明；這也是歐洲旗幟從戰場標誌、海上辨識，演進到成為民族國家表徵的原因。

現在每個國家都有一面國旗，見證了歐洲帝國在全球擴張、思想散播，及對現代世界的影響。約翰・沃夫岡・馮・歌德（Johann Wolfgang von Goethe）告訴委內瑞拉國旗的設計人佛蘭西斯科・狄・米蘭達（Francisco de Miranda）：「國家始於一個名字和一面國旗，然後它成為國家，就好比人類落實他的命運一般。」

把國家濃縮進一面國旗，究竟是什麼意思？它代表試圖將人民團結在一套相同性質的理想、目標、歷史和信念之下——一個幾乎不可能的任務。但是當熱情被鼓舞起來、當敵人的大旗高高升起時，人們就開始靠向他們自己的標誌。國旗涉及我們傳統的部落趨勢和認同意識——一種「我們相對於他們」的意識。國旗設計上的許多象徵意義是根據衝突和對立的概念而來，譬如，紅色一般代表人民的鮮血。但是在現代社會，我們努力降低衝突、促成更大的團結意識、和平與均富，人類的活動已經模糊掉「我們與他們」之間的界線，試問國旗現在扮演什麼角色呢？

有一點很清楚，就是這些標誌仍然可以發揮極大的力量，迅速溝通觀念，強烈汲引情感。目前，民族國家的數量空前之多，但是非國家行動者也使用旗幟做為一種視覺工具，傳遞種種觀念，譬如，某些商業物品很便宜這種小事、或甚至宗教和種族暴力很可怕等等。這是我們在近代史上經常看到的現象，從希特勒和納粹的卐字旗——即使在今天，這個圖案仍會激起強烈的反應——到伊斯蘭國（Islamic State, IS）的崛起，旗幟強調的宗教或預言象徵仍可抓住人們的注意力，有時甚至獲得支持。

它們可以追溯到上古時期，而且迄今尚無消褪流行的跡象。最新的消費者科技——智慧手機——現在可以提供你任何國家的國旗標記，假如某個國家不幸發生悲劇，全世界各地人民都可以傳上附有此一國家國旗標記的簡訊，表示同情與支持的心意。

本書可以講述好幾百個故事，譬如全球一百九十三個民族國家，一國一個故事，但這本書就要變成非常厚的一本參考書了。因此，我們只講某些主要國旗的故事；某些罕為人知的國旗的故事；某些具有相當有趣歷史的國旗的故事。在大部分案例上，圖案、顏色和標誌的原始意義相當重要，但是在某些時候，對某些人而言，這些意義卻變形成為別的意思，成為國旗現在所代表的意義。代表的意思如何，其實全視觀者的信念如何而定。

我們以堪稱全世界最為人熟悉的國旗——美國的星條旗——為開端，它的視覺代表意義掌握住美國之夢。它深受其眾多人民的敬愛，是標誌可以界定及團結一個國家最強大的實例。從全球當前的大帝國，我們移向一個過去的帝國：英國國旗的影響力延伸到地球最偏遠的角落，這面旗幟代表一個龐大帝國的聯合陣線，但是在表面底下，不列顛群島內部仍有強大的民族認同意識，它們還未消褪，二〇一六年英國脫歐公投以及持續有人主張蘇格蘭獨立，就是明證。

歐盟旗也拚命努力喚起團結：在有根深柢固認同意識的歐洲大陸，許多歐洲人遠比過去更珍視他們的國旗。固然某些歐洲國家的國旗是以基督教圖案為基礎，長久以來，宗教的關聯性大半已經褪色。可是，再往南去的阿拉伯國家則不是如此：他們的國家經常出現強大的伊斯蘭標誌和思想，向其人民訴求。阿拉伯各國國旗的象徵意義相當強大，民族國家卻十分薄弱。未來的發展或許會使這些國家的形狀和國旗另有變化。可能的觸媒是，在阿拉伯世界有許多恐怖組織活躍；這些組織的行動和影響不時出現在電視螢幕上，非常有必要了解它們。像伊斯蘭國這樣的組織也極力利用宗教標誌，灌輸恐懼、創造全球知名度。

再往東到了亞洲，我們發現許多旗幟反映出二十世紀及在此之前，思想、人和宗教快速移動所造成的影響。這些現代民族國家有許多回到他們古老文明的根源去設計國旗，通常是呼應他們歷史的轉捩點、或融合古與今。反之，我們在非洲看到非常現代概念的顏色，它們甩開殖民統治的桎梏，以愈來愈自覺地面向二十一世紀。拉丁美洲的革命家與殖民者保持緊密的文化關係，這個大陸的許多國旗反映十九世紀建國者的理想。

旗幟是很強大的標誌，有許多其他組織也善予利用它們——它們可能傳遞畏懼、和平或團結的訊息，在不時變動的認同中成為國際普遍認識的標記。

我們揮舞旗幟，也焚燒旗幟，它們在國會、王宮、住家或展示間飄揚。它們代表大國的政治，也代表暴徒的力量。許多旗幟隱諱不明的歷史，其實可以告訴我們許多當前的發展。

我們似乎處於地方、區域、國家、族群和宗教的認同政治都在增長的大環境。權力轉移，舊日的確定性已經不復存在，因此人們在動盪、變化的世界尋找熟悉的標誌，做為意識型態的定錨。國家的現實未必能實現它的國旗所訴求的理想；即使如此，國旗可以有如美國內政部長佛蘭克林．連恩

（Franklin K. Lane）所擬想的星條旗的說法——成為「你相信我能做到的一切」。

國旗是可以激勵感情的標誌。它的力量可以啟發強大的感情，有時人們甘願追隨這面布旗投身砲火之中，為它所代表的意義效命捐軀。

第一章
星條旗

裡面沒有一絲線索，只有嘲笑
自我放縱，弱點和貪婪。
——美國國務卿查爾斯．伊凡斯．休斯（Charles Evans Hughes），一九二一—二五

「哦，透過一線曙光，你可看見？」在美國，答案是十分強烈的yes。從黎明到黃昏，放眼過去，美國是一片紅、白、藍色。國旗飄揚在政府官署、超級市場、汽車商展示間，從華廈到平凡的小屋、從木屋到白宮，到處可見。每天上午，它在上百萬個旗竿升起，「上帝的國家」正準備日新月異地創造地球上最成功的國家。

這是星條旗。普世最熟悉、敬愛、仇視、尊重、畏懼和欽羨的一面國旗。

美國國旗在遍布全球六十多個國家的七百多個軍事基地升起，陪著二、三十萬名駐紮海外的士兵

作息。對這些國家的某些人而言，看到星條旗在軍事基地升起便提醒他們，自己國家的一部分安全需依賴這個超級大國。然而，在那些批評美國的人士眼裡，它是過於自信和傲慢的象徵。它代表現已過時的後第二次世界大戰秩序，或甚至是帝國主義的大旗。從位於波蘭的美軍基地外頭看到它和在伊拉克看到它，一定會引起不同的感受。在台灣外海的日本漁船隊不會質疑飄揚著星條旗的航空母艦行經這條航道的權利，但中國船隊恐怕就不一樣了。某些反美人士基於感受的差異，尤其是歐洲的強硬左派，甚至在畫美國國旗時用代表納粹的卐字標記換上星星，並且顯露他們本身欠缺歷史知識，也把美國 America 拼寫為 Amerika 的事實。但這是和全球各地無數的人大相逕庭的行為，大部分的人仰慕美國，在需要援助時會向美國求救。

對美國人而言，在海外看到國旗等於提醒他們美國在全球事事參與，並想到許多次戰爭的歷史；批評國旗則代表美國在孤立主義與國際參與之間永久的辯論。小布希總統發動新戰爭，使美軍捲入國外亂局，而歐巴馬總統則想撤軍；等他明白外交政策的複雜性時，比起前任卻在更多國家採取軍事行動。在他們之後擔任總統的川普也將發現，美國的國力使美軍在國際舞台成為不可或缺的角色，但福禍難卜。

美國人對國旗的敬仰與其他民族大不相同。國旗的主要顏色就是他們國家認同的主要象徵，有時星條旗也被視為藝術形式。藝術家賈斯培．瓊斯（Jasper Johns）花了大半輩子在帆布上畫它、以鉛筆畫它、將它畫上銅器，再疊加於其他許多器物的表面。在他看來，國旗不是推銷或詆毀的標記，但它投射出的力量和引起的感情，卻讓身為藝術家的他十分感動。安迪・沃荷（Andy Warhol）也扛起大旗、向前邁進，而在他對美國及美國文化的視覺評論中也暗示了這一點。譬如，他拿太空人尼爾・阿姆斯壯（Neil Armstrong）在月球上拍攝的另一名太空人巴茲・艾德林（Buzz Aldrin）和國旗合影的照片，與這場劃時代登月之旅的其他照片融合，上了彩色，包括國旗在內，畫成粉色和藍色。沃荷的藝術品沒有特別的政治色彩，但他體認到這不僅是歷史上光輝的一刻，也掌握住事件發生的時代。絲網印刷的迷幻性質也凸顯出此一事件在一九六〇年代末期的技術亮點。國旗也出現在布魯斯・史普林史汀（Bruce Springsteen）最成功的唱片《生在美國》（*Born in the USA*）；對於這張唱片藝術設計背後的意涵及它想傳遞的政治訊息，有許多揣測和討論。史普林史汀接受《滾石雜誌》（*Rolling Stone*）專訪時則說：「國旗是很強大的圖像，當你把那些東西釋放出來時，你不知道它會被用來做什麼。」

在政治層面上，雷根總統一九八四年出神入化的電視廣告〈美國的早晨〉把國旗的效用發揮到最大。在五十九秒鐘的影片末尾，旁白員講出最扣人心弦的一句話：「現在，美國再度是早晨。」然後山姆大叔的未來——年輕孩童——欽慕地注視星條旗冉冉升起，迎接新的、充滿希望的一天。使用日出、國旗和期待光明的未來，正是在召喚全國百姓的集體意識；因美國還在為越戰療傷止痛，也還未走出一九七七至八一年卡特執政時期，德黑蘭美國大使館人質被扣、國家遭伊朗羞辱的陰影。

孩子們在自家前院向國旗行注目禮，然後到學校背誦：「我謹宣誓效忠美利堅合眾國國旗，及效忠它所代表之共和國，上帝之下的國度，不可分裂，自由平等、全民皆享。」《效忠宣誓》（*Pledge of Allegiance*）首次出版於一八九二年，然後慢慢普及全國，在南北戰爭之後與移民湧入的高峰期間，對凝聚國家認同極有貢獻。國旗用來在分裂及多元化的國家促進忠誠和團結；此後，世世代代的美國人每天早晨立正、右手撫胸，向這個國家標誌致敬。一九二三年，全國國旗會議通過《國旗法》（National Flag Code）後，《效忠宣誓》變成正式規定，這時已有二十八個州將它納入學校儀式，國會更於一九四二年將它訂為法律。一九四三年，要求宣誓效忠被裁定為不合憲法，但各界仍普遍這麼做，這在其他現代民主國家恐怕是罕見的作法。

這些彩布整天在微風中飄揚，從東岸到西岸，在每個商店、學校、工作場所和政府官署中都可看到。到了晚上，若要將「老光榮」降下來，通常會舉行盛大的儀式並遵守嚴格的規定。它會慢慢來，以確保每個部分都不會接到地面，而且它會被「等待的手和手臂」接收。《國旗法》告訴我們：「普遍的習俗是，只能從日出到日落，在建築物和露天的固定旗竿上展示國旗。然而，當需要展現愛國精神時，天黑時若有適當照明，也可以每天二十四小時展示國旗。」國旗可在特定的法定機構、八種類型的場地下日夜飄揚。其中包括麥亨利堡國家紀念碑（Fort McHenry National Monument）、巴爾的摩（Baltimore）、美國海軍陸戰隊硫磺島紀念館（US Marine Corps Iwo Jima Memorial）、阿靈頓（Arlington）國家公墓、白宮以及美國海關入境口岸。

在許多美國人心中，國旗幾乎等於神聖的象徵。那代表著他們自稱的「上帝之下的國度」，而美國政客則經常套用耶穌的話，推銷美國是「山上閃耀之城」（a shining city upon a hill）的概念。美國國旗是許多歌曲、詩詞、書籍和藝術品的主題。它代表美國人民的童年、夢想及他們原始地反抗暴政，現在則代表自由。它的故事就是美國本身的故事，而美國人對它的感受代表了這個國家的故事。任何國家的國旗都比不上美國國旗所能召喚的認同，其所引發的消極和積極感情都極其強烈。

九一一事件發生後，許多美國政客和一些電視新聞記者及主播開始在衣領上佩戴國旗別針，並旋即蔚為風氣。在二〇〇一年那股激情的氛圍中，它迅速成為展現關懷的榮譽徽章，或換個角度來看，不佩戴它便會遭人懷疑你缺乏愛國精神。這當然是一種錯誤的二分法，但在新聞二十四小時不斷地熾熱報導下，許多人還是選擇安全第一。幾乎所有小布希政府的工作人員都佩戴它們。當時擔任參議員的歐巴馬在九一一事件發生後短暫地佩戴國旗別針，之後才拿掉；他在二〇〇八年競選總統期間，遭質疑為什麼不戴了，於是趕緊又找出來，從此幾乎每天都佩戴它。

很諷刺的是，這些代表感情的小金屬片大都來自遠在東亞的工廠。二〇一〇年，國務院很尷尬地發現其禮品店出售的美國國旗金屬別針，塑膠袋上標明著「中國製造」。

美國國旗經歷一百八十三年和幾次的改變，才變成今天我們習於看到的模樣。目前以五十顆五角星代表合眾國五十個州的這個版本，可能不會是最後的版本。星條旗的原型出現在一七六〇年代中期、美國未誕生之前，即使現在，我們還從當今保守派的茶黨（Tea Party）聽到當年的迴聲；茶黨的名字源自「自由之子」（Sons of Liberty），他們因抗議課稅不公，在一七七三年把三百四十二箱英國茶葉從船上丟入波士頓港。此一事件被稱為波士頓茶黨之亂，它使得麻薩諸塞做為反抗愈來愈被當成異邦的英國之「愛國」基地的地位更加堅固。「自由之子」的大旗有九條紅白交錯的水平長條；有個未經證實的說法，星條旗的基本設計靈感來自於它。

英軍和殖民地民兵在美國獨立戰爭最初的小型衝突時，叛軍在號稱「大陸旗」（Continental Flag）或「大同盟旗」（Grand Union Flag）下作戰。它採用的十三條紅白交錯條紋代表共同起義的十三個殖民地。一七七六年七月四日，議會宣布脫離英國獨立；一年後，它又通過三個國旗法中的第一個。第二屆大陸議會海洋委員會（Marine Committee of the Second Continental Congress）通過一項決議：「茲決議，合眾國的國旗是十三條紅白交錯的條紋；同盟的十三顆星，藍底白星，則代表一個新星座。」十三個條紋、十三顆星代表如今宣布獨立的十三個殖民地，它們組成了全新的（但當時不是那麼閃亮）美利堅合眾國。

不過，法律沒有規定星星應該是什麼形狀、條紋應該是垂直或水平，直到今天，國旗有時掛成條紋是垂直形，並沒有人認為它不當。為什麼需要星星呢？當時並沒有說明，但國會眾議院在一九七七年出了一份出版品，宣稱「星星是天堂的象徵，也是人類自遠古時代就仰望的神聖目標。」

國旗的顏色代表什麼意義？當時並沒有說明。不過它符合國會在一七七六年委派設計的美利堅合眾國國璽的顏色。奉派設計國璽的委員會得到的指示為，設計出來的作品要能反映開國先賢的價值。委員會選擇了紅、白、藍三個顏色，國璽在一七八二年獲得採用。將國璽呈獻給大陸議會時，祕書查爾斯．湯姆森（Charles Thomson）[1]說，它的顏色「就是美利堅合眾國國旗所使用的顏色。白色代表純潔和天真。紅色代表堅強和勇敢。藍色……代表警惕、毅力和公義。」今天它仍用來驗證聯邦文書，也出現在美國護照上。你以為就是如此，但它是每個美國人的國旗，每個美國人都可以自己喜歡的方式詮釋顏色。有人說，紅色代表在獨立戰爭殉難的愛國志士之鮮血，也有人說，它代表所有為國作戰犧牲的人。當然也不無可能的是，一七七六年獨立戰爭時會用到紅白藍三色，因為英國國旗也是這三個顏色，但現在已是獨立自由之土，這個說法可能不太貼合人心。

原始國旗是誰設計的，現已不可考。傳說是女裁縫師貝絲．羅斯（Betsy Ross）在替賓夕凡尼亞海軍縫製旗幟時，產生了第一版的星條旗。至少她的孫兒在一八七〇年歷史學會召開於費城時是這麼說的。然而我們也找到有位法蘭西斯．霍浦金森（Francis Hopkinson）交給國會的發票，他堅稱他替國會設計國旗，因此政府欠他「兩桶啤酒」。這可就由讀者自由心證了。

隔了幾年，問題來了。佛蒙特在一七九一年加入聯邦，翌年肯塔基也加入聯邦。這促成了一七九四年的國旗法，它規定每有新的一州加入，國旗就要增加一顆星星和一個條紋。星條旗是因為這面國旗才獲得此名，這首詩歌也成為美國的國歌——以後還會有更多州加入聯邦。

到了一八一八年，國旗的條紋便多得像斑馬，有十八個州加入聯邦，緬因和密蘇里也在排隊等著加入聯邦。[2]因此國會又通過第三部國旗法，保留每加入一個新州、就添加一顆星星的規定，但恢復以十三個條紋代表原始十三州。不過，國會還是沒有明確決定星星組合的模式，因此我們仍可以在全國各地的博物館中，找到好幾種不同版本的國旗。一九一二年，塔虎脫總統通過一道法令，訂定當時四十八顆星星國旗的確切模樣，此後除了再增加兩個星星外，國旗就是我們現在看到的這個模樣。

一七九二年的國旗差不多就是美國律師兼詩人佛蘭西斯．史考特．基（Francis Scott Key）在一八一四年寫下的那首名詩——即一九三一年被正式訂定為國歌——所稱頌的旗子。這首詩是理解國旗如何及為何掌握民眾想像力的關鍵；一個簡單——甚至可說是隨意——在革命動亂中創造的設計，歷經多年後，如何成為代表全球最強大國家最高價值的象徵。

國歌的產生並非起於英國人所掀起的衝突。英國和法國在拿破崙戰爭中打成一團，戰火延燒到新世界，因為他們偶爾也會掠奪美國的船貨。麥迪遜總統藉機在一八一二年向英國宣戰。對麥迪遜而言相當不幸，拿破崙犯了巨大錯誤，在輸掉他與大半個歐洲的各國交戰的戰爭後，於一八一四年遭到流放，因此讓當時的全球超強國家英國能騰出力量與日後將取代它的美國好好算帳。

到了一八一四年，英軍火焚白宮，將其夷為平地，海軍也挺進到巴爾的摩外海，準備砲轟保衛全城的麥亨利堡。英軍後來果真也猛烈砲轟麥亨利堡。不過，就在英軍即將發動攻擊時，佛蘭西斯．史考特．基出現了，他乘著一艘船出現在英國海軍艦隊旁，要求英軍釋放某些俘虜。他交涉成功，但由於他可能看到了英軍的作戰準備，英國人認為最好將他扣押在船上幾天，以便炸毀麥亨利堡。

一八一四年九月十三日上午六點三十分，基氏被扣押在一艘英國軍艦上，英軍開砲，朝麥亨利堡連續打了一千五百發砲彈和八百支火箭。接下來的二十五個小時，他從砲彈的煙霧和火光中窺伺，試圖看清楚守軍在城堡上豎立的美國國旗是否仍屹立不倒，或英國登陸部隊已經在砲火掩護下衝進城堡、豎起英國國旗。

英軍的攻擊完全失敗：麥亨利堡屹立不動，而美方只有四人陣亡。基氏眼見星條旗依然在晨風中飄揚，於是在英國軍艦上寫起詩來：「火箭閃閃發光，炸彈轟轟作響，它們都是見證，國旗安然無恙。」第一段的末尾是個問號，因為他不敢斷定美國會戰勝：「你看星條旗不是還高高飄揚於此自由的國土、勇士的家鄉？」接下來幾週，這首詩經輾轉傳抄、印發後，從巴爾的摩遍及全美各地。再過幾年，在愈來愈信心十足的美國世紀，問號似乎已變得多餘。

麥亨利堡火砲中挺立不搖的那面國旗從一九〇七年就擺在史密斯松尼學院（Smithsonian Institution）的美國國家歷史博物館（National Museum of American History）中。現在它在一間低氧氣、低燈光、環境控制的展示間懸掛、保存著。

這就是美國人聚集在它底下全力奮戰的國旗，陸戰隊的戰歌開宗明義就唱著：「從蒙特祖馬殿堂到的黎波里海岸。」（From the halls of Montezuma to the shores of Tripoli）[3]他們高擎這面大旗打造美利堅帝國，一路跨越美洲大陸，從阿帕拉契山脈（Appalachian Mountains）穿越平原、西進洛磯山脈（Rocky Mountains），再進抵太平洋岸。

至於「的黎波里海岸」，指的是一八〇五年四月在今日北非的利比亞展開的德爾納戰役（Battle of Derna）。美國為扶植被廢黜、流亡在埃及的的黎波里國王卡拉曼利（Hamet Karamanli）復位，領事伊頓（William Eaton）率領陸戰隊中尉歐班農（Presley O'Bannon），帶著七名陸戰隊員及招募來的四百多名傭兵部隊，行軍五百英里、跋涉近兩個月，穿越沙漠，由埃及前往當時鄂圖曼帝國轄下的大城德爾納。四月二十七日，這支雜牌軍在美國海軍地中海艦隊砲火的掩護下，攻入有四千多名守軍的德爾納。歐班農升起美國國旗。（一七九五年至一八一八年的版本，有十五顆星和十五個條紋。）這是有史以來美國國旗首次在大西洋彼岸的異域升起。德爾納戰役也是美國獨立戰爭之後，美軍部隊第一次出征到異國展開的陸地作戰。

美國國旗（圖1-1）與時俱進，屢有更迭，每有一個新的州加入聯邦，國旗上就多添一顆星星。砲兵部隊是軍方的第一個單位，在一八三〇年代採用其基本設計（稍有修改）做為戰旗；步兵則在一八四二年跟進；騎兵在一八六一年也跟著採行。騎兵有一個星條旗隊旗，右手邊的中間切出一個三角形，因而多出兩個點；左上角的星星則圍成一個圓圈。一八七六年，喬治・卡士達（George A. Custer）將軍率領的第七騎兵隊在蒙他那州參加小大角戰役（Battle of Little Big Horn），他舉的戰旗之一就是此一設計圖案。（圖1-2）

卡士達的部屬也熟悉另一面著名的賈斯登旗（Gadsden flag），雖然此時它已被認為是殖民地戰爭留下的遺跡。賈斯登旗是由克里斯多福・賈斯登（Christopher Gadsden）准將於一七二四年至一八〇五年在美國革命期間設計，做為大陸軍陸戰隊（Continental Marine）的戰旗。黃底的旗幟中央是一隻蜷曲的響尾蛇，底下標明「別踩我」（Don't Tread On Me）[4]。這不是要求；這是警告。

當時，這個訊息很清楚；十三州裡的許多州都有響尾蛇；到了獨立戰爭期間，各州已被人和響尾蛇聯想在一起。「別踩我」明顯就是在警告英國人，同時做為振奮民心、絕不做大英帝國屬地的號召。

後來就愈來愈少人用到它了，直到南北戰爭期間南軍才暫時用得到它。不過到了一九七〇年代，自由意志主義派（Libertarian）圈的積極份子又開始以它做為個人主義及不信任大政府的象徵。九一一事件後，它又再度流行起來。這句口號因為美國本土竟遭攻擊而觸動了民眾受震撼的心弦。國旗及相關小物件的銷售在本世紀初一直穩定熱銷，它也開始出現在汽車牌照與棒球帽上。

接著，約在二〇一〇年前後，茶黨及擁護槍枝權利團體的支持者又以它為號召口號，不過它也開始出現其他涵義。極端份子因反對美國首位黑人總統而借用這面旗幟，在某些人心目中，它逐漸與種族歧視連結在一起，尤其是因為賈斯登本身蓄奴的緣故。

二〇一四年，平等就業機會委員會（Equal Employment Opportunity Commission）接到一位郵局員工的申訴，認為某同事習慣性地戴著一頂貼著賈斯登旗圖案的帽子上班，構成種族歧視的騷擾。委員會同意，此事已足以使它啟動調查，但是它的函釋只差一步，沒有裁定賈斯登旗是種族歧視的象徵，以及戴它會構成歧視。

對強烈支持或反對國旗的兩派人馬而言，此一議題含糊不清並不吻合他們的世界觀。如果你是辯論的一方，你指著委員會函釋，它說：「情勢很清楚，賈斯登旗源自革命時期、並無種族主義的脈絡。」另一方面，這段話的另一邊又跳出來說：這面旗幟「有時被解讀為在某些脈絡下，傳遞著種族歧視的訊息。」

在我們多數人聽來，此地的關鍵字是「在某些脈絡下」。我們稍後在本書將會看到，英國人，特別是英格蘭人，也經歷過相似的辯論。在上個世紀末的某一段時期升起英國國旗，在某些脈絡下可被解讀為隱含種族歧視意識。

旗幟可以有「多重意義」。當你升起一面旗幟時，可能意在表示某種意思；但別人卻可能認為，你是要表達完全不同的意見。除非象徵符號很明顯，否則要證明意圖真的很難。接著，我們將檢視最著名的第二面美國國旗。

在美國南北戰爭期間（一八六一—六五），北方奉星條旗為正朔而打仗，「老光榮」（Old Glory）的綽號也因內戰時期的一段故事而傳誦開來。曾在北方海軍服役的退役上校威廉・德萊佛（William Driver）老早以它為名，稱呼他船上懸掛的星條旗。內戰期間，住在南方田納西州納什維爾的當地武裝邦聯部隊便要求他交出國旗，而他悍然峻拒道：「如果你想拿走我的國旗，你必須踩過我的屍體來搶。」這面國旗此後被藏起來，直到北方聯邦軍隊俄亥俄第六團攻占納什維爾，德萊佛才欣然交出。俄亥俄第六團後來採用「老光榮」做為部隊的格言，此故事也傳遍全國。德萊佛上校去世後安葬於納什維爾，他的墓園是少數幾個美國國旗天天二十四小時正式飛揚的地點之一。

北方有了國旗，但南方各州的軍隊也有他們自己的國旗——事實上，有多個版本，而日後被公認代表南方的那面旗幟起先是戰旗、而非南方邦聯的正式國旗。它被稱為邦聯旗（Confederate flag），又名狄克西旗（Dixie flag）、南方十字旗（Southern Cross），它是紅底、有個鑲上星星的藍色交叉X。（圖1-3）北方各州贏了內戰，後來許多南方人在內戰戰友重聚、儀式和喪禮場合都繼續升起邦聯旗。它紀念戰死者，也慶祝鮮明的南方文化。然而，它也和南方為維護奴隸制而打仗的人結合在一起，這些人在內戰之後仍設法想讓黑人蒙受種種種族歧視法令的限制，並以這些法令防止黑人從奴役中解脫出來。譬如，最惡名昭彰的是《吉姆·克勞法令》（Jim Crow laws），實質上阻礙了許多黑人行使投票權。[5]然而，狄克西旗做為這一切最明顯的象徵這點，則要到一九四〇年代末期，才普遍在國內外受到認識。如果你觀賞一九一五年大衛·格里菲斯（David W. Griffith）導演及製作之賣座鼎盛的默片電影《國家的誕生》（*The Birth of a Nations*），你會看到，除了三不五時出現對黑人含有種族歧視的樣板描述外，許多場景還描繪南北戰爭結束後現身的3K黨聚眾活動。可是你看不到邦聯旗，而在早期南北戰爭的作戰場景中，同樣也看不到。

第一次世界大戰之後，白人至上主義團體快速成長，尤其在南方各州，3K黨逐漸採用這個標誌。一九四八年，邦聯旗成為州權民主黨（States' Rights Democratic Party）的象徵，它想擁護種族隔離、對付新興的民權運動。綽號「狄克西民主黨人」（Dixiecrats）的南方民主黨人，認為美國憲法第四條規定的是：「我們代表種族隔離。」

儘管有上述負面的連結關係，整個一九五〇年代，邦聯旗也開始愈來愈以文化的象徵出現。在某些人看來，它只是認同傳統與區域驕傲的方式，及代表南北內戰的這個事實。它也開始普遍現身於廣告及大眾文化之間。譬如，長久播映的電視連續劇《哈札郡的杜克家族》（*Dukes of Hazzard*），主人翁的兩個表兄弟開著一輛道奇戰馬型（Dodge Charger）在喬治亞州四處遊蕩，這輛名叫「李將軍」的車，以著名的內戰南方英雄為名，並在車頂上掛著邦聯旗。這不是要暗示杜家堂兄弟支持種族隔離，他們只是南方來的小子。

然而，鑒於它在政治上的弦外之音及與3K黨扯上關係，邦聯旗在某些情況下被認為不適合在公共場合飄揚。二〇一五年在南卡羅萊納州，白人戴蘭・魯夫（Dylann Roof）在教堂謀殺九位黑人，並經過激烈爭辯後，邦聯旗自州政府大廈降下、移走。魯夫在網路上播出的影片顯示他朝星條旗吐口水、並揮舞邦聯旗。除去邦聯旗後，歐巴馬總統在推特上貼文說：「南卡羅萊納降下邦聯旗——這是善意的表徵，是走向美好未來、療癒及有意義的一步。」

從一八六五年至大約一九五〇年代的這段期間，邦聯旗受歡迎的程度絕對趕不上星條旗，但是到了二十世紀下半葉，它愈發提醒人們，南北內戰的種種爭議並未完全成為過去。不過，深鑄於美國人意識中的代表顏色就是星條旗的紅白藍三色。

這面國旗帶領美國人經歷兩場世界大戰、韓戰、越戰、伊拉克戰爭、阿富汗戰爭和九一一事件。

它也在大蕭條期間的失業地區，以及民權運動期間飄揚。它在數以百計的奧林匹克金牌得主頒獎典禮上，見證美國持續年輕並充滿活力。它在聖母峰上飛揚，甚至上了月球。透過所有這些奮鬥和勝利，它裝載了許多美國人極為珍視的價值，其中最重要的莫過於自由與成功。也難怪絕大多數的美國人如此尊敬這面國旗，有時已到了令外國人感到奇異的地步。

關於如何對待美國國旗的法律及行為準則，其數量、複雜和象徵性的確驚人。我們從這些法令看到，美國人對這一近乎神聖的物件之深厚感情，我們也一再聽到觸動許多美國人心弦的關鍵字句，如「效忠」、「光榮」和「尊敬」等。關於國旗的規矩可以寫成一本書，以下我們將舉幾個例子，有些是依據國旗法訂定的聯邦法，將會告訴我們，愛國的美國人看到、觸摸以及想到國旗時的感受。

國歌一演奏、國旗一出現，美國人民必須立正，右手撫胸、面對國旗行注目禮。身著制服的軍人在聽到音樂的第一個音符時，就應該向國旗敬禮，直到最後一個音符結束。這首曲子更適合東京下班時間，醉客在卡拉ＯＫ高聲歡唱，或在威爾第歌劇的末尾，做為一位胖女士黯然而死的結局之高音調，但這並不是重點。美國國歌的調子很高，並不是美國民眾的過錯。它出現在棒球、籃球和美式足球比賽，經常由前一年比賽的勝利者領唱，卻因為領唱者的起音過高或過低反而毀了它。它有相當複雜的和弦變化組合，如果你一開口起音不當，你就會一路錯到底。

我們回到關於對待此一國家象徵的法律規定。從一開始就很嚴肅：「不應對美利堅合眾國的國旗表現不敬；國旗不應驟降於任何人或事物之上。」「當國旗展開、跨街懸掛時，應該水平懸掛，星星掛在北角或東角。它不能碰到建築物、地面、樹枝或灌木。」等等，一連好幾頁，還包括：「國旗用以覆棺時，星星應放置棺頂、遮覆左肩。國旗不應放入墳中或碰觸地面。」「國旗不應用於任何廣告目的。」「國旗代表國家，因此必須當做生命體來對待。因此，衣領上的國旗別針只是複製品，應該佩戴在左衣領、靠近心臟的位置。」

雖然人們未完全遵守所有這些規定，尤其是不得做為廣告用途這一項，但國旗是神聖的象徵則殆無疑義。這種尊敬也延伸到如何摺疊國旗。我曾多次觀察到美國殉職士兵葬禮上摺疊國旗的情形。不過這寫在書面上，讀起來有點怪；如果國旗只是收起來、擺在抽屜裡，這項儀式可能就顯得太超過，但在葬禮儀式中，緩慢、細心地收回、摺疊國旗，一切都在寂靜中進行，是相當感人的畫面。深信要為國效勞、從軍的信念，在美國可謂比在其他許多國家更發達，而為此信念而犧牲的思想在美國軍人集體意識中也極為強大，尤其是陸戰隊。當出席一位陣亡陸戰隊員的葬禮或追悼會時，便會感受到那是痛失家人之慟。

這也是為什麼理論上摺疊國旗的細節規定似乎過於戲劇化，實務上卻相當合宜。「將旗幟拉直至全長並縱向摺疊一次，再將它縱向摺疊第二次，碰到開放的另一邊，並確保整體看來，藍底的星星保持向外。接著摺疊條紋角，並往開放邊緣呈現三角形。」一直持續到只有藍色露出來；旗幟的形狀像是翹起帽子的形狀，彷彿美國革命時期愛國者所戴的三角帽。

對於每天晚上或在葬禮上負責降旗和摺疊儀式的美國三軍將士而言，每個摺疊都有意義。第一個象徵生命，第二個象徵對永生的信仰，第三個象徵身體復活的信念，直到第五摺唸著海軍名將史蒂芬・狄卡特（Stephen Decatur Jr.）的名言「我們的國家」、「對或錯」，直到第八摺，「向進入死亡幽谷的人致敬，我們可以看到白晝的光芒」。到最後，紅色和白色條紋將包進藍色當中，而根據軍方的說法，「白晝的光芒消失在夜晚的黑暗之中」。鑒於其中基督教的隱喻，有人可能會覺得部分說詞有問題，但正如憲法沒有規定美國應該崇拜什麼樣的神祇，美國軍方也不會涉入太細微的部分。

國旗法也指導美國人在必要時，如何清潔和修補國旗，但是「當國旗破舊到不宜再代表國家時，應該以有尊嚴的方式將它燒毀」。這裡頭就是一個故事——不，應該說是葬禮。美國國旗法有關銷毀國旗儀式的規定，包括下列條文：

個別公民、小型團體或組織，應該小心謹慎地進行，以免銷毀行為被視為抗議或褻瀆……可以布置一張空椅子做為鍾愛「老光榮」、但已去世或因體弱而無法參加者的「榮譽席」。

儀式開始。依據你的傳統安排一位牧師或主禱者。

儀式主持人：「我們今天在此集會，銷毀已無法效力國家的這些國旗……這些國旗啟發了渴望自由的人士，並為那些遭受暴政和恐怖壓迫的人們帶來希望……我們知道這些國旗光榮服務。它們的星星和條紋已釋放於自由之風，並已在自由之光中熠熠生輝。」

種種規定族繁不及備載，直到儀式最後，大家合唱〈天佑美國〉（God Bless America）。

還有一些更正式的儀式。包括在焚燒前，出動六位以上稱為「退役員」（Retirement Crews）的志願者，負責先將國旗剪成好幾片。四人各執一角，第五人動刀，第六人收下。然後是複雜的儀式，結尾是：

然後，點火燒毀國旗，要使用紅木，「讓我們記得在這面國旗下、為建立國家而戰鬥、殉死的熱血美國人。橡木代表堅強的力量，高擎這面國旗走遍全國，今天更到達了星際。雪松（Cedar）保護我們免於遭受瘟疫和腐敗，並維護我們美國人的生活方式」，也要使用「核桃木讓我們記得肥沃的土地、美麗的農村，以及我們祖先建立的完滿的兄弟情誼」。

某些愛國意識強烈的美國人還真是不厭其煩地走完儀式的全程。這類似於正統的猶太人傳統，若《妥拉》（*Torah*）捲軸受損，就要鄭重其事地將它埋葬入土，以顯示對此一「上帝的話語」的絕對尊重。這也提醒人們，美國人如何重視國旗的圖騰意義。

絕大多數的美國人可能從未參加過國旗「退役」的儀式，有些人可能會覺得這個儀式過於拘泥。即使如此，這並不代表當他們看到國旗在怒火中被燒毀或以其他方式褻瀆時，會感到輕鬆。焚燒美國國旗在世界上某些地方，尤其在中東，是司空見慣的事情。但這種事也發生在美國。不論在哪裡，肇事者很清楚他們幹的勾當，以及它會引起的情感反應。即使他們講不出其行動的意義，但也本能地知道，他們是在施加極大的侮辱，而且他們的本意正是如此。我曾經在巴基斯坦、伊拉克、埃及、加薩、伊朗和敘利亞看到火焚美國國旗。在所有的場合，伴隨著根本說不清的怒火，總有一些可笑的幼稚行徑。焚燒美國國旗的人明顯要表達他們對美國殺氣騰騰的感受，但我也覺得，即使這麼做，他們下意識也曉得，他們展現的是挫折感，眼睜睜看著他們恨之入骨的制度如此成功，自己卻無能為力。肇事者來自的文化可謂迷戀光榮到了極點，因此只要能夠羞辱「敵人」，就能帶來極大的喜悅。

眼看自己國家的國旗在國外遭人焚燒，與目睹自己同胞焚燒國旗，兩者所激發的感受不同：有時所產生的憤怒更強大。美國歌手強尼．凱許（Johnny Cash）在去世前幾年，推出了一首有關星條旗的歌〈破舊國旗〉（Ragged Old Flag）。他對著滿堂聽眾說：「我感謝上帝，我們在這個國家享盡各種自由。我珍惜它們。你們也知道，甚至有權利焚燒國旗。我以享有這些權利為榮。」此話一出，立刻讓在場鄉村歌曲與西部歌曲愛好者大感意外，有些人開始喝倒采噓他。強尼．凱許趕緊請大家安靜，容許他把話說完。他後面要說的是：「我要告訴大家。我們也有權利帶槍。如果你敢燒我的國旗，我一槍把你斃了。」

這很有趣地呈現出美國憲法第一條修正案和第二條修正案的先後順序。第一條修正案為：「國會不得制定有關下列事項的法律：確立一種宗教或禁止信教自由；剝奪言論或出版自由；或剝奪人民和平集會及向政府要求伸冤的權利。」第二條修正案為：「紀律良好的民兵隊伍，對一個自由國家的安全實屬必要；故人民持有和攜帶武器的權利，不得予以侵犯。」

一九八九年，聯邦最高法院援引憲法第一條修正案解釋，為何在美國火燒國旗不算犯法。它似乎不會如此解釋憲法第二條修正案，允許強尼．凱許開槍射殺焚燒國旗公民的行為。聯邦最高法院審理「德克薩斯州控告約翰生案」（Texas v. Johnson, 1989），做出此一裁決，日後又經一九九〇年「聯邦控告伊奇曼案」（US v. Eichman, 1990）而確立。這些裁決從許多層面來看都很有意思，因法院採取的觀點是，國旗是「象徵性的言論」——因此焚燒國旗是表述觀點，所以受到憲法第一條修正案的保障。

在此之前有段時期屢屢發生焚燒國旗的事件，尤其是越戰期間。一九六八年，國會通過《聯邦國旗褻瀆法》（Federal Flag Desecration Law），規定不得「藉由公開毀壞、汙損、醜化焚燒或踐踏它」，刻意褻瀆「任何美國國旗」。後來有位葛瑞格利．李．約翰生（Gregory Lee Johnson）在一九八四年抗議雷根總統的政策，在德州達拉斯公開焚燒一面國旗。德州當局以他觸犯德州州法的罪名逮捕他，判處一年有期徒刑。

他援引憲法第一條修正案提出上訴，聯邦最高法院後來以五比四的票數判他勝訴。大法官安東尼．甘迺迪（Anthony Kennedy）的裁決意見如下：「雖然符號通常是我們自己設定其象徵，但國旗在表達美國人共同的信仰，即信仰法律與和平，還有維持人類精神的自由等這些方面，都是不變的。今天這個案件迫使我們承認，我們對這些信念該付的代價。很遺憾、但也很根本，國旗保護那些蔑視它的人。」

這場戰事在美國和全世界其他國家仍在進行。國會現在還有一個法案《二〇一二年國旗保護法》有待通過。將來若通過，不僅適用於美國境內、也及於國外，並可據此起訴違反者。法案規定，任何人摧毀或損害美國國旗將可處以「十萬美元罰鍰、最高一年有期徒刑，或兩者併罰」。任何人偷竊屬於美國政府之國旗，損害或摧毀它，將可處以「最高二十五萬美元罰鍰、最高兩年有期徒刑，或兩者併罰。」這段文字也規定，這項法律適用於「任何保留為美國使用，或它專屬或同時管轄範圍內的土地」。換言之，這項法令在過去十年內若已生效，伊拉克人在其首都巴格達焚燒美國國旗，以示抗議美國入侵，便可遭到起訴並判處徒刑。

川普總統在當選後、就職前表達了他的觀點。他在推特貼文中提到：「任何人都不應獲准焚燒美國國旗——他們若焚燒美國國旗，就必須承擔後果——或許是失去公民權或坐一年牢！」根據聯邦最高法院訂下的理由，這篇推文可能和他在二〇一三年的另一篇貼文相互矛盾。當時他貼出喬治・華盛頓的一句話：「言論自由若被剝奪，那麼我們就會被愚蠢和沉默帶領，像羊一樣送到屠宰場。」

世界各國對於褻瀆國旗的罰則，各有不同規定。規定不准褻瀆國旗的國家絕不限於高壓國家。雖然在現代民主國家中，書面上的法律很少像獨裁統治國家那麼嚴厲，但似乎都有一定的模式或分類。譬如，英國、澳洲、比利時、加拿大和日本，沒有法律禁止它，而德國、義大利、奧地利、克羅埃西亞、法國、墨西哥和紐西蘭則明文規定不准。德國法令規定，可將褻瀆國旗犯者處以最高三年的有期徒刑，中國也是。法國的最高刑期則是六個月。

話題折回美國。愛提問題的律師挺忙的，譬如他們提問：「紅、白、藍代表什麼意義？在中國製造，又會有什麼影響？」如果紅白藍指的是美國國旗，他們就可以大作文章了。許多州已經通過或正在立法，規定市面上出售的美國國旗都必須是美國製造。明尼蘇達州首開先例，現在如果明尼蘇達州商店出售在外國製造的美國國旗，違反此一輕罪的人犯可處以一千美元罰鍰，甚至坐牢九十天。這種案子送到法院審理，一定很有意思。這項州法可能牴觸聯邦政府簽署的國際貿易協定。

在美國販售國旗是一門大生意，每年營業額高達五千萬美元。二〇〇六年，外國製造的美國國旗在美國的營業額有五百三十萬美元，大部分是中國製造，儘管律師們設法阻擋，現況仍是如此。中國人及其他國家的生意人在二〇〇一年九一一攻擊事件後，發現了箇中商機。美聯社報導，美國人口普查局發布，二〇〇〇年九月十二日，全美沃爾瑪商場賣出了六千四百面星條旗。一年後，即紐約雙子星大樓炸垮後次日，它們售出了八萬八千面國旗。接下來數月，全美愛國精神湧現，國旗成為搶手熱賣的商品。外國供應商也樂意大量供貨。二〇〇〇年，外國製美國國旗的營業額約為七十五萬美元；二〇〇一年，金額增長為五千一百萬美元。需求當然會下降，但仍高出九一一事件前的水平，現在外國製美國國旗每年的營業額約為五百萬美元，各州州長和美國國內旗幟製造業者都想降低此一數字。

在某些國家，如瑞典，熱情揮舞國旗被認為沒有必要，幾乎會被視為粗魯。在其他國家，如英國，有段時間民眾揮舞國旗時會感到不舒坦，深怕被人當做是右翼極端份子。但在美國，對大多數美國人來說，揮舞國旗就和美國人愛吃蘋果派是天經地義一樣，美國人還是十分樂於公開展示自己的國旗。

如何將此情此景和美國的現實調和呢？美國夢和美國噩夢、監獄制度及種族歧視其實相互牴觸。國旗有時也被用來表達國家有些方面腐敗、但有些方面偉大的此一信念。譬如，二〇一六年五月，一些反川普的積極份子在新墨西哥州阿布奎基市川普的競選造勢場合外焚燒星條旗，而且在「黑人的命也是命」（Black Lives Matter）的集會也屢有褻瀆國旗的舉動。但要調和這些不同的面向並不難：美國人的生活方式也有許多正面的事物。與其他國家的人民一樣，國旗是獨特的象徵，它向美國人民表達的心願，就和其他國家國旗對其人民所表達的心願一樣；由於國家、世界不完美，但不代表你不能有期望、不能懷抱夢想。

當然，這個道理不見得適用到每個人身上。從前我曾在美國打工，負責在有錢人家搬家時，曾開著他們的汽車幾千英里，將家具送到新家。有次我從費城開車到德州，只有一千五百英里。我付不起錢住汽車旅館，便把車停在喬治亞州某城鎮的加油站，找個角落，在車上睡了幾小時，我看到有個加勒比海歐、黑混血男子想攔順風車往南方而去。他的長相粗野，沒有梳洗，三十歲出頭，滿頭紅髮，破舊褲子，打赤腳。

我睡了一會兒，喝了咖啡，開上高速公路。幾小時後在靠近路易斯西那州州界時，我又停了一會兒，喝杯咖啡提神。準備上路時，我又看到這位老兄在攔車，要往南走。我在心裡盤算了一下：他在上一站被仁人君子載上車，宰了那個倒楣鬼，處理掉屍身，丟了那輛汽車，然後站在這兒等候下一個目標伺機下手。這種機率太低了。

我決定讓他上車。等到我們進入路易斯安那州時，我放棄原先繞到紐奧良的計畫，直接開向德州，往這位老兄加爾維斯敦（Galveston）的家開去。我們開上一艘渡輪，穿越墨西哥灣，海豚就在渡輪四周出沒。美好的一天、美麗的風景。然後，我們開車進入美國人的噩夢。

加爾維斯敦是個種族分歧的石油業城鎮。我這位新交的朋友住在不正確的一邊。我過去及此後從未見識過第一世界有如此貧困的角落。他和姊姊租了一戶只有一個臥房的破舊公寓——電燈泡沒有燈罩、家具很有限，滿房子蟑螂，讓你覺得牆壁會移動。我在他家住了兩、三天，其中一天是七月四日美國獨立紀念日。我們到游泳池游泳，在場有數百名黑人，我是唯一的白人。扒光了衣服後，膚色不同還真醒目。

我的朋友和幾個上了年紀的人，說服幾個憤青別再追問，我這個老白跑到黑人堆裡所為何來，我問起一位保護人，稍後他去參加派對、慶祝國慶嗎？他瞪我一眼，按捺住脾氣，緩緩問我：「我幹嘛要慶祝這個我操的國家的國慶？」

幾個月後我回到費城，上大學，與幾個新朋友聊天。其中兩位非洲裔美國人、大四學生，準備畢業後加入陸戰隊服役。我問他們為什麼從軍？其中一位回答：「因為我想報答這個偉大的國家，它賜給我許多機會。」身為一位白人英國青年，我在一九八〇年代初期，從沒聽過年輕的英國黑人這樣表述他對國家的感情。

德州和費城都存在這兩種截然不同的感情，但一般是後者較普遍。美國雖有種種瑕疵，但通常能引發人民歸屬、自由和希望的感受。爭辯這是否符合事實，並無意義；這是美國人的事實。有那麼多人仍盼望前往美國，星條旗的紅白藍色彩仍激勵著人類的精神。

不論什麼原因，從國旗的歷史所反映的美國理想，與美國歷史上許多殘酷的現實脫離，它向其人民訴求，使他們像馬丁路德・金恩一樣可以說出：「我有一個夢想。」

譯註

1 查爾斯・湯姆森是美國獨立戰爭時期的重要領袖之一。大陸議會（Continental Congress）由十三個殖民地代表組成，是革命時期美國的最高治理機關。它成立於一七七四年，直到一七八九年國會正式成立後才解散。這十五年間，湯姆森始終擔任議會祕書，建立並保存所有議事討論的記錄文件。

2 緬因州在一八二〇年三月加入聯邦，成為第二十三個州。密蘇里州在一八二一年八月加入聯邦，成為第二十四個州。

3 一八二一年墨西哥擺脫西班牙取得獨立後，情勢混亂，軍閥割據。原本是墨西哥一省的德克薩斯在一八三六年獨立，旋即於一八四五年加入美國聯邦，成為第二十八個州。墨西哥並不承認德克薩斯獨立。美國新任總統波克（James Knox Polk）有心西進擴張，一八四六年與墨西哥強人聖他安那將軍（Antonio Lopezde Santa Anna）爆發戰爭。一八四八年雙方議和，墨西哥不僅正式失去德克薩斯，還失去新墨西哥、上加利福尼亞等土地，失土面積占其一八二一年獨立時的三分之一以上。陸戰隊戰歌「蒙特祖馬殿堂」指的是一八四七年九月十二日的查普提佩克戰役（Battle of Chapultepec），美軍攻克防衛首都墨西哥市的查普提佩克堡，進入其首都。

4 賈斯登旗的「別踩我」代表「人不犯我、我不犯人。人若犯我，我必反擊。」（引自維基百科）

5 吉姆・克勞是一八三〇年代一齣戲劇中黑人角色的名字，後來被用為貶稱黑人的名字。南北戰爭結束後，聯邦政府在南方各州推行「重建政策」（Reconstruction），從一八六五年至一八七七年，罷黜戰前南方白人相當的政治權利、並試圖賦予解放後的黑人政治權利。這段期間的政治、社會動盪，造成三K黨等的興起。待重建時期一過，南方民主黨人重新掌握各州議會，即設法以「平等、但隔離」的作法壓抑黑人，而它們透過各式各樣阻礙黑人參政權的法令，被通稱為吉姆・克勞法令。直到詹森總統任內，國會通過一九六四年《民權法案》和一九六五年《投票權法案》，黑人權益才趨於平等。

第二章
聯合與傑克

「這塊受福庇的土地、這塊大地、這塊領域。」
——威廉・莎士比亞（William Shakespeare），《理查二世》（*King Richard II*）第二幕第一景

紅、白、藍三色，你會覺得它們代表什麼意義？一個現代、有活力的民族國家，對其身分認同很有信心？或引用女演員艾瑪・湯普森（Emma Thompson）在二〇一六年初所說的話：「一個小小的雲霧繚繞、多雨的歐洲角落，像個塞滿蛋糕、充滿苦難的灰色陳舊島嶼？」英國國旗的紅、白、藍色，可能象徵一個大國光榮的歷史，但也可能激起尖酸的綽號，譬如在愛爾蘭某些地區會取笑它是「屠夫的圍裙」，象徵殖民壓榨和布滿鮮血的旗幟。或許它也可同時代表這一切，甚至還被戲謔地代表第五十一州？也許是「酷不列顛尼亞」（Cool Britannia）？[1]

就和其他國家的國旗一樣，它的美醜等取決於觀察者的眼睛、想像力和政治意識。然而更甚者，

英國國旗作為團結的象徵，即使在它應該代表的地區，卻比絕大多數國家的國旗還要分化。莎士比亞在《理查二世》中如此歌頌「這個王權之島」：

……在其他較不快樂的土地欽羨下，
這塊受福庇的土地、這塊大地、這塊領域，
這個英格蘭。

在目前來看，三個這類「較不快樂的土地」可能就是蘇格蘭、北愛爾蘭和威爾斯，因為它們大多數的居民認為，「不列顛」（Britain）和「英格蘭」（England）這兩個字詞根本不能互相替代。組成聯合王國的首要夥伴英格蘭，就不以此為問題。但對其他人，尤其是蘇格蘭和威爾斯來說，它卻一直是個問題。二〇一六年夏天脫離歐盟（Brexit）公民投票的震撼，已使得英格蘭內外的許多人都注意到，這塊領域並沒有受到那麼大的福庇。如果聯合王國不再是歐盟的一部分，有人將拆解英國國旗，尋求將他們的旗幟和歐洲的十二顆星星結合。

有件事反映了英國人的觀點，那就是一九六六年七月三十日英格蘭在溫布萊體育場擊敗德國，贏得世界盃足球賽冠軍。如果你仔細觀看當天的錄影，便會看到體育場是一片紅白藍色的大海，但除了德國國旗之外，幾乎每面旗幟都是不列顛國旗（圖2-1），偶爾才出現英格蘭旗幟（白底紅色聖喬治十字旗，圖2-2）。顯然地，當天參與比賽的不是不列顛隊，但在英格蘭人眼裡，不列顛旗就等於英格蘭旗。假如是蘇格蘭隊打進世界盃足球決賽，絕不會只出現不列顛聯合王國國旗，還會出現成千上萬面的蘇格蘭旗幟（藍底白色X形聖安德魯十字旗，圖2-3），以及其他的蘇格蘭標誌。

在某個程度上，英格蘭人可能會整併他們的認同意識，認為他們首先是大不列顛國民，其次才是英格蘭人。但對其他人來說，英格蘭就是大不列顛，大不列顛就是英格蘭。然而，這個觀念似乎並非英格蘭刻意想出或出自它高人一等的心態。它比較像是因為自滿的心理，及對同一個島上其他民族的感情欠缺了解所致。它可能是英格蘭（已和威爾斯融合）與蘇格蘭在安妮女王（Queen Anne）治下於一七〇七年簽訂《聯合法》（Act of Union），正式合併為大不列顛王國後所造成無可避免的結果。

蘇格蘭的人口約一百萬，英格蘭和威爾斯的人口合計五百五十萬，而蘇格蘭以南的地區則成了經濟重心。從數字上來看，它從來不是平等的關係，而且從十八世紀以來，分歧就日益增長。根據全國統計局（Office of National Statistics）的數字，聯合王國六千五百萬的人口當中，英格蘭人占了百分之八十四，蘇格蘭人占了百分之八點三，威爾斯人占了百分之四點八，北愛爾蘭人占了百分之二點九。我們多數人免不了會受到這些數字的影響。然而，就如同歐盟所有會員國理論上應該一律平等一樣，一七〇七年的結合也被認為應該相互平等。

一七〇七年時，已有一面大不列顛皇室旗存在長達一個世紀。一六〇三年蘇格蘭國王詹姆斯六世嗣位為英格蘭國王詹姆斯一世，他把蘇格蘭、愛爾蘭和英格蘭的王位合而為一，但各國仍保持個別國家的地位。他下令設計新旗幟，以便海軍凸顯他兼領各國王位，但它事實上並未具備國旗的地位。其結果就是，把蘇格蘭旗和英格蘭旗混合。然而，這麼做卻出現了兩個問題。其一，英格蘭的紅色十字加在蘇格蘭的白色旗幟上，有強烈的蘇格蘭意識的人可能會感覺，怎麼會有一面旗幟被認為比較重要。另一個問題是，亨利八世在一五三五年及一五四二年的《威爾斯相關立法》（Laws in Wales Acts）中，結合了英格蘭和威爾斯後，威爾斯被視為一個大公國而非國家，因此沒有標誌出現在旗幟上——那頭吐火的小龍完全消失了。（圖2-4）威爾斯火龍至少可以上溯到五世紀，被認為是紅色或黃金色，可能是在羅馬人撤離不列顛之後，經採用為權力的象徵。提到它是威爾斯的象徵，最古老的書面紀錄出自八二〇年左右的《不列顛人歷史》（*Historia Brittonum*）；它可能由歷史學者內尼厄斯（Nennius）所寫。書中提到亞瑟王（King Arthur），而根據三百年之後蒙茅斯的傑佛利（Geoffrey of Monmouth）所寫的傳奇，據說亞瑟王的父親名叫Uther Pendragon（意即「龍的頭」）。關於亞瑟王的傳說還有魔法師梅林（Merlin）的一則預言，提到紅龍和白龍將長久交戰，後人認為，這隱喻著威爾斯和英格蘭之間的長久鬥爭。因此這個象徵淵源久遠，但就如我們所說，它從來上不了聯合王國的國旗。從憲政意義來看，這些議題可能無所謂，但感情上，直到今天，仍有人相當介意。

另外，也有文獻說明為什麼英格蘭人採用三世紀的聖喬治（St. George）做為他們的保護聖人，因為證據顯示他殺了一條龍。然而，也有另一個說法，英格蘭的十字軍在十二世紀使用他的白底紅十字徽記做成大旗，而到了十三世紀末期，它也被英格蘭水手廣泛採用。至於為什麼他的十字是紅色，我們並不清楚，不過屠龍一定很慘烈，他的長袍一定沾了血。

由於他的功業，根據十一、十二世紀發展出來的徽章傳說，聖喬治被認為是「英格蘭價值」——英勇、榮譽、無畏——的代表人物，但他出生在今天的土耳其，死於今天的巴勒斯坦，雖然傳說中他曾到格拉斯頓伯里（Glastonbury）住了一年，[2]他很可能從來沒到過「這個王權之島」。話說回來，他也從沒當過童子軍，但還是成了童子軍的保護聖人。萬一你得了梅毒，一般認為他是可以幫助你的聖人。為什麼？天曉得！

同時，聖安德魯（St. Andrew）成為蘇格蘭的保護聖人，是因為九世紀傳奇的安格斯王（King Angus）領軍對抗入侵的撒克森人（Saxons）時，看到藍天上出現白色的X形十字。這個十字被認為是聖安德魯的十字架；傳說他被釘上X形的十字架殉道。到了一二八六年，大家都知道蘇格蘭政府的璽印以它為徽記。

詹姆斯在一六〇三年兼領英格蘭和蘇格蘭國王時，兩面國旗已成為爭鬥上百年、兩個鮮明不同的實體之代表。不是英格蘭人到蘇格蘭流竄搶劫，就是蘇格蘭人忙著攻打英格蘭。

當設計新的王室旗時，情勢顯然趨於緊張。詹姆斯發布敕令，「有鑑於我們不列顛南部和北部的臣民在海上旅行時，對於升旗出現某些歧異」，因此下令融合聖喬治十字旗和聖安德魯十字旗。當發現要把英格蘭的十字架壓在蘇格蘭的X圖形上時，一群蘇格蘭貴族便拜託馬爾伯爵（Earl of Mar）

向國王進言：務必三思，因為這樣的設計「將在吾王臣民中製造某種不滿情緒」。詹姆斯維持原案不改，果真臣民中有人不滿。此後數年，蘇格蘭船隻只掛聖安德魯十字旗，文件顯示，或將出現新型的聯合旗，以聖安德魯X形圖壓在聖喬治十字之上。如今看來，就像以一個巨大的X在英格蘭旗上打個叉。

這個融合確立了此一新設計成為王室旗，直到奧利佛・克倫威爾（Oliver Cromwell）執政，於一六四九年將它廢除，也罷黜英王查理一世、把他送上斷頭台。十一年後王室復辟，查理二世又恢復王室旗。

時間快轉到一七〇七年，為新組建的不列顛王國考量新國旗時，出現了許多不同的設計，其中之一是聖安德魯X形圖樣壓過聖喬治十字、占了明顯的位置，它號稱是「蘇格蘭人使用的蘇格蘭聯合旗」。安妮女王和樞密大臣決定不採用它，留下原來的設計，也就是聖喬治十字架占明顯位置的圖案，因為它做為皇家海軍旗已有一世紀之久。

這是第一面聯合王國國旗，一直延續到一八〇一年，大不列顛王國又與愛爾蘭合為一體。然後，再加上代表愛爾蘭的紅色聖派垂克X形十字，就變成今天我們所看到的聯合王國國旗。愛爾蘭人從沒擁抱過紅色聖派垂克X形十字（圖2-5），民族主義者認為那是英國人設計的東西。愛爾蘭在一九二二年成為獨立國家時，紅色X形十字仍留在聯合王國國旗上，代表了北愛爾蘭仍留在聯合王國裡，另一個原因則是什麼都要改的話，耗費實在太大了。

為什麼有條細細的白線將紅十字和藍色的底色分開？其實它就是聖派垂克X形圖案。這些對比色的分界線條通稱為fimbriation——根據規範某些軍旗及日後國旗設計的徽章學傳統，有色區域必須使用「金屬」色，即白色或銀色得加以分隔。

現在你可能已注意到，不列顛國旗（British flag）、聯合旗（Union flag）或通稱的聯合傑克（Union Jack），這三個名詞能互換使用。這是因為我有權威高人指點，你沒必要在酒吧裡和人爭辯，或寫信投書到《每日電訊報》和《泰晤士報》抗議。許多辯論起於這句話：「只有當它在船首短桅上升起時，才能叫做聯合傑克。」但它實在沒有做出決定性的結論。因此，我特別走訪英國旗幟學會（Britain's Flag Institute），向首席旗幟專家，也是《英國旗幟暨徽記》（*British flags and Emblems*）一書的作者葛里翰．巴特蘭（Graham Bartram）請教。英國旗幟學會是全世界旗幟學的權威重鎮。由於葛里翰本人設計了崔斯坦．達．庫尼亞（Tristan da Cunha）[3]旗幟，也參與波士尼亞國旗的設計，可比你在酒館裡碰到的紅臉漢子高明多了。而且他不像你在酒館裡的朋友，他能接受相互矛盾的證據其實是常態。

葛里翰和英國旗幟學會認為，「Jack」這個字始於一六〇〇年，指的是在小桅杆升上的小旗。不到三十年，在某特定桅杆上升起Union flag成為慣例，這根桅杆現在被稱為「Jack」。我們知道它此時被稱為Union flag，是因英王查理一世在一六三四年的敕令堅持，除了海軍軍艦之外，任何船隻均不應升起它。證據顯示，它逐漸被稱為Jack flag，接著演變成Union Jack。

因此，「只有船上可以升傑克旗」，不過這並不是正式規定，後來就成為旗子在任何地方升起都叫 Union Jack 了。一九〇二年海軍部頒布，這面旗子可以叫做 Union Jack，也可叫做 Union flag。六年後，克魯伯爵（Earl of Crewe）在國會回答質詢時說：「Union Jack 應被視為國旗。」[4] 你可能認為，就這樣一錘定音了嗎？海軍部和國會若沒有經過正當程序，其實都無權做出這種宣布並認為已經定案。

不過，英國旗幟學會指出，一九一三年的海軍部，有人顯然沒讀到一九〇二年的那份備忘錄，其在書面上提到 Union flag 時，又添了一則註腳：「只有在 Jack 船桅升起的旗幟才能稱為 Jack。」權威的《里茲航海年曆》（*Reeds Nautical Almanac*）原本嚴肅地宣稱「唯有在丁 Jack 船桅上升起的小旗」才叫做 Union Jack，但它最後一次蹚混水，這麼說來是在一九九三年，此後它選擇閉口，不再提這件事。

一九三三年，當時的內政大臣約翰·季爾摩爵士（Sir John Gilmour）宣布：「聯合旗就是國旗，任何不列顛臣民在陸地上都可以合宜地升起它。」然而，他這麼說也只是嘴上說說，截至目前沒有一條法令通過，正式把聯合傑克或聯合旗明訂為聯合王國國旗。它透過風俗習慣而成為國旗，雖然可說極不尋常，但一部分原因是，聯合王國沒有一部成文憲法。至於 Union Jack 或 Union flag 的辯論，除非出現反面證據，恐怕最後定於一尊的（說不定根本不會有）應該是英國旗幟學會的一本小書冊《聯合旗或聯合傑克》（*Union Flag or Union Jack?*），第二頁提到：

在熟悉這個議題的人士之中，一般認為兩個名字可以通用……據了解，某些部門顯然有項運動，包括某些政府部門和英國廣播公司等媒體，以錯誤為由，尋求排除「Union Jack」這個名稱。那麼我們可能要問，當政治家或新聞視聽者希望在演講、文章或一篇社論反思中訴諸標準的歷史和力量時，旗幟的顏色和個性會產生什麼變化。或者，當該演講或文章的聽眾未能理解或僅僅不喜歡提及Union Flag、而寧可取較受歡迎的Union Jack時，又會出現什麼狀況……旗幟學會因此認為這兩個詞語都正確；任何一種都可以使用。

英國旗幟學會顯然以這個方法告訴大家「別吵了」，沒什麼好爭辯。

不論你喜歡怎麼稱呼它，這是一面有多種顏色，層層交疊、複雜，但又清晰並走遍全球各角落的旗幟。它在滑鐵盧（Waterloo）[5]、特拉法加（Trafalgar）[6]、巴拉克拉瓦（Balaclava）[7]、羅克渡口（Rorke's Drift）[8]、索姆河（Somme）[9]、加里波利（Gallipoli）[10]、諾曼第（Normandy）海灘[11]、福克蘭群島的鵝綠（Goose Green）[12]、伊拉克的巴斯拉（Basra）[13]，以及阿富汗的堡壘營（Camp Bastion）[14]，都昂然升起。它也在全球各國首都堂皇的公署大樓升起，在印度、馬來亞、緬甸、肯亞、蘇丹、澳洲、貝里斯及其他許多偏鄉僻壤升起，這是日不落國大英帝國的驕傲——直到近年，才終於英雄遲暮。

在此之前，大不列顛國旗在全世界代表這個島國的驚人成就。這面國旗代表不列顛的海權、帝國、科學進步和探險。同時在某些人眼裡，它代表殖民主義的邪惡，是大國競爭中一個重要的角色。此外，它還代表了與英國並肩作戰、為英國而戰的許多色彩和信條。

至於它的評價，要看你問話的對象是誰。譬如，在巴勒斯坦地區，英國國旗是個負面的形象，它代表英國把巴勒斯坦託管地分給猶太人和阿拉伯人。然而在印度，愛憎就不那麼分明。考量到英國殖民統治的歷史充滿壓迫、經濟榨取並造成飢荒，一定是有相當程度的爭論——有人熱切地強調殖民統治對印度的負面影響，特別是那些當權人士。但這不是唯一的情緒——我的經驗是對英國國旗及它代表的意義仍有餘溫。我在印度旅行時，常聽到人們講一個笑話：「你們英國人若回來的話，事情可能就好轉了。」這話當然不能當真，但由此可見，印度人對政府現代文官服務出現的混亂與失能之批評。或許對殖民者缺乏更普遍的敵意，可象徵印度愈來愈有自信心，現在它是全世界成長最快速的經濟體，信心十足地展望前途，而在它的未來，英國及其國旗的重要性已逐漸消失。

今天，英國國旗以兩種形式出現在全世界。第一是商業形式，在千百萬件恤衫、唱片封面、馬克杯上；在數以千計印有國會、工業革命之母及偉大帝國的象徵，還有嶄新、酷炫的二十一世紀英國產品上。第二個形式則一如舊慣，出現在國旗上。英國的殖民遺緒意味著，英國國旗仍在許多民族國家的微風中飄揚，不過它通常只出現在這些旗幟的左上角，雖然記住過去，卻也把目光投向自己的未來。

譬如，聯合王國的象徵仍出現在斐濟（Fiji）的國旗上，（圖2-6）雖然斐濟已處在變更國旗的過程中。斐濟總理白尼馬拉馬（Bainimarama）說，現在「已到了甩掉殖民象徵的時候了」。他認為，「需要換掉我們目前國旗上過時、不相干的象徵，包括某些固守住殖民歷史的東西。新國旗應反映斐濟今天在世界上的地位，一個現代、真正獨立的民族國家。」其他國協國家似乎也都贊同這個觀點；目前大英國協五十三個會員國，只剩下斐濟、吐瓦魯（Tuvalu，圖2-7）、澳洲（圖2-8）和紐西蘭（圖2-9）四個國家的國旗還保留著聯合傑克的圖案。

澳洲和紐西蘭三不五時會自問，是否需費勁去設計，以擺脫掉聯合傑克的新型國旗，但截至目前答案是No。二〇一六年紐西蘭舉行公民投票，百分之五十六選民選擇保留現有的國旗，沒有通過比較時髦的深藍底色、配上醒目銀白蕨類植物枝幹的新國旗。民意似乎顯示，仍願和聯合傑克站在一起；在許多人的心目中，它代表他們過去及現在與聯合王國的臍帶關係。或許這是英國長期殖民統治的持久效應，因為它有約百分之六十九的人口為來自歐洲的移民，其中大多數又是不列顛和愛爾蘭後裔。原住民毛利人占總人口的約百分之十五。目前看來，隨著時間進展和種族結構改變，有朝一日，他們的國旗可能會有變化，但未來十年，聯合傑克在紐西蘭國旗上的地位顯然還可高枕無憂。

聯合傑克也出現在全世界另幾面旗幟上，譬如：接受紐西蘭治理的紐埃島（Niue，圖2-10）[15]；英國的海外領地百慕達（Bermuda，圖2-11）[16]、安圭拉（Anguilla，圖2-12）[17]、開曼群島（Cayman Islands，圖2-13）[18]；蒙塞拉特（Montserrat，圖2-14）[19]旗幟左上角有聯合傑克圖案；加拿大安大略省（Ontario，圖2-15）和曼尼托巴省（Manitoba，圖2-16）旗幟也是如此。卑詩省（British Columbia）則打破這個傳統，把聯合傑克擺在省旗上方三分之一位置，底下三分之二是旭日自太平洋波浪中冉冉升起。（圖2-17）紐芬蘭（Newfoundland）和拉布拉多省（Labrador）則在它的旗幟左半部，採用了修正版的英國國旗。（圖2-18）

大家比較不注意的是，聯合傑克竟然出現在夏威夷的旗幟上。（圖2-19）夏威夷旗幟過去是，今天也仍是結合了美國星條旗的風格，但在左上角則有英國國旗的徽記。這個設計反映它和美國相當鄰近，也反映它和英國的傳統關係。夏威夷從來不是英國的殖民地，但儘管一八四二年發生喬治・保雷勛爵（Lord George Paulet）不幸的「誤會」，英國的徽記仍留在夏威夷的旗幟上。保雷是英國海軍准將，有相當大程度的主動性、也對自己的能力很有自信，但他沒有電話或推特帳號這種電子通訊設備。若不是通訊困難，他可能不會代表英王片面控制夏威夷——即使英王正準備承認夏威夷並不臣屬於聯合王國。

火奴魯魯和倫敦的關係友善、貿易熱絡，因此當一八一六年，卡梅哈米哈一世國王（King Kamehameha）希望設計一面新國旗時，他核准了帶有目前標誌的設計。他的長子卡梅哈米哈二世國王維持這面國旗，次子繼位為卡梅哈米哈三世國王後，也不覺得有必要更改它。這是個雙贏的模式。然而，一八四二年，保雷卻認定夏威夷對居住在島上的英國臣民有不公平的待遇。他從靠泊在火奴魯魯港口的英國軍艦「卡雷斯福特號」（HMS Carysfort）上，向卡梅哈米哈國王發出一連串要求，並警告：「閣下：我謹通知您，假設我現在提交給這些島嶼的國王之要求，在時限之前未完成，卡雷斯福特號在我指揮下，將於明天（星期六）下午四點立即對本城發動攻擊。」

卡梅哈米哈國王在離英艦開始砲轟還有一小時，明智地決定好漢不吃眼前虧，於是保雷在整個夏威夷群島升起英國國旗長達五個月之久。後來，保雷的上級、海軍少將湯瑪士（Thomas）出現，將他革職，向國王道歉，降下國旗，承認恢復夏威夷的主權。國王表示大家盡棄前嫌、不傷感情。儘管在當地發生了此一不愉快事件，英國於隔年正式承認了夏威夷的主權，夏威夷國旗維持既有的設計（一八四五年稍有修改）。這是美國唯一一個州旗含有聯合傑克的圖案，因此可以說，英國國旗直到今天，仍在美利堅合眾國這個獨立國家的一小塊土地上升起。[20]

當然不是每個國家都如此寬宏大量，特別是大多數嚐過不同味道的砲艇外交，並長期遭受殖民統治的國家。巴基斯坦、印度、南非、肯亞、奈及利亞、緬甸等許多國家，在成為民族國家時立刻甩掉紅、白、藍三色旗，透過新的顏色、設計和徽記，宣示其獨立主權。

因此我們就來到了目前的階段，二十一世紀的英國，有一面全世界最古老的民族國家國旗，它迴避不了那光榮但血腥的歷史，它所代表的人民也不斷自問，他們到了現代，在國內及國外，究竟是怎樣的身分認同。

就政治層面而言，英國國旗仍代表世界上的一個大國，雖然它在歐盟已將失去發言權。在它的旗幟下作戰的軍隊已大幅減少，但相對來說，它仍是歐洲最強大的軍隊之一。就經濟層面來說，這面國旗仍代表著世界最大的經濟體之一，而且它的科學與文化出口持續成功，代表著英國的「軟實力」。

聯合傑克不再代表帝國，不過，它仍將一直保有帝國的內涵；即使如此，它仍受到其所代表的大多數人民尊重，若非崇仰的話。許多英國人搞不清楚他們國旗幟的首尾上下，這並非代表不尊重，而是一種親切的文化特徵——也解釋了為什麼它不時被倒掛，儘管倒掛代表痛苦。

正確的懸掛方式是，分隔紅色和藍色的白色條紋要細分寬與狹，較寬的那條應位於國旗左上方。但如果民眾在皇室婚禮當天站在白金漢宮外面，忘記檢查印著國旗徽記的手帕，或他們可能正在揮舞的一些旗幟，其實也情有可原。但如果在國際場合就比較嚴重了。不過，英國政府之前也犯錯過，包括在唐寧街首相官邸和中國簽訂貿易協議時都搞錯，由此可見，即使是高層，許多英國人也不清楚他們國旗的首尾與上下。二〇一六年，英國在脫歐公投前即與歐盟談判，懸掛在歐盟布魯塞爾總部之外的英國國旗也出現倒掛的場景。我們不知道這是否為意外失誤，或英國人想表達他們的痛苦，但法國人笑壞了。

應該如何對待它呢？英國國旗應該「輕快地升起」，但「隆重地降下」。它不該被輕率處理，以免容易被撕裂、弄髒或損壞。但焚燒或以其他方式銷毀國旗並不違法。與美國和其他一些國家的傳統相反，英國國旗可以觸地。一九八〇年羅德西亞獨立成為辛巴威時，英國國旗在最後一次降旗典禮的錄影帶中，我們看到它一路落入非洲的塵埃裡；當場人士一定沒不注意到箇中的象徵意義。國殤紀念日（Remembrance Sunday）[21]，英國國旗和女王旗等其他旗幟，都可以垂掛觸及地面。這被稱為「低身示敬」（vailing）。

接下來，是政府對於如何懸掛國旗或任何旗幟，訂定了一些規定，但民眾並不知道大部分的規定，不然就是刻意忽視。根據二〇一二年更加開放的規定，如果旗幟「保持且不損害展示地點整體視覺外觀的狀態」，你就可以掛出國旗，當然你必須取得地點主人，譬如當地公路管理局的准許才能掛出國旗。旗幟分為三類：「不需地方都市計畫部門同意，即可懸掛者」，「若符合其他限制，不需要取得同意者」，以及「需要同意的旗幟」。如果你不確定，建議「聯繫當地的都市計畫部門，他們可以提供詳細的建議」。這裡所謂的「詳細」建議，還真是鉅細靡遺。

譬如，你不需要取得同意，就可以懸掛其他任何國家的國旗，甚至是法國國旗。聯合國旗沒問題；事實上，你可以自由懸掛任何國際組織的旗幟，只要英國是它的成員國就行。因此，懸掛國際貨幣基金組織的旗幟可行，但若你想掛出國際熊研究與管理協會（International Association for Bear Research and Management）的旗幟，最好先查清楚，因為英國不是它的會員國，而政府准許懸掛的旗幟名單裡也沒有列出這個組織的名字。此外，「聯合王國境內任何島嶼、縣、區、自治市鎮、城堡、教區、市鎮或村莊」的旗幟都可以懸掛，約克郡下轄行政區（Ridings of Yorkshire）的旗幟也沒問題——的確，聯合王國境內任何歷史悠久郡縣的旗幟都不禁止。只要一項限制：你不能在旗幟上貼廣告。

但是，有些旗幟須遵守一些尺寸、字體、數量、位置及展示時間的相關限制。譬如，自二〇一二年起，你可以設計一個代表自己的旗幟，標上你的名字，自由地將它掛在你家屋頂的垂直旗杆上。不過，任何時候都只准懸掛一面旗幟。若你已在斜伸出去的旗杆掛出一面旗幟，未經許可，不能再於屋頂上的垂直旗杆掛出第二面旗幟。幸運的是，你可以在屋頂和地面上各自掛出一面旗幟，而無需取得許可。最後的這項規定還得遵守其他限制，但我不準備於此贅述，你在地的都市計畫部門會樂意與你詳細討論。代表「你」的旗幟，或此一類別中的其他旗幟大小不拘，但在下列地區——「特殊自然美景地區、特殊管制地區、保護區或國家公園內」懸掛旗幟——旗幟的大小則有明確規定。

英國軍方對於懸掛旗幟則另有一套規矩與限制，同樣鉅細無遺，而且更加嚴格地執行。譬如，當國王或海軍元帥在船上時，船桅一定要掛出英國國旗（儘管皇家海軍艦艇和潛艇一向都懸掛白船旗，圖2-20）。船上非常罕見、但若召開軍法審判庭時，也要掛出英國國旗，但是掛在帆桅（yardarm）上。十七世紀時，懸掛聯合傑克的海軍船艦可免繳交港口稅捐，造成商業船隻為了避稅也掛上國旗。查理一世堅持，只有海軍船艦才能懸掛聯合傑克，這道規定今天仍然存在。

聯合王國由許多單元組合而成，但總歸起來只有一個標誌。葛里翰・巴特蘭說：「國旗是代表你國家認同的一樣東西。如果我問一百個人，他們如何以一樣東西代表英國，或要他們攜帶一件能代表英國的東西，九十九個人會帶英國國旗，只有一人可能會帶個茶壺。」

若你在聯合王國遇到為數稀少之仇視自己的西方人，及在媒體上替他們吶喊的人，你還會發現，不少人對聯合傑克仍抱著尊敬甚至深刻敬佩，但這種感情的程度在國內的不同地區有所差異。在英格蘭的許多少數民族眼中，大不列顛國旗顯得比英格蘭旗更有吸引力；民調顯示，這是因為，一般認為大不列顛國旗較能包含每個人，而某些人認為，英格蘭旗只代表「白人」。

You Gov/ British Future 曾做過一項民意調查（This Sceptred Isle: 2012），讓我們看清楚箇中差異。皇室是使人們團結一致的重要因素：百分之八十四的英格蘭人把國旗與皇室視為一體，持這種看法的威爾斯人有百分之八十二，蘇格蘭人有百分之八十。英格蘭人認為，軍方和國旗為一體的有百分之八十，威爾斯人有百分之七十七，蘇格蘭人有百分之七十。然而，若我們換上「榮耀」和「愛國主義」等字詞，分歧就相當明顯了：百分之八十的英格蘭人把國旗和榮耀及愛國主義連在一起，但威爾斯人之中，有這種想法的人則跌到了百分之六十八，蘇格蘭人更只有區區百分之五十六。整體而言，過半數的聯合王國人民對他們的國旗抱有尊崇的好感，但當它連結到負面特質時，分歧就變得相當明顯。譬如，只有百分之十五的英格蘭人看到國旗會聯想到種族歧視和極端主義；有這種聯想的蘇格蘭人則有百分之二十五。這些數字並不代表英格蘭人比其他國民更認同他們的國旗、對國旗更有感情。但是，他們的確認同自己的國旗。這也顯示，聯合王國的不同成員之間數百年來的歧異，而這種情況在英格蘭以外的地區則給人更深切的感受。

最明顯的莫過於北愛爾蘭了。在脫歐危機之下，這個問題死灰復燃。即使在二〇一六年，北愛爾蘭的某些地區，其宗教和政治聯屬關係不僅公開展現於升起的旗幟，還可清楚地見於人行道邊的側刷顏色。譬如，在貝爾發斯特市（Belfast）的一些新教徒街坊，你可以看到人行道的邊側是紅、白、藍色，如此一來，你就知道這兒支持聯合王國。天主教徒街坊的人行道邊側是綠、白、橙色，反映的是愛爾蘭的三色旗（圖2-21）。只不過，這種現象今天已經不那麼常見了。今天，貝爾發斯特大部分的市民已沒有那麼勤快地刷油漆了，但展現出來的顏色的確代表市民很清楚：透過象徵，認同戰爭一直沒有停歇。

愛爾蘭三色旗上的綠色代表愛爾蘭的天主教徒、共和大業和革命，橙色代表愛爾蘭的新教徒，兩者之間的白色代表盼望和平。代表新教徒的橙色可溯及到一六九〇年的博因河戰役（Battle of the Boyne）：新教徒的英格蘭、蘇格蘭暨愛爾蘭國王，也是來自奧連治的威廉（William of Orange），在愛爾蘭德羅赫達（Drogheda）附近的博因河，擊敗了已被罷黜的羅馬天主教徒國王詹姆斯二世（James II）。這一役鞏固了英格蘭——新教徒——主宰愛爾蘭，直到今天，某些新教徒「奧連治人」在每年七月十二日，他們主要是在北愛爾蘭地區，仍在慶祝這場勝利。在奧連治同盟（Orange Order）遊行中，大不列顛國旗巍然矗立，而在七月十二日晚上的營火會中，焚燒愛爾蘭國旗也是司空見慣的事。在聯合王國其他地方，焚燒別國的國旗都不是常態，但此時卻會燒旗，可見北愛爾蘭政治所激發的感情。

在政府官署升旗是特別敏感的議題。二〇一二年十二月，貝爾發斯特市議員決定，限制英國國旗在市政廳升起的日數，以便「承認我們生活在一個共同的社會」。支持新教徒傳統的忠誠派

（Loyalists）認為，這是稀釋英國主權的象徵動作。抗議行動立刻爆發並持續數月，偶爾還爆發動亂。二〇一五年，愛爾蘭的三色旗出現在貝爾發斯特市史托蒙特區（Stormont）的議會大廈長達十分鐘之久。忠誠派政客認為「深受冒犯」，警方出動七名偵探，至少調查了四個月，試圖找出誰在作祟，但卻沒有結果。一個支持愛爾蘭獨立的地下團體「一九一六社」（1916 Society）聲稱他們升起這面旗子，是要藉此凸顯「英國的統治是根源於征服，不僅沒有正當性，而且僭奪人民的主權意志」。這個團體的名字令人想到一九一六年，愛爾蘭反英國統治的復活節叛亂（Easter Rebellion），當時造成五百多人死亡。

愛爾蘭的三色旗在一八四八年流行起來，一部分是受到當年歐洲各地爆發共和革命的啟發。民族主義者湯瑪斯・佛蘭西斯・米格爾（Thomas Francis Meagher）於一八四八年三月七日，在瓦特福（Waterford）一項集會升起它後，它就流行開來。他在演講中表示：「希望中間的白色，是象徵『橙色』和『綠色』兩派人馬能夠持久停戰，我相信在它之下，愛爾蘭新教徒和愛爾蘭天主教徒的雙手可以緊握在一起，建立慷慨英勇的兄弟之情。」這個工作目前仍在進行中，貝爾發斯特人行道的故事就是例證。二〇一六年並沒有不同。都柏林舉行復活節起義（Easter Rising）一百週年導致愛爾蘭共和國、北愛爾蘭、和蘇格蘭部分地區情勢緊張、爆發衝突。

北愛爾蘭對於大不列顛國旗如此動盪、明顯的過敏，可能造成這面國旗於一九七〇年代末期及一九八〇年代，在整個聯合王國較少出現。我們無法證明，但是北愛爾蘭動亂（The Troubles in Northern

Ireland）的武裝暴力在電視螢幕上頻頻上演，民眾對不列顛群島及其標誌的動盪衝突歷史，一定有更加深刻的認識。一般相信，大約就在同一時期，不列顛旗和英格蘭旗開始受到英格蘭極右派的重用。這兩面旗幟，尤其不列顛旗，在極右翼的國家陣線黨（National Front Party）的集會遊行、文宣品中特別顯著。國家陣線黨備齊了國旗領章，開始試圖在英國的足球場外及酒館吸收黨員。慢慢地，這兩面旗幟和法西斯主義產生了連結。

英國人從來沒有真正發展成向國旗敬禮、在學校升旗的習慣；他們沒有每天對國旗宣誓效忠的儀式；直到今天，幾乎每個人都還不熟悉怎麼處理這些儀式。不過它是國家的象徵，受到許多人尊敬。然後，它開始不流行了。英格蘭旗幾乎乏人問津，因有人害怕會因此和極右派扯在一起。英格蘭有種大家不會說出口的假設，在國家慶典之外亮出這兩面旗幟，可能代表一種盛氣凌人的心態：支持老式的白人文化。

對某些人而言，他們毫無疑問就是如此。一九八〇年代中期，我從牛津火車站搭巴士前往牛津聯合足球俱樂部（Oxford United Football Club），它即將和里茲聯合足球俱樂部（Leeds United Football Club）比賽。巴士上，擠滿了里茲隊的球迷，當經過一群接近二十歲的年輕黑人時，巴士上開始有人叫囂：「聯合傑克上沒有黑色！把這些雜種送回老家去！」這是司空見慣的事，但它是詛咒。很震撼，但不令人意外。假如聯合傑克上有黑色，他們也會編出同樣愚蠢、惡毒的話，但有趣的是，他們會拿國旗做為分化的武器。

一九九〇年代中期，對於聖喬治旗的態度開始有所轉變。許多觀察家，包括筆者在內，認為轉折點是在一九九六年的歐洲盃足球賽決賽，英格蘭隊在倫敦溫布萊體育場（Wembley Stadium）出戰蘇格蘭隊之時。東尼・布萊爾（Tony Blair）領導的工黨將在一九九七年執政，但此時已在談論：即將下放權力（devolution）給蘇格蘭。一九八〇年代末期和一九九〇年代，蘇格蘭和威爾斯的民族主義大盛，雖然它和右派關係不大。如今權力下放的聲浪強大，又適逢英國主辦足球決賽此一大規模推銷的場合。自一九六六年起已有三十年，各方都更加清楚，英格蘭旗幟並非英國國旗，英國國旗也包括蘇格蘭X形圖案，以及在英格蘭隊對蘇格蘭隊的決賽中，揮舞英格蘭旗並不恰當。這場球賽，英格蘭隊以二比零得勝。

再過二十年，英格蘭足球迷已能坦然地穿著有聖喬治十字的恤衫，揮舞英格蘭旗幟了。二〇一〇年，英國黑人饒舌歌手狄吉・拉斯卡（Dizzee Rascal）有信心挑戰英國世界盃官方歌曲，他穿上背後印著他姓名的恤衫，高唱：「如果你覺得自己夠強，就來單挑啊！」

將權力下放給蘇格蘭、威爾斯和北愛爾蘭，有助於英格蘭意識的覺醒，可以坦然地討論英格蘭納稅人補貼蘇格蘭福利的議題。而國家之間的分化也因二〇一六年公投的結果而更加擴大，因為蘇格蘭人以清晰的過半數支持留在歐盟，卻眼睜睜看著英格蘭人和威爾斯人支持脫歐，使得脫歐表決過關。如此一來，又喚醒了蘇格蘭獨立的議題。假如蘇格蘭真的獨立了，又會出現什麼國旗才足以代表聯合王國剩下的部分問題。譬如，原本在聯合王國國旗上沒有任何標記的威爾斯，或許會認為，也該讓威爾斯的龍形徽記和聖喬治十字享有平等地位了吧。

英格蘭旗和不列顛國旗過去都曾因許多次小事件而從極右派的挾持下獲救。這些事件小到有時你根本不會注意到。譬如，一九九二年英國黑人奧運短跑健將林福．克里斯提（Linford Christie）得勝後，抓住觀眾丟給他的一面英國國旗包在身上，繞場接受掌聲。現在，無論任何膚色的英國選手得勝後都會這麼做，大家也都習以為常。但最近有件事卻只得到了短暫的注意。連續獲得數面金牌的選手莫．法拉（Mo Farah）出生索馬利亞，但已歸化入籍英國。他得勝後，當記者問他，是否更希望升起他原籍國家的國旗時，他回答說：「老兄，這是我的國家。」這麼一個景象與這樣一句話，讓聯合傑克可以承認過去的歷史，也可以望向未來，邁向它應有的功能——代表團結。

譯註

1 酷不列顛尼亞是一九九〇年代時期，媒體用來描述英國文化發達狀態的用語。當時的時代背景是東尼．布萊爾（Tony Blair）領導工黨，標榜第三條道路路線，擊敗保守黨，走出一九七〇至八〇年代的停滯，英國國內一片樂觀進取的氛圍。「酷不列顛尼亞」一詞的詞源則來自於英國愛國歌曲〈統治吧，不列顛尼亞〉（Rule, Britannia）。

2 格拉斯頓伯里是英格蘭薩默塞特郡（Somerset）的一個小鎮。考古證據顯示，格拉斯頓伯里在新石器時代就有人居住。亞瑟王傳說中的許多情節被認為和這個小鎮有所淵源。

3 崔斯坦．達．庫尼亞是南大西洋的一個群島，是英國海外領地聖赫倫那、亞森松暨崔斯坦．達．庫尼亞（Saint Helena, Ascension and Tristan da Cunha）的一部分，也是全世界有人居住、最偏遠的離島，距離南非近三千公里、距離南美洲三千三百多公里。拿破崙戰敗後，曾被英國人流放到聖赫倫那島。

4 克魯伯爵時為英國國會貴族院領袖。

5 一八一五年六月十八日，英國威靈頓公爵（Duke of Wellington）領軍在今天比利時境內的滑鐵盧戰役擊潰拿破崙大軍，終結了兵連禍結的「拿破崙戰爭」，將他流放到聖赫倫那島。

6 一八〇五年十月二十一日，英國海軍將領尼爾遜勛爵（Lord Nelson）率領二十七艘船艦，在西班牙外海特拉法加岬（Cape Trafalga）海域迎戰法國及西班牙聯合艦隊三十三艘船艦。尼爾遜以非常規戰術致勝，英方船艦損失零，法、西聯軍被擊沉及俘虜船艦二十二艘。但尼爾遜本人戰死了。此役確立了英國十八世紀以來即建立的全球海上霸主地位，拿破崙自此失去了海上控制權。

7 一八五四年九月爆發的克里米亞戰爭，英、法及鄂圖曼帝國聯軍企圖攻占黑海俄羅斯軍港塞瓦斯托波爾（Sevastopol），十月二十五日的巴拉克拉瓦戰役，英軍總司令拉格蘭勛爵（Lord Raglan）派遣輕騎兵奪取戰線附近正在撤退的俄軍大炮，通訊兵卻錯誤地傳達了他的命令，英軍輕騎兵在易守難攻的地形上，正面攻擊準備充足的俄軍炮兵，但傷亡慘重。

8 一八七九年一月，英國人在南非和祖魯人（Zulu）爆發戰爭。英國皇家工程兵團的一百五十多名士兵帶著不到五百名土著部隊，防守羅克渡口貿易站。祖魯士兵近四千人在一月二十二至二十三日發動數波攻擊，不成、退走。一九六四年，英國人根據真人真事拍攝了一部電影《祖魯》（*Zulu*），由史丹利・貝克（Stanley Baker）、米高・肯恩（Michael Caine）和傑克・霍金斯（Jack Hawkins）主演。

9 索姆河戰役是第一次世界大戰中規模最大的一次會戰。英、法聯軍為突破德軍防線，期盼將德軍擊退到法德邊境，於法國北方索姆河地區發動作戰，雙方各自投入了近一百個師兵力，從一九一六年七月一日纏鬥到十一月十八日，合計傷亡人數逾一百三十萬人，是一戰中最慘烈的陣地戰，也是人類史上第一次把坦克車投入實戰。英、法聯軍完全沒有達成其作戰目標。

10 加里波利戰役又稱達達尼爾戰役（Dardanelles Campaign），是第一次世界大戰期間，發生在今天土耳其加里波利半島的戰爭，從一九一五年二月十七日打到一九一六年一月九日，協約國英、法聯軍無功而返，鄂圖曼土耳其帝國戰勝。加里波利半島是達達尼爾海峽的北岸，海峽扼住協約國盟國俄羅斯帝國海軍出黑海、入地中海的通道。英、法聯軍為穩住俄羅斯而發動海戰，繼而在加里波利半島兩棲登陸作戰，目標攻陷鄂圖曼首都君士坦丁堡（即今天的伊斯坦堡）。海上進攻遭擊退，陸戰八個月後也無功而退。這場戰役是鄂圖曼帝國在一戰期間唯一一場主要戰役勝利。加里波利守軍司令官凱末爾（Mustafa Kemal）日後成為現代土耳其國父。

11 一九四四年六月六日展開的諾曼第戰役是第二次世界大戰盟軍在歐洲西線戰場發起的大規模登陸戰，近三百萬盟軍士兵橫渡英吉利海峽、在法國諾曼第地區搶灘登陸，是迄今人類近代史上規模最大的一次海上登陸作戰。

12 一九八二年五月，英國和阿根廷為阿根廷外海福克蘭群島（Falkland Islands）主權歸屬發生爭執，英國首相柴契爾夫人派出遠征軍保護主權，五月二十八日在東福克蘭島鵝綠鎮交戰，英軍勝利。

13 巴斯拉戰役是二〇〇三年三月二十一日美英聯軍發動伊拉克戰爭，攻打薩達姆海珊而展開的一場戰事，經過兩週交戰後，英軍第七裝甲旅攻入此一伊拉克第二大城。

14 堡壘營區（Camp Bastion）是阿富汗戰爭期間英軍在阿富汗建立的軍事基地，從二〇〇五年至二〇一四年十月為聯軍後勤基地，能容納三萬二千名部隊。它是第二次世界大戰後英國在海外所建最大的軍事基地，二〇一四年移交給阿富汗國防部。

15 紐埃是太平洋中南部的島國，位於紐西蘭東北方約二千四百公里，其西為東加（Tonga），北方為薩摩亞（Samoa），東方為庫克群島（Cook Islands）。

16 百慕達是英國海外自治領地。

17 安圭拉是加勒比海上的一個英國海外領地，位於波多黎各（Puerto Rico）和維京群島（Virgin Islands）之東，聖馬丁島（Saint Martin）之北。

18 開曼群島位於西加勒比海，是英國海外自治領地，是世界第四大離岸金融中心。台灣的85°C母公司美食KY，中國大陸的阿里巴巴、騰訊、百度等，和香港的長江實業、鳳凰衛視都在此註冊。

19 蒙塞拉特是英國海外領地，為西印度群島中的火山島，哥倫布一四九三年發現了它。

20 一八七二年，單身未娶的夏威夷國王卡梅哈米哈五世去世，未指定嗣君。翌年，新君在位一年後又去世，卡拉卡瓦（Katakaua）和卡梅哈米哈四世的遺孀艾瑪（Emma）爭取議會支持、出任國王。此時爆發動亂，美、英部隊登陸以維持秩序。卡拉卡瓦在一八七四年二月經立法會議推選為國王。一八八七年，卡拉卡瓦被白人商賈逼迫，頒布夏威夷王國憲法，變成虛位君主；根據憲法，大部分夏威夷人和移民工人都沒有投票權，因此獨厚富有的白人。卡拉卡瓦國王一八九一年去世，妹妹利留卡拉妮（Liliuokalani）繼位。她在一八九三年宣布計畫修憲，預備恢復絕對王權，但立刻在一月十四日，被美、英白人居民發動政變推翻，成為夏威夷王國最後一任國王。經歷一八九四至一八九八年這段夏威夷共和國時期後，美國兼併夏威夷，將其納為屬地。一九五九年，夏威夷公投後加入美利堅合眾國，成為聯邦第五十州。

21 國殤紀念日（Remembrance Sunday）是英國及國協各國對於在兩次世界大戰及其後歷次戰爭中為國犧牲的軍人致敬的一個紀念日。它在每年十一月的第二個星期天舉行，因為它最靠近十一月十一日。第一次世界大戰於一九一八年十一月十一日終戰。

第三章

十字架與十字軍東征

「人群就是靠這種指揮棒來率領。」

——拿破崙

歐盟旗既是歐洲旗，但又不是歐洲旗。事實上，它也不敢斷言自己真的是一面國旗。什麼時候旗幟才不是國旗呢？在成為歐盟的初期，會員國——尤其是英國——擔心它可能取代他們本身民族國家的國旗，因此就官式意義而言，是能「複製在一張長方形布上的徽記」。它是一種半旗幟、實驗性質的國旗。

歐盟旗只「代表」二十八個國家，同時又是歐洲委員會（Council of Europe）的旗幟，但歐洲委員會卻有四十七個會員國，包括土耳其和俄羅斯在內（歐洲唯一沒有參加的國家是白俄羅斯）。因此它是一面旗幟。歐盟會員國的人口總數為五億零八百萬，歐洲委員會的會員國人口總數則是八億二千萬；歐洲委員會可以宣稱擁有一面真正的旗幟，但歐盟若要這麼說，卻顯得有點牽強。

發了許多封電子郵件到布魯塞爾總部，要求就這個議題說清楚講明白，卻被指引去查「歐盟正式公報發布的一項協定」（即OJC 271, 8.9.2012, p. 5）；其不僅以只有官僚才看得懂的奇異口吻書寫，而且翻譯後，仍與常人所能理解的文字有相當的距離。然而，它向我們保證：「這面旗幟／徽記不超越國旗。它只是個象徵，展現堅守歐洲國家的廣泛共同體、並認同共同價值與原則。」

不論真相如何，這個徽記／旗幟／半旗幟如今反映了一個構想、理想和事實。所謂構想是創造一個歐洲人可以認同的象徵；理想就一個和平、繁榮、統一的大陸；事實就是，與歐洲的長久歷史相比，自第二次世界大戰以來，的確有段和平、繁榮與統一的時期。對於仍相信這面旗幟代表美夢可以實現的人士而言，他們仍需奮鬥不息、以求歐洲人的生命有意義。

目前所有歐洲國家中——只有一國例外——歐洲委員會辦事處升起的這面藍底且由十二顆星星排成一個圓圈的旗幟（圖3-1），可追溯至一九五五年。歐洲委員會成立於一九四九年，旨在團結起最近仍交戰的歐洲各「部落」；經摒棄若干提案之後，它終於在一九五五年同意一項設計。其他顏色都有人採用了，譬如蘇聯用紅色、伊斯蘭用綠色、白色代表投降、黑色代表哀悼、淺藍也被聯合國採用了；因此它就採用深藍底色。星星排成一圈的構想出自歐洲委員會史特拉斯堡（Strasbourg）總部郵務處工作的阿斯納・海茨（Arsene Heitz）的構想，他提出了數十個設計圖案。

原先要以十五顆星星代表委員會的十五個成員；可是這麼做的話，會有一顆星將代表薩爾

（Saarland），當時薩爾屬於法國，而它以前屬於德國。保羅．李維（Paul Levy）當時是新聞處處長，也是畫定最後設計的人。他說：「德國反對十五顆星，因為每顆星代表一個獨立的政治實體。他們提議改成十四顆星。薩爾不幹。法國則提議，十三顆星吧！義大利又說：『十三，不吉利耶。』因此，他們採用十二顆星星代表大家。」

大家意見一致後，旗幟於一九五五年問世，接著才對這個設計編造出象徵意義——十二是完美的象徵，耶穌基督有十二個門徒，一年有十二個月，黃道帶（Zodiac）有十二個星座等等。甚至還有個說法指出，《新約》〈啟示錄〉第十二章第一節對聖母瑪麗亞有相似的描述：「天上出現大異象；有個婦人身披日頭、腳踏月亮、頭戴十二星的冠冕。」

當然，在網路時代，從某一派頑固份子嘴裡說出口的，裡頭還涉及到陰謀論，天主教的歐洲有一套詭計要主宰每個人。若再深入挖掘兩分鐘，你會找到外星人和會變形的蜥蜴人，但是，你就不會找到歐洲委員會通過其會旗時，土耳其可是一個會員，而且迄今仍是會員的事實真相。

可是，互聯網上的戰士不會被事實的真相嚇退。我可以提供更多證據，告訴你實不應浪費時間相信這個陰謀論，因為還有更多、更白癡的理論可以浪費你的生命。要相信歐洲委員會和歐盟旗是光明會（Illuminati）[1]、蜥蜴人、天主教會等玩陰謀製造出來的象徵，你必須相信，這兩個世界上最沉悶、無聊的組織會設計出這樣一個邪惡的陰謀，而且是只有奧斯汀．鮑爾斯系列電影（Austin Powers）[2]的主角「邪惡博士」才搞得出來的名堂。另外還要補充一點，這種沉悶是好事，尤其若與一九三九至四五年的大戰相比，沉悶是應該的。

鑒於歐洲委員會花了數年才搞定一面旗幟，歐洲共同體（European Community）——歐盟前身——在一九八五年決定也要有面旗幟時，乾脆就照抄並採用十二顆星的設計。這兩個組織有共同的理想——推動民主與人權——但前者從來沒有懷抱統一的理想，後者則始終心嚮歐洲統一。譬如，俄羅斯是歐洲委員會的四十八個成員國之一，從沒考慮過要稀釋它的主權，以求和布魯塞爾總部政治結合。

經常有人會問：「歐洲是什麼？」答案是：「要看你問的人是誰而定。」它是一個地理區域，但它的界定又要看視界而定。土耳其大半以上的領土位於亞洲，但有人認為它是歐洲的一部分。烏拉山以東的地區屬於亞洲，但是，若俄羅斯是歐洲，西伯利亞是否算歐洲？喬治亞共和國呢？冰島呢？定義是有彈性的，於是，我們看到二〇一六年的歐洲歌唱大賽（Eurovision Song Contest），澳洲得到了第二名。

歐洲委員會和歐盟固然使用同一面旗幟，而且分別代表兩個實體，歐盟之外的委員會成員，則相當滿意它代表了一個不訂定法律的多國組織。但歐盟會員國看到這面旗幟代表歐盟升起時，卻認為它代表一個制訂法律、主權權力稀釋、政治上將更加統一的實體。然而，他們不斷辯論整合的深度和廣度。

總而言之，一九八五年之後，歐盟有了旗幟，象徵它的「任務已經達成」。歐盟組建的核心理念就是促成法國和德國互相擁抱，再也不能騰出一隻手彼此暗算。就這方面來說，歐盟非常成功，至於創造一個歐洲國家這等意識型態的美夢藉以符合歐洲旗呢？則是有待努力。

直到近十年，我們還經常聽到有人說，邁向「更緊密地結合」會導致歐洲文化的同質化。顯然地，歐洲人或許可能全向法國美食投誠。事實上，速食世界展現的同質性已隨處可見。人類生而自由，但卻陷入了速食連鎖的桎梏。不過在此，我要帶給讀者諸君一則來自易北河之東的新聞：東歐的地方珍饈美食仍頗受歡迎。各國及各地仍保有各自的特色，討厭的人性仍讓政客難以應付。戴高樂在一九六〇年代提到法國時不免發牢騷：「你要怎麼治理一個有兩百四十六種不同起士（cheese）的國家呀？」

歐洲各國人民很頑固地抗拒成為一個國家，倒不是因為他們不喜歡彼此，而是因為他們太喜歡自己。他們渴望真實的自我。這種情感部分反映在各國國旗仍然十分強勁有力。相對新穎的歐洲認同意識則與數百年來才凝聚起來的國家意識及象徵陷入苦戰。

在這個新的「不確定時代」，有些人走回舊的符號與舊的群組。北歐各國愈來愈尋求彼此團結，自認為他們已是一個區域集團。這點和歐盟的意識型態背道而馳，因為歐盟尋求結束歐洲大陸的派別分立，致力於使各國的結盟更加緊密。

在中歐地區，捷克共和國、斯洛伐克、匈牙利和波蘭四國組成的維謝格拉德集團（Visegrad Group），此概念也挑戰著歐盟。它的網站告訴我們，這四個國家「在不同宗教傳統下同屬於一個文明，共享文化和知識的價值，這也是他們希望保留並進一步加強的部分。」近年來，針對德國在歐盟提議分配難民和移民的方案，他們採取了非常強烈的共同反對立場，充分展現其團結一致。[3]

國旗以及民族國家和人民賦予它們的重要性，使得美國思想家佛蘭西斯．福山（Francis Fukuyama）在一九九二年出版的大作《歷史的終結與最後一人》（*The End of History and the Last Man*）陷入謬誤。福山認為，柏林圍牆傾覆「不僅是冷戰的結束，也是歷史的終結：也就是人類意識型態演進的終點，西方自由民主的普世化將成為人類政府的最終形式」。這個有害的想法持續影響後面幾個世代的外交政策思想家，他們渾然不覺俄羅斯、中東、中國、廣大的中亞及其他地區的歷史模式與政治方向。說它有害，這是因為它造成了某些人以為的歷史終結有可能發生，而且人類的「意識型態演進」必須以自由民主做為終點。這就和馬克思主義認為「歷史的法則」無可避免地會走向共產主義烏托邦一樣是種謬誤。

福山和馬克思的理論一接觸真人就會出現問題。以福山的理論來說，它們滋長自滿的心態，以為自由民主不可避免、可以永續持久。正因為自由民主太稀罕、纖弱，才需要非常小心地治理，包括傾聽住在天堂裡的人民之聲。英國和美國的建制派在二〇一六年的脫歐公投和總統大選中雙雙遭到震撼。他們可能都學到一個教訓，輕視「可悲的人」或許不是上策，這比不上試圖了解他們來得有效。

過去幾十年來，歐盟把國家認同意識包裹在繁榮之下，但它們卻從來沒有消失過。如今它們又浮現出來，而且似乎在可預見的未來變得更加強大，同時歐洲人也繼續辯論，他們能接受何種程度的主權稀釋。在此，國旗做為國家的代表，將扮演相當重要的角色。

歐洲各個王國可說要到相當晚近才出現旗幟，但它們一開始用旗幟，就再也回不去了。前文已經提過，一般認為中國人最早使用旗幟，是早在西元前一千五百年。絲布發明之後，更可以把重量輕且相當大片、染上顏色的布幅升上旗竿，並於長途旅行時帶著走。這個習慣之後傳到阿拉伯世界，到了先知穆罕默德去世時（六三二年），旗幟已成為常態。這時，歐洲的邊陲已出現少數初具雛型之類似旗幟的標誌，但這個習慣仍未在整個歐洲大陸流行起來。

六世紀，拜占庭軍隊升起了一片紅布（一片四方形的布綁在旗竿上）；這個作法旋即傳播到匈牙利和中歐地區；此時，維京人的船上也升起三角形的旗幟。顯然地，「旗幟」已經蔚為風氣，尤其是作戰之時。一〇七七年製作的貝葉掛毯（Bayeux Tapestry）描繪的是一〇六六年的戰事，從中可見，征服者威廉（William the Conqueror）背後是一面維京人式的旗幟，而另一面旗幟上則有個十字架。[4]可見，亮出旗幟的作法早於十字軍東征、歐洲和阿拉伯地區兵戎相見之前，不過歐洲的旗幟，尤其是有基督教十字架的旗幟開始蔚為風氣，是起自於十字軍東征時期，這點應無疑義。

第一次十字軍東征時期（一〇九六—九九），來自歐洲不同地區的眾多軍隊發覺要順利作戰，需彼此要能夠相互辨識。在那種情況下，他們很自然地採用基督教的十字架為標誌、但有不同的顏色和形狀。同一個顏色、不同形狀的十字架，可以代表來自同一地區，譬如法蘭克人（Franks）的部隊；另一個顏色或形狀的十字架，可能就只是某個王子或伯爵的部隊。這些標誌日後演進成為全套的徽記學，接著更衍生出全套複雜的規則來規範旗幟，譬如：形狀、顏色、何時、何地升旗等。這套系統也變成辨識或展現階級、傳承的重要方法，而皇室家族也格外重視它。

因此，我們就產生了一條方便的路徑追尋法國旗幟的來龍去脈。首先，從聖馬丁（St. Martin）的藍色披風開始，一路追溯到四世紀，再進到八世紀查理曼（Charlemagne）的紅色，接著又轉到十五世紀聖女貞德（Joan of Arc）的白色。它並不能交代出在各種轉折變化下，發展到法蘭西第五共和這面國旗的完整故事，但之中的細節的確隱藏了許多美妙的故事。

聖馬丁是出生在今天匈牙利某地的羅馬軍人，後來改信基督教，並奇蹟般地變成了圖爾主教（Bishop of Tours），他最著名的故事是將一件非常昂貴的羊毛披風一分為二，給一個可憐的乞丐蔽體。他死後埋葬在法國某地（不是因為被冷死），而當地也成為聖地。數十年後，克洛維王（King Clovis, 466-511）挖開他的棺木，而那件披風赫然就在其中！

克洛維是首位統一法蘭克人各部落並組成今天法國雛型的君主。由於他虔信聖馬丁，每次出戰一定要在旗竿上掛起聖馬丁的披風並伴隨其他旗幟，因它已成為戰場告捷的象徵。若不出征，披風就放在一個帳篷式的小房子裡，後來小房子就從拉丁字capella（披風）演變成英文字chapel（教堂）。一般也認為，自十三世紀起就與法國國王連結在一起的鳶尾花徽記，可能也源自於克洛維，做為他有神授之權進行統治的標誌。

聖馬丁的藍披風變成藍旗幟，一直伴隨著出征，直到一三五六年的波提耶戰役（Battle of Poitiers），由於英軍痛擊法軍，使得法國人對藍旗失去了信心。這時，他們也高擎查理曼的紅旗幟，不過，因為一四一五年再度於阿金庫爾戰役（Battle of Agincourt）敗於英軍，這個作法也日益少用。即使如此，藍色和紅色已經確立為公認的法國記號，而法國王室也在十二世紀首開先例，掛出藍色大旗做為皇室大旗。[5]

白色之所以流行起來，肇因於聖女貞德在一四二九年奧爾連城（Orleans）被圍之役、阻止英軍進攻時，升起的是白色旗幟。我們可以透過她被控以異端之罪後，在遭處死前數月的一段審判裡的陳述來理解它。當時她說：

「我有一面旗幟，布滿百合的旗幟……它是白色，由所謂『boccassin』的白布製成；它上面有字，我相信那是『耶穌瑪麗亞』；它的邊緣鑲了絲。」

接下來，庭上問她：「『耶穌瑪麗亞』這幾個字是寫在上面、底下或邊上？」

「我相信是在邊上。」

「妳最在意什麼？妳的旗幟或妳的劍？」

「四十倍以上，我的旗幟勝過我的劍！」

接下來三百五十年，這三個顏色的旗幟經常升起，通常是單色旗、偶爾才是三色旗。白色或許最為普遍，但還沒有正式成為國家代表色。

等到我們進入一七八九年法國大革命時，巴黎使用紅、藍色旗幟已有數世紀之久，巴黎民兵在他們的帽子上別上藍、紅色絲帶的帽章，那是全市都認識而且十分重要的政治「標記」。他們又加上白色，認為其代表純潔（遵循聖女貞德的傳統），到了年底，這就成了正式的帽章，實質上也被認為其展現了共同的國家顏色。

此時，法國海軍士兵向他們仍有深重貴族氣息的高級軍官抗命，要求有權升起新旗幟，以迎接新時代的來臨。米拉波伯爵（Comte de Mirabeau）[6]一七九〇年在國民議會（National Assembly）發表演說，譴責「主張維持舊偏見的人是煽動的陰謀家……不，議員同仁們，這些三色旗將飄揚海上；贏取所有國家的尊敬，並朝著陰謀家和暴君的心臟痛擊！」他的雄辯占了上風，各式各樣不同設計的紅、白、藍三色旗紛紛出現。慢慢地，它們也用於陸上；到了一八一二年，法國陸軍正式採用三條直立色紋；因此，我們偶爾可在拿破崙征伐俄羅斯的圖畫上看到三色旗。

它的普遍使用與正式地位在接下來皇室復辟、拿破崙和一八三〇年革命等動盪年代起伏跌宕。接著，國家在立憲君主之下頒令：「法國民族再次接受這些顏色。」此後，在第三、第四和第五共和時期，我們今天所見的標準三色旗（期間略有修改）一直都是法國國旗。第二次世界大戰期間，在主持維琪政府（Vichy Regime）與納粹合作的貝當元帥（Marshal Petain）的旗幟上，可見一個雙刃斧的標誌——它可上溯至佛蘭克人初步組建法國的時期。戴高樂將軍領導的自由法蘭西（Free French）遂以洛琳十字架（Cross of Lorraine）為標誌，但雙方都維持著名的藍、白、紅色——分別代表自由、平等和博愛。（圖3-2）

今天你若說「三色旗」，一般會以為你在講法國國旗，因它已跨越國際，超過代表一個國家，變成也代表上述三個原則了。至於其是如何達成這些目標，各方意見也不一——的確，甚至對這些字的內涵也有不同見解——但做為象徵符號，法國的紅、白、藍色代表數億人的期望，已是全球的標記。二〇一五年，巴黎遭到恐怖份子攻擊後，這個徽記出現在全球的社群媒體網頁上。人們把它放到帳號上，不只表示支持法國，也表示支持自由的信念；即使法國的歷史駁雜且盛衰無常，它仍是引領了這樣的風潮。

再往東走，越過萊茵河後，我們發現另一面也有數百年歷史淵源的三色旗，不過它出現在一個比較新的國家——德國的黑、紅、金三色旗。（圖3-3）

這三個顏色首次組合起來成為國旗，為一九一九年威瑪共和（Weimar Republic）成立時。此前（其實之後也有），一八七一年聯邦各州統一成為德國後，第一面國旗的顏色組合是黑、白、紅。長久以來，這些顏色即與日耳曼各區域有所關聯。波蘭歷史學者強・德烏戈什（Jan D ugosz）在一四一〇年的坦能堡戰役（Battle of Tannenberg）後的六十年寫了篇文章，記載自打敗戰的條頓騎士團（Teutonic Knights）搶來的許多旗幟。這是從十字軍衍生出來的一支日耳曼部隊，這些被擄的旗幟懸掛在克拉考（Kraków）的瓦維爾大教堂（Wawel Cathedral）裡直到一六〇三年。德烏戈什提到的五十六面旗幟中，紅、白兩色最多，其次是黑色。紅色部分應是受到第一任神聖羅馬皇帝查理曼的影響，他統一了大半個歐洲、包括日耳曼各邦。

後來，神聖羅馬帝國採用有頭黑色大鷹的黃金色盾牌為徽記；當它在一八〇六年解散時，這些顏色已深入人心，並在日耳曼地區流傳下來。一八一三年，日耳曼人開始蠢蠢欲動，他們盼望統一之際，早先成立來對抗拿破崙的普魯士呂佐夫志願兵團（Lützow Free Corps）[7]採用的則是黑、紅兩色配上金邊的制服。同一時期，也出現一個很有影響力的學生協會，成員來自日耳曼各個地區。它採用黑、紅、金三個顏色，並認為這是代表所有德語民族的泛日耳曼顏色，無論他們是否來自今天的捷克共和國、德國、義大利、奧地利或其他地區。在某些人的想法中，這代表渴望走向統一和民主。

到了一八三〇年，法國人已經恢復三色旗，這影響了許多日耳曼人（當然絕非全體）採用黑、紅、金色為他們的顏色，並將其做為「國家」的象徵。到了一八六七年，北日耳曼聯邦（North German Federation）成立，也就是德國的原型，但因奧圖・馮・俾斯麥（Otto von Bismarck）強大、不可撼動的力量，阻止它採用這三個顏色做為國家的象徵。由於他出身普魯士，普魯士的旗幟是黑、白兩色，因此他要求新旗幟需為黑、紅、白三色。這位鐵血宰相幾乎一向都能順心如意。當德國於一八七一年統一時，它們成為第二帝國國旗正式的顏色。（圖3-4）它延續了將近四十年，但是在德國輸了第一次世界大戰後的動盪中，卻無法維繫下來。威瑪共和成立，上個世紀的黑、紅、金色再度抬頭，有些人認為這反映的是民主。然而，它也抵擋不了希特勒和納粹黨的崛起，他們摒棄了威瑪共和的顏色，再度恢復帝國的顏色。

納粹一九三三年掌權後不久，頒布了一道法令：現在要升兩面旗幟——一面黑、紅、白的三色旗，另一面是納粹黨黨旗卐字旗（圖3-5）[8]；德國所有官方建築物和船隻都必須升起這兩面旗子。兩年後，納粹黨已經堅固掌控國家，希特勒裁示，德國只有一面旗幟，那就是卐字旗。這項命令經一九三五年九月的〈紐倫堡國旗法〉後成為法律，也受到紐約市一件引起德、美外交爭端的事件影響。

一九三五年七月底，數百名反對納粹的共產黨示威者聚集在紐約港的某一碼頭，其中數十人衝決警方封鎖線，搶登將離港的德國商船布瑞曼號（SSBremen），扯下卐字旗、丟進赫德遜河。當時的情勢非常緊張。上東城的「德國城」社區陷入分裂，一小部分德裔美國人支持希特勒，而其他許多人，包括來自納粹德國的難民，則與工會聯合反對他們。後來臭名昭彰、支持納粹的「德裔美國人協會」（German American Bund）總部就設在上東城。

《星期日史巴登堡前鋒報》（*Sunday Spartanburg Herald*）帶著挖苦的意味報導：「當德國徽記被丟進赫德遜河時，載浮載沉，但旋即被救起。它若沉下去，希特勒說不定會訴請損害賠償。」果不其然，德國使館代辦向美國國務院提出抗議，但國務院回答他，遭到羞辱的是納粹黨不是國家。八星期後，〈紐倫堡國旗法〉通過，黨旗變國旗。

這面最臭名昭彰的象徵，原想成為千秋萬世帝國的徽記，卻只當了十年左右的國旗（一九三五至四五年），不過，它的歷史其實可以上溯至好幾千年前。卍（左旋）／卐（右旋）是由亞洲、非洲和歐洲的考古學家發現。這個圖案用於一萬二千年前石器時代末期時的「原型寫字」（proto-writing），但它實際上代表什麼意義，至今仍神祕難解。

對於它的起源最具視覺說服力的理論，則出自已故的偉大美國天文學家卡爾．沙岡（Carl Sagan）。沙岡在著書《彗星》（Comet）中指出，約兩千兩百年前，古代中國有一份手稿，被稱為「帛書」。它描繪目擊彗星閃過天際，其中一張圖可以清楚看到彗星的尾部，狀似我們現在所稱的卍字記號。沙岡的理論是，快速旋轉形成了「彎曲的飄帶，彷彿旋轉式花園灑水器噴水所形成的圖案……卍字的形狀」。若此一說法正確的話，若相信人類在史書記載前就在天空中見過這個形狀，並自然地賦予它意義，也就不算是大躍進。

亞洲有些地方仍使用它做為宗教的象徵。譬如，印度耆那教（Jain）的旗幟（圖3-6），在它中央水平的白色條紋上有個「卐」字，它代表靈魂存在的四「界」[9]。印度教徒認為，這個右旋的卐字是毗濕奴（God Vishnu）[10]的一百零八種象徵之一，它出現在許多寺廟、藝術品與裝飾中。

我們發現，古代印度最常使用卍／卐字，它也從印度傳入納粹德國。希特勒沉迷種族純粹理論，深信日耳曼民族源自雅利安「種族」，他們是從印度河流域移民到歐洲。他相信，雅利安人是優等民族，儘管雅利安這個字詞原指一種語言，而非種族。

一九二〇年代，德文把「卐」稱為Hakenkreuz，民族主義作家採用偽科學，說它是獨特的雅利安記號。希特勒在《我的奮鬥》（*Mein Kampf*, 1925）中提到，一九二〇年，即納粹採用「卐」的那一年，他發覺黨需要有個「代表自身奮鬥的象徵」，必需「像個大字報一樣有效」。

他直截了當地摒棄了威瑪共和的黑、紅、金三色旗，但接受傳統代表德國的紅、白、黑三色。納粹黨員提出許多設計圖案，其中有許多都在某個部位擺上「卐」。希特勒承認其中一個圖案近似後來定案的旗幟，但聲稱那是他設計的：「同時，我自己在嘗試多次後，畫出最後的樣子；紅底、白圈、中央有個黑色卐字的旗幟。歷經長久嘗試後，我也找出旗幟和白色圓圈之間的大小比例，以及卐字的形狀和厚度。」他也說明他的設計所代表的意義：「紅色代表這個運動的社會思想。白色代表國家思想。卐字則代表交付給我們的使命——為雅利安人種的勝利而奮鬥。」

在他所謂的「交付給我們的使命」中，我們發現希特勒思想中的神祕色彩。雖然納粹未因沉迷玄學世界而聞名，但許多黨員卻迷上了神祕主義和象徵的力量。他們從設計出來的卐字旗，找到吸引群眾的神祕力量，雖然這個力量最後把他們及數千萬人推向了毀滅。

這就是西方世界看待這個古代記號的脈絡，也是包括德國在內，好幾個國家仍禁止它的原因。這也是為什麼極右派迄今仍在使用它、或刻意使用稍作更動後類似標誌的原因。譬如在美國，這個圖案因雅利安兄弟會（Aryan Brotherhood）等幫會的傳播而繼續存活下來；這些幫會在監獄中招募新血，並且持續作姦犯科。

即使不知詳細內情的人也明白，它具有即刻震撼、引起傷害與憤怒的力量。然而，做為典型的古代標記，它熬過了納粹時代的濫用，在世界其他地方仍完好存在著，沒有產生負面的聯想。在佛教、印度教和耆那教等教派占主導地位的地區，如日本、越南和中國，看到它並不稀罕——譬如，中國的法輪功團體的大法輪，中心便有一個卍字標誌。在印度，它是印度教主神毗濕奴的一百零八個象徵之一，可在慶典活動、蛋糕上找到；不僅以它為裝飾，有時甚至還有人在新車的引擎蓋上繪製它，希望能帶來好運。

但在不同文化背景下，歷經第二次世界大戰的恐怖災劫，德國全面投降，要繼續使用這面旗幟當然不可能。歐洲努力重建，德國也得重建其聲譽。做為療癒的一部分，德國需禁用卐字旗，重新使用古代史和近代史上的黑、紅、金三色。因為東、西德都以真正的民主德國自居，所以重新採用民主的威瑪共和時期的國旗。雙方的國旗直到一九五九年都一樣。這一年，東德在國旗上加上了自共產主義獲得啟發的徽記：以小麥、一把榔頭和一副圓規代表農民、工人和知識份子。（圖3-7）

兩德共組一個代表隊參加一九五六年的奧運會，但因旗幟相同，而沒有風波；現在問題來了。好在雙方取得妥協，聯合代表隊將在一面黑、紅、金三色、但紅條紋上加上奧林匹克五環標記的旗幟下出賽；（圖3-8）一九六〇年和一九六四年奧運皆依此辦理。一九六八年，東西德分別組隊參賽，但彼此仍遵守先前的協議舉旗。此後他們各自使用自己的國旗。一九八九年，柏林圍牆倒塌，翌年德國恢復統一，問題也就迎刃而解。

在柏林圍牆拆除的動盪時期，許多東德人藉由剪掉國旗上的徽記來明白表露他們的感情。他們的靈感來自匈牙利人。一九五六年，匈牙利人起義反對蘇聯占領，就曾剪掉國旗上的共產主義標記。羅馬尼亞人也在一九八九年底跟進。

最近才重新統一的德國花了好一陣子，才熱切接受重新啟用的三色旗，這是因為對納粹時期的經驗猶有餘悸，對揮舞國旗仍有疑慮。到了二〇〇六年世界盃足球賽，德國是主辦國，德國人民已頗具自信，知道自己是歐洲大陸最成功的民主國家之一。黑、紅、金三色旗一路揮舞到準決賽。這面旗幟絕不僅是裝飾品：它們是這個明白其歷史跌宕起伏、對未來前途深具信心的國家的代表。對於這一世代的德國年輕人來說，戰爭已是遙遠的歷史，甚至柏林圍牆拆除也是歷史。他們熟悉這段歷史，但不再像他們的父祖輩一樣沉浸其中。鑒於難民危機而逐漸浮現的民族主義，此與二次大戰前那種肅殺的歇斯底里不同，也不拿國旗做包裝。德國人還需要數十年，才不會把戰時年代與今天的事件混為一談，但希特勒留下的陰影已慢慢縮短。這些年來，德國建立的民主體制已強大到足以允許黑、紅、金三色回到大眾文化之中。

來到這裡，我們休息一下，再來談談義大利國旗。先吃個午餐吧。

讓我們先點一道鱷梨、莫札瑞拉奶酪（mozzarella）和番茄三色沙拉。若你不喜歡鱷梨，沒問題，我們可以替你換上蓬蒿（basil）。無論怎麼調換，你的三色沙拉都是義大利國旗的顏色。

我看到這面漂亮、清爽、充滿活力的綠、白、紅色國旗（圖3-9），總不免聯想到食物。全世界上百萬家餐廳呼喚著「披薩！麵條！」正是告訴我們，這個國家的國旗和美食息息相關。中國菜餐廳不會在門外升起紅色鐮刀榔頭旗吸引顧客上門；看到突尼西亞國旗，你也不會想到回家自己準備一餐北非風味的食物。

再多想幾分鐘這幾個顏色勾起的聯想，我便會立刻跳上我那輛一九六七年的韋士巴小摩托車（Vespa scooter），奔向聖希洛體育場（San Siro Stadium）觀看米蘭足球俱樂部（AC Milan）與國際米蘭足球俱樂部（Inter Milan）的決鬥。若我們有數人同行，那就坐飛雅特汽車（Fiat）去，不過指定駕駛人只能喝一小杯蒙特普齊亞諾葡萄酒（Montepulciano）。

我說這些話，絕無看扁義大利國家象徵的意思；我只是要強調，這面國旗透過義大利名產，成功傳達出的軟實力。雖然義大利一直掙扎著要不要真正統一，近來也有分離運動聲勢大振、南北雙方的分裂跡象，但國旗中也出現團結人心的元素。

直到十八世紀末，亞平寧半島（Apennine Peninsula）及其周圍地區和島嶼的人民，有豐富的製旗、代表城邦國家和王國的經驗。但一七九六年春天，拿破崙大軍跨過阿爾卑斯山，使這些小型、絕對主義的國家其舊秩序陷入混亂。法國部隊進入隆巴第（Lombardy）——首都米蘭——把它改成特蘭斯帕達納共和國（Transpadane Republic）。當時，米蘭的民兵身穿綠、白色制服，當他們改組為特蘭斯帕達納共和國國民兵時，制服加上了紅色。隆巴達軍團（Legione Lombarda）也採用相同的顏色。

當年十月，拿破崙寫信回巴黎，提到「他們選擇的國家顏色是綠、白、紅色」（圖3-10、3-11）。

法國軍隊也推翻鄰近的摩德納（Modena）舊政權，一度將它改名奇斯帕達納共和國（Cispadane Republic）。新組建的民兵自稱義大利兵團（Italian Legion），並採用綠、白、紅色制服；它們也是共和國橫向三色旗的顏色：紅色在上，白色在中，綠色在下。（圖3-12）

一七九七年，這兩個共和國合併，組成奇薩爾平寧共和國（Cisalpine Republic），一七九八年它訂定的三色縱向設計的國旗，就是我們今日所見的義大利國旗。毫無疑問地，它受到了法國國旗的影響。在法國控制下的這個新「國家」後來便成為義大利共和國（Italian Republic），然後再演變為義大利王國（Italian Kingdom）。拿破崙的敗亡導致義大利統一的停頓，但國家團結的構想和顏色已深入人心。

十九世紀，三色旗在整個半島流傳開來。民族主義的興盛成為沛然莫禦的力量，並得到朱瑟佩·馬志尼（Giuseppe Mazzini）、朱瑟佩·加里波第（Giuseppe Garibaldi）等人的領導，他們都在這個顏色底下領軍作戰。一八六一年，義大利宣告統一建國，維克多·伊瑪紐二世（VictorEmmanuel II）出任義大利國王；國旗的顏色已毫無懸念，但也加上了他出身的薩伏伊王室（House of Savoy）的徽記，（圖3-13）而這面國旗一直維持到一九四六年。

同樣地，班尼托·墨索里尼（Benito Mussolini）也具有法西斯主義者對標記的迷戀，但他沒有去更動國旗。至於薩伏伊王室的徽記，則是到了第二次世界大戰後，義大利成為共和國才拿掉。這面國旗昂揚於國家機關，但民眾未必以同樣的熱忱支持它。義大利仍然是個以區域為重的國家；許多人似乎更認同地方層級，而且區域旗幟有時反而更常見。但國家有時也會凝聚在一起——最顯著的是國家足球隊出賽時，此刻球迷毫無疑問且毫不含糊地團結於他們的三色旗之下。

有些人對此平淡無奇的三色旗賦予其他的價值詮釋：紅色代表流血爭取獨立，綠色代表青翠的山川景色，白色代表阿爾卑斯山。不過這不是官方說法，而且毫無歷史根據，還是那一句話，意義由相信者的眼睛決定，而本書作者向鱷梨、莫札瑞拉奶酪和番茄敬禮！

現在，我們從陽光燦爛的南方轉到北歐——斯堪地那維亞和芬蘭。

我們在此發現一組明顯的歐洲旗幟——幾乎全都具備斯堪地那維亞十字架。固然也有別的群組存在——譬如，從荷蘭，經德國、奧地利直到保加利亞這些鄰國，都有橫向的三色旗——但這些旗幟並沒有形成特殊的族群，三色旗在全世界都很普及。可是，斯堪地那維亞十字在挪威、丹麥、瑞典、芬蘭和冰島的國旗上，無論藍色或紅色，不僅清晰可辨，形狀也一樣。十字在這些國家的國旗上，略偏向旗杆的位置，而十字的「右手臂」也延伸拉長。

說來諷刺意味十足的是，斯堪地那維亞是西歐國家宗教氣息最淡的地區，但這個標誌竟長久存在，在西班牙和義大利等民眾上教堂比率最高的國家，國旗上卻沒有基督教的記號。

這五面斯堪地那維亞十字旗全都以丹麥的紅底白十字國旗為基礎。（圖3-14）其中這面通稱為Dannebrog的丹麥旗幟，公認是全世界最古老的國旗，從十三世紀初期，就被當做是丹麥的標誌（即使官方在時間上，正式認定它有國旗的地位較晚）。丹麥人都知道一個傳說，這面旗幟可以溯源到一二一九年和異教徒愛沙尼亞人交戰的故事。瓦德馬二世國王（King ValdemarII）遇上苦戰，因此隨軍主教找個地方祈禱，上帝聽見了，從天上擲下Dannebrog。瓦德馬在它落地前抓住它，丹麥軍隊因受到此一奇蹟鼓舞而獲得大勝。這件事的歷史證據相當薄弱，但故事卻流傳了幾百年，就像英格蘭的亞瑟王和圓桌武士的故事，具有同等價值，其建立起心理上的「真理」，把國家團結起來。

這面旗幟本身有許多歷險故事。它在一五〇〇年被德國一個城邦擄獲，到一五五九年才獲救，接著被護送回丹麥。接著，隔了一個世紀後，它又被塞到角落與塵土作伴。

它當然不是最後一面消失的丹麥國旗。二〇〇六年，丹麥國旗成為那一年被燒毀的最熱門國旗。二〇〇五年九月，丹麥《日德蘭郵報》（*Jyllands-Posten, The Jutland Post*）刊登了十二張先知穆罕默德的漫畫，在其中一張可見他穿著引信已在燃燒的炸彈背心。許多穆斯林認為這是冒犯，不僅因為圖畫隱喻的意思，也因伊斯蘭法令禁止描繪先知的畫像。

當時這件事在丹麥引起了小型風波。幾個月後，有心人士拿著這些漫畫又在中東地區招搖，確保更多人感到被冒犯。因而造成了穆斯林世界到處爆發示威抗議，數十人因此喪生，大馬士革的丹麥與挪威大使館遭焚毀，數百面丹麥國旗也被付之一炬。

你可能會說，丹麥太冤枉了，又不是政府刊登這些漫畫，但是瑞士和薩伏伊就更冤枉了。許多被燒的旗幟是手工縫製，我們可以理解，製旗的人不是那麼集中精神，注意白色的基督十字要擺在紅底色布的哪個確切位置，或是研究它的比例。它往往靠向中央、而不是靠向旗杆位置。這就造成群眾呼喊「打死丹麥！」口號聲中，燒的卻是瑞士國旗和薩伏伊旗幟。中東民眾不了解歐洲，和歐洲不了解中東，其實也半斤八兩。

現在丹麥國旗高掛於肉販店鋪，印在火腿和燻肉盒上、啤酒瓶、起士盒上——事實上，凡是能賣的東西，都有丹麥旗幟的圖案。丹麥人對國旗非常自豪，但對於它能展示在什麼東西上，卻十分輕鬆地看待。只有一個例外，若是極右派利用它，他們會非常不舒服，大多數人民不願看到它被極右派挾持運用。然而，國旗與丹麥人生活息息相關已有數百年之久，現在民眾仍然愛國，但不會有過分的民族主義情緒。它用於商業用途是人們所習以為常，一般人民的住家願意掛出國旗，也無不可。「丹麥製造」是優質生活的保證，丹麥國旗就是丹麥優質生活的一部分。

再往北走，越過松德海峽大橋（Øresund Bridge）[11]瑞典人對此就有點不以為然。在瑞典，使用國旗絕沒有丹麥這麼普遍，而且和英國一樣，必須提防不受國內極端右翼份子的利用。由於很少民眾揮舞瑞典國旗，或把它用在商業用途，一九九〇年代，它若出現在政府官署以外地方，多離不開和新納粹份子的關係。它後來雖受到適當調整，但使用上仍然很敏感，目前仍是歐洲最少有人揮舞的國旗之一。有一次例外，是二〇一六年歐洲足球錦標賽，幾乎每個瑞典男男女女都在他們的恤衫和帽子上「飛舞」國旗。不過回到瑞典國內，他們也明白民族主義政黨，如瑞典民主黨，愈來愈愛亮出國旗，有份極右派雜誌取名為《藍黃問題》（*Blue-Yellow Questions*），以致它又開始成為問題。

一般人對瑞典的印象是文化極端自由主義的重鎮，而且走第三條路線的經濟政策。這個觀點過時至少二十年，不再適合今天具有大量移民的瑞典。自一九九〇年代以來，市場因素已逐漸進入瑞典。社會福利和教育經費已大幅下降，某些學校甚至已經私有化。幾任政府陸續通過嚴格的警察和情報監聽法令。都市地區出現不少不同族裔居住的區塊，失業率攀高，尤其非白人的瑞典人失業嚴重。根據經濟合作暨開發組織（Organization for Economic Co-operation and Development）的統計，五分之一的瑞典人原來出生在外國，或雙親至少有一人是外國人。這是瑞典在調整、適應新環境時，關於國旗及其社會地位的辯論，必須注意的背景。

瑞典國旗的設計來自丹麥國旗的十字架圖案，但改成藍底黃色。（圖3-15）研究指出，早在十五世紀初期，瑞典就採用藍底金色十字架做為國家標誌，藍色和黃色成為瑞典王室的正式顏色。

挪威國旗源自一八二一年，也採取丹麥國旗的十字架設計，這是因為挪威自一三八八年至一八一四年一直由丹麥統治，一八一四年才由丹麥割讓給瑞典。紅色和藍色的靈感源自於法國大革命及其三色旗，但也反映它與丹麥、瑞典的歷史關係。（圖3-16）瑞典國王允許它用於陸地上，但不准在海上使用，以便限制它可能太過普及、反而助長了挪威民族主義。直到一八九八年，挪威才擁有在海上升起國旗的權利。拖了這麼久、又必須努力爭取才有升旗權，實際上促進了挪威在一九〇五年，脫離瑞典而獨立。

如今，挪威人強烈地以他們的國旗、國家、貨幣和民族精神自豪。這點加上外海石油和天然氣，使它具有世界最大的主權基金財富，也因此解釋了為什麼它選擇不加入歐盟。

芬蘭也曾被瑞典統治，大約從一一五〇年到一八〇九年，直到瑞典在芬蘭戰爭（Finnish War）敗給俄羅斯才告終止。接著，它由俄羅斯部隊占領。不過，原先的主子一向堅持以瑞典文為芬蘭官方語文，國家行政管理須由瑞典發號施令，而俄羅斯則允許相當程度的自治。

新得到的相對自由，鼓勵著芬蘭民族主義，當一九一七年十二月底，俄羅斯因為革命而陷入混亂，列寧承認芬蘭在十二月六日片面宣布獨立。如今需要制訂新國旗，而且出現了兩個主要競爭圖案。宣布獨立當天，芬蘭國會參議院升起一面紅色金獅的「獅子旗」。然而，藍色和白色已非常流行，許多船隻都掛上它，並代表芬蘭。芬蘭詩人、作家和歷史學家薩克里斯・托佩琉斯（Zachris Topelius）早在一八六二年就鼓吹以藍、白色做國旗。他說，藍色代表芬蘭具有許多湖泊，白色則代表皚皚白雪。

國會開始就不同的設計圖案展開熱烈辯論，但一個更嚴重的分裂出現了，一九一八年芬蘭爆發內戰。列寧固然寫過一篇談論芬蘭自決權的文章，因此同意芬蘭獨立，但他的開放態度仍有限度，他希望界定此一自決為莫斯科指導，而且以建立共產主義政府為目標。他鼓勵幾個軍事單位脫離芬蘭的民防軍，另組「赤衛隊」。接下來五個月的內戰，所謂的「白軍」擊敗「赤衛隊」。這麼一來，要決定國旗圖案就單純了。紅色不吃香了。翌年，芬蘭驕傲地升起藍底、白色斯堪地那維亞十字的新國旗。（圖3-17）

最後，我們越過挪威海，來到大西洋上的冰島。冰島距離歐洲大陸雖然將近一千英里，但它的文化和歷史將斯堪地那維亞結合在內。紅色的斯堪地那維亞十字配上白色鑲邊分界線，擺在藍底上，（圖3-18）這面國旗代表好幾層意義：它的基督教傳統，與北歐人民的關係，及從一三八〇年至一九四四年，先後由挪威和丹麥統治，而且和挪威關係極為密切，因為許多冰島人的祖先來自挪威。

在歐洲旗幟文化中，北歐這五面國旗可謂異類；全世界沒有一個地區的國家國旗會讓你一眼就感覺他們系出同源，即使你說不上來確切是哪一國的國旗。在國旗上使用十字架，並非歐洲其他國家的常態；瑞士（圖3-19）、希臘、馬爾他和斯洛伐克的國旗雖然都有十字架，但形狀全與北歐國家的國旗不同。

不過，歐洲其他國家國旗還是有提到基督教徽記的案例。譬如，葡萄牙國旗的綠色承接葡萄牙騎士使用阿濟茲（Aziz）綠色十字的歷史，（圖3-20）它可以遠溯至殿騎士團（Knights Templar）和十字軍東征。紅色源自另一個徽記群體基督騎士團（the Order of Christ）。一九一一年，葡萄牙成為共和國，政府任命一個委員會考量國旗的顏色，紅色是當仁不讓的顏色。因為它是「戰鬥的、熾熱的、陽剛的顏色，代表卓越超群。它是勝利和歡笑的顏色……它提醒我們鮮血，激勵我們走向勝利。」

或許更有趣的是，國旗中央的徽記放在一座渾儀上面。這種儀器用在航海，也代表地理大發現時代（Age of Discovery），當時的葡萄牙水手是開啟新航路的先鋒，他們發現了此前歐洲人所不知道的新世界。這套徽記的設計可溯源到一一三九年，與基督教淵源深厚。五個藍色盾牌上各有五個白點，指的是一一三九年發生在葡萄牙的奧里克戰役（Battle of Ourique），阿方索一世國王（King Alfonso I）「奉基督五個聖傷之名」擊敗摩爾人，因此就有了五個盾牌和五個白點。

這面國旗甚至出現在葡萄牙國歌中：

升起不可侵犯的旗幟，
飄揚在光明的天空中！
向整個歐洲和世界呼喊
葡萄牙還未消失！
親吻您們的土地
海洋發出愛的呢喃
你的凱旋大軍
已在塵世中建立了新世界！

奧地利的紅、白、紅三色橫向條紋也有基督教的淵源，並涉及另一則建國先賢喜愛的神話，人們也常為此津津樂道。傳說中，奧地利公爵李奧波德五世（Duke Leopold V）在第三次十字軍東征時，不眠不休地投入阿卡圍城戰役（Siege of Acre, 1185-1191），他披在盔甲外頭的白色長袍濺滿鮮血。經過一天血戰後，他解下腰帶，露出一段鮮血沒濺汙的白色。[12]不論故事是真是假，亨利六世皇帝（Emperor Henry VI）在幾十年後，發放紅、白色盾牌給特別英勇的騎士們，而在一二三〇年，這兩個顏色開始和本地區連上關係。然而，一直要到第二次世界大戰結束後，單純的紅、白、紅色，沒有任何徽記的設計才正式成為奧地利的國旗。（圖3-21）

根據華府皮優研究中心（Pew Research Center）的調查，全世界約六分之一的國旗有基督教的標記。此若屬實，依我計算，大約是三十二面國旗；其中三分之二幾乎是在歐洲。大部分歐洲人並不特別注意這些記號：我們看到的是瑞典國旗，旗幟上並不是基督教的十字架。然而，有鑑於人民愈來愈了解歷史，如今伊斯蘭又在歐洲大盛，這些標記可能日益受極右派利用，以便將歐洲大陸界定為他們認為的歐洲，並反對那些他們認為不應該存在的現象。特別是當今宗教標誌常出現在伊斯蘭國家的旗幟上，這些國家大部分的人民都很清楚其所要傳達的意義。土耳其總統艾爾多安（Erdogan）便指控歐盟，藉口因它是「穆斯林占多數的國家」，所以不願讓土耳其加入；儘管土耳其是世俗的國家，非以宗教立國；或許宗教仍是個棘手的重點；出自鄂圖曼帝國的新月和星星仍太過鮮明，提醒大家存在已數百年的恩怨與衝突。

除了上述例子，歐洲國家的國旗上，倒沒有太多其他明顯的宗教記號。有部分是因為共和主義興起，掃除了許多皇室王朝及其徽記符號之故。

荷蘭國旗原本是橙、白和藍色，代表新教徒奧連治親王威廉（Prince William of Orange），又名為「沉默寡言的威廉」（William the Taciturn）。他在八十年戰爭（Eighty Year's War）[13]初起時，領導反抗天主教西班牙的起義，後來先促成荷蘭幾個省的獨立、之後全部獨立，組成荷蘭共和國（Dutch Republic）。這面三色旗原為親王旗幟，後來成為脫離西班牙獨立的初期標誌。王室的顏色很自然地被選為國旗的顏色，但到了十七世紀中葉，橙色變成了紅色，因為橙色容易褪色，而且在海上看不清楚。因此，荷蘭王室採用紅、白和藍色，但在適當的王室場合，三色旗的上方會再加一條橙色彩帶一同升起。（圖3-22）

這個顏色仍主導著荷蘭，這尤可見於國家足球代表隊出賽時，大部分人穿上橙色恤衫以示支持「橙衣軍」時。紅、白、藍色是官方的國家代表色——第二次世界大戰期間德國占領荷蘭，荷蘭人民曬衣服時，便會刻意曬出紅、白、藍色的衣物——但在荷蘭人及外國人心目中，哪個顏色和荷蘭最有關係則毋庸置疑。這算是很罕見的事：公認的國家代表色竟沒出現在國旗上。

就某種程度而言，俄羅斯的三色旗（圖3-23）也很有趣。它不再有蘇聯時期的鐮刀和榔頭圖案。事實上，它單純地恢復共產黨執政前的舊國旗。一般公認，這面白、藍、紅橫向條紋的三色旗為彼得大帝（Peter the Great）欽定；[35]他在十七世紀末期遊歷歐洲各國，據說對荷蘭的三色旗印象深刻，因此以它做為俄羅斯國旗的樣板。

彼得大帝死後，這方面出現了一些競爭。一八五八年，沙皇亞歷山大二世（Tsar Alexander II）決定採用黑、黃、白三色旗；既然他是沙皇，當然有許多新式旗幟得到採用，但它們顯然沒取代原有國旗的地位。一八八一年，有位年輕人伊格納西．何內維茨克（Ignacy Hryniewiecki）在聖彼得堡引爆炸彈、弒殺了他。此後，除少數現代邊緣保皇派和極右派團體外，我們再也看不到黑、黃、白三色旗了。至於白、藍、紅三色旗，則是飄揚至一九一七年；到了布爾什維克掌握政權後，則換上了紅旗。

紅色的蘇維埃鐮刀榔頭旗（圖3-24），是飛揚於二十世紀數千萬人墳上的旗幟，但在西方人心中，卻不像納粹旗幟那樣連結到邪惡與恐怖；即使它代表的制度在許多國家，尤其在俄羅斯和中國，殺害了許多平民，中國更有數千萬人活活餓死。至今，仍有人崇拜鐮刀榔頭旗，認為它代表希望。要讓人盲目到看不見古拉格集中營與恐怖統治，一定需要有非常高明的精神操縱；但「持平而論」的話，共產主義其實是好東西。即使到了許多檔案都已公開的今天，仍有很多人不能接受：他們終身信奉的信仰竟是大規模殘害人民的惡魔。很少人會說「持平而論」，納粹的充分就業和興建高速公路，對德國頗有貢獻，但一看到鐮刀和榔頭，頭腦就不清楚了。旗幟背後的主張或可說明部分原委。

納粹之於他們旗幟的象徵意義相當直白：那代表他們相信的優秀民族、強盛、衰弱以及純潔，這些在歐洲遭到蹂躪的價值。可是，如果鐮刀和榔頭在共產主義的實踐上還不是，至少象徵意義上，代表國際團結提攜、城市無產階級和農民團結，還有勞工尊嚴的意念。甚至「紅旗」歌詞都說：「它終於賦予和平的希望。」因此，替它辯護的人可對它所犯下的滔天罪行視若無睹，或明知實務上，旗幟本身代表的理想已被出賣、仍辯稱理想可貴。蘇聯的國歌說：

偉大俄羅斯，永久的聯盟；
獨立共和國，自由結合成。
各民族意志，建立的蘇聯，
統一而強大，萬年萬萬年！
自由的祖國，你無比光輝：
各民族友愛的堅固堡壘！
蘇維埃紅旗，人民的紅旗，
從勝利引向勝利！

雖然它象徵共產主義，紅色的鐮刀榔頭旗在共產主義創始人卡爾・馬克思（Karl Marx, 1818-1883）在世時根本不存在。它是在布爾什維克於俄羅斯掌權後的一九一八年，才逐漸被採用。與一般的革命沒什麼兩樣，象徵具有極重要的地位：在打倒舊政權的象徵後，必須換上適合新時代的象徵。紅色已被認為是代表革命的顏色，特別是一八七一年的巴黎公社暴動及其後的社會主義政府已採用紅色，而它也和大多數旗幟的紅色一樣，代表著為革命大業犧牲一切的志士鮮血。

布爾什維克領導人佛拉迪米爾・列寧（Vladimir Lenin）核准紅色鐮刀榔頭旗的設計，另配上一顆五角紅星，以象徵農民、工人目標一致，同時代表無產階級將接受共產黨指導。對了，我們還要補充一點，俄國人說：「鐮刀和榔頭」，但西方人卻反過來說：「榔頭和鐮刀」。

革命之後頭幾年，鐮刀和榔頭外面圍著一圈稻穗，但國旗在一九二三年十一月正式通過時，稻穗取消，設計圖案看似今天我們所知的樣貌。之後，鐮刀形狀與榔頭長短略有修正。到了一九八〇年，紅色也稍微變亮，但除此之外，一九二三年的國旗一直飛揚在克里姆林宮上方，直到一九九一年十二月。然而，鐮刀榔頭旗至今仍代表全世界的共產主義。以國家層級來說，中國仍高掛紅旗，但即使是中國共產黨，也幾乎不再費心假裝它仍是共產主義政黨了。雖改為擁抱無情的資本主義專制，卻仍利用黨的機器與象徵主義控制全民。

某些身受蘇聯——本質上就是俄羅斯帝國——之害的國家，禁用鐮刀榔頭旗，因對他們來說，那代表了暴政、壓迫、貧窮、殖民統治和極權專制。許多曾經生活在以這些標誌為代表的暴政下的人民，一想到這面旗子就不寒而慄。然而，有些國家從沒嘗過共產暴政統治的滋味，某些年輕人也還迷信它的理想。在他們心目中，紅旗與這些勞動工具仍代表了階級覺醒、反抗與平等主義，但叛逆青年恐怕不會集結在一面或許較合乎時代的現代旗幟之下，譬如以白色鍵盤與發亮的高領夾克為標誌的大旗。

特別是，它已不再飄揚於俄羅斯了，因共產主義基本上已輸掉了冷戰，李維牛仔褲擊敗列寧，北約組織鬥垮華沙公約。在示威活動中，或仍可看到紅旗的蹤影，但它們多半由境遇差、緬懷舊日國家計畫與偉大光榮的老一輩升起。它再也回不來了。

現在，俄羅斯的三色旗飛揚於俄羅斯共和國，也於實質上遭莫斯科強占的部分喬治亞及烏克蘭地區升起。兼併克里米亞深獲俄羅斯民心，但我們可能還沒看到普丁要把國旗插到哪裡的極限。

俄羅斯的影響力也使得各地斯拉夫民族想推翻奧匈帝國或鄂圖曼帝國宰制時，以不論順序為何的紅、白、藍三色，做為泛斯拉夫的團結象徵。斯拉夫人成為一個鬆懈的族裔群體始於一千五百年前左右，其分布範圍西起捷克共和國部分地區、東抵烏拉山以東，北起波羅的海、南抵馬其頓。他們的語言可上溯至原型的斯拉夫語。藉由地理、語言和宗教，他們全都深受俄羅斯影響，這種影響也可見於他們的國旗，譬如：塞爾維亞、斯洛伐克、捷克共和國和斯洛維尼亞的國旗。

塞爾維亞和斯洛維尼亞是組成南斯拉夫聯邦的六個共和國之二。一九一八年，塞爾維亞、克羅埃西亞暨斯洛維尼亞王國（Kingdom of Serbs, Croats and Slovenes）宣布成立時，它採用斯拉夫的顏色，但藍、白、紅橫向三色的旗幟型式，在改名為南斯拉夫時，又加上了一顆紅色五角星。南斯拉夫在一九九〇年代初期崩解，因而需要六面新國旗——後來變成七面。塞爾維亞（圖3-25）、斯洛維尼亞（圖3-26）和克羅埃西亞（圖3-27）都採用稍有變化的紅、白、藍三色旗；蒙特內哥羅重新採用十九世紀末的紅色雙頭鷹國旗（圖3-28）；馬其頓則向更早的歷史尋求靈感。

歐洲沒有另一個國家的國旗像馬其頓國旗一樣特殊。它擁有十分顯眼的紅底色以及八道光芒的太陽。一九九一年，馬其頓獨立時設計的第一面國旗，狀似我們今天所見的國旗，但那時的太陽較小，而且有十六道光芒。（圖3-29）原始的圖案被稱為「維吉納太陽」（Vergina Sun），自上古時期便出現在藝術作品中，共有十六、十二或八道光芒，但最常見者為十六道光芒；馬其頓遂選擇十六道光芒的維吉納太陽圖案做為他們的國旗。

然而，這個標記已在西元前四世紀，為亞歷山大大帝（Alexander the Great）及其父親馬其頓國王菲力浦二世（Philip II of Macedon）用過，而馬其頓和希臘都宣稱這兩位歷史人物是他們的民族英雄。由於希臘堅持亞歷山大和菲力浦是希臘人，而且重要的是，希臘的馬其頓省與它的鄰居馬其頓共和國根本是兩回事，雅典當局非常氣憤，對方竟然使用希臘的標誌。

這可不是考古學家彼此爭吵就能了結的一樁小事，而是涉及領土爭議的大問題。馬其頓共和國裡，還有人認為希臘的馬其頓省是大馬其頓的一部分，而塞薩洛尼卡（Thessalonica）是首都[14]。希臘深怕國旗只是馬其頓共和國覬覦希臘領土的先聲，因此對它實施經濟封鎖，也在聯合國和歐盟號召友邦支持，甚至向世界智慧財產組織（World Intellectual Property Organization）登記它的抗議。這招奏效了。一九九五年，不僅馬其頓國旗重新設計，改成八道光芒的太陽圖案，（圖3-30）在聯合國和歐盟裡，國名也被改為「前南斯拉夫馬其頓共和國」（Former Yugoslav Republic of Macedonia），因此稍微緩解希臘擔心有個國家和它的一個省份同名的問題。不過，令希臘很氣惱的是，許多國家還是承認它是馬其頓共和國。

許多年後，舊國旗才不再公開使用，但國內可沒有人自稱是「前南斯拉夫馬其頓共和國」。遊客到了首都史高比耶（Skopje）的機場，就明白官方對此爭議的立場——機場自二〇〇六年就取名「亞歷山大大帝機場」。走出機場搭計程車時，你不會沒看到入境大廳有座巨大的肖像——亞歷山大大帝騎在駿馬上。上了計程車後，你請問司機老大，是否從最大的一條幹道進城？那條幹道便名為亞歷山大大帝公路。

這個問題到今天都尚未解決：二〇一五至一六年，希臘和馬其頓邊界的難民危機使得緊張情勢再度升高，希臘仍阻擋馬其頓加入北約組織的入會談判——這是民族國家政治勝過泛歐洲理想的另一個例子。但至少，這些認同問題仍可透過外交方式解決；而脫離南斯拉夫的另兩個國家，他們的國旗則誕生於戰火之中。

科索沃在兩者之中，顯得較為單純。它是南斯拉夫塞爾維亞共和國的一區，在南斯拉夫解散時成為塞爾維亞的一部分。其人口多為阿爾巴尼亞裔的穆斯林，而且此區仍有人認為，科索沃和一部分馬其頓屬於「大阿爾巴尼亞」。

一九九九年，北約組織在科索沃戰爭期間把塞爾維亞炸到投降，迫其軍隊撤出科索沃省。科索沃境內的數萬名塞爾維亞裔人旋即在種族清洗的浪潮中，遭人口占多數的穆斯林報復，被迫流亡。

二〇〇八年，科索沃片面宣布獨立，現在已經得到聯合國及歐盟過半數國家的承認、但還不是全體接受。當然塞爾維亞不在之中。科索沃的旗幟（圖3-31）以藍色為底，中間有一黃色的科索沃地圖，地圖上是六顆排列成圓拱形的白色五角星，象徵科索沃境內六個不同族群。星星是很棒的設計，意在號召不同族群和平共處。但目前這只是理想，從一九九九年的戰爭至今，這點其實毫無進展。

另一方面，在過去數百年波士尼亞—赫塞哥維納（Bosnia-Herzegovina）先後由鄂圖曼帝國和奧匈帝國統治，接著才成為南斯拉夫的一部分。令波士尼亞的少數族裔塞爾維亞人緊張的是，一九九二年它決定脫離塞爾維亞人占多數的南斯拉夫。於是，南斯拉夫內戰迅即爆發，並演變成三方混戰；波士尼亞境內的穆斯林、克羅埃西亞裔及塞爾維亞裔，則各有克羅埃西亞和塞爾維亞在背後支持，他們全部打成了一團。

三年混戰期間，波士尼亞政府採用十四世紀曾統治波士尼亞及達爾馬提亞（Dalmatia）的一朝之徽做為國旗。這是以白色為底，有六朵黃色百合花在上頭、藍色盾牌在中央的圖案。（圖3-32）原意是在表達不偏不倚的中立立場，但卻演變成與衝突中的穆斯林陣營最有關聯。一九九六年，桑繆爾·杭廷頓（Samuel Huntington）在其著名大作《文明的衝突與世界秩序的重建》（*Clash of Civilizations and the Remaking of World Order*）中敘述道，在首都塞拉耶佛（Sarajevo）圍城期間，某些居民將其與沙烏地阿拉伯及土耳其國旗一起懸掛，以示感謝這兩國對戰爭的外交立場並提供人道援助。一九九五年戰爭結束後，明顯需要另外設計新國旗。

由於內戰期間的血腥殺戮造成撕裂，塞拉耶佛的國會無法就國旗的圖案設計、乃至其他種種問題取得共識。因此，聯合國最高代表卡洛斯・魏斯登多甫（Carlos Westendorp）提出了目前所見的這面旗幟，完全不帶宗教或歷史象徵。旗幟上，藍底色的中間有個黃色倒三角形，三角形代表國家的形狀，三個尖端代表國內的三個族裔。藍色和黃色明顯反映歐盟旗幟的顏色。另外，在靠近旗杆這一側的三角形之外還有九顆白色星星，象徵著和平。（圖3-33）

在發布設計圖案的記者會上，有位記者向魏斯登多甫的新聞官鄧肯・布里旺（Duncan Bullivant）提到，它看來很像一盒玉米片的標記。布里旺明白，如何解讀圖案是相當主觀的事，因而並不接話，但他也解釋，最上面和最下面的兩顆星星只出現一半，這是因為：「我被設計它的技術專家告知，星星數量無窮盡，代表了綿綿不絕。如果你們了解這點，可就比我高明多了。」他又說：「這是一面前瞻未來的旗幟，代表團結而非分裂。它是代表身為歐洲一員的國旗。」

它也是日後可能加入歐盟大家庭的一面旗幟。波士尼亞在二〇一六年申請加入歐盟，但可能需時十年才能如願。在它入會前，歐盟將會有所變化。英國退出歐盟的公投餘震仍在，歐盟到了二〇二〇年代中期會是什麼模樣，誰也不清楚。歐盟已陷入冗長的辯論中：究竟它是什麼？又該是什麼？有些國家認為，答案是「更加歐洲」，但本書作者贊同另一批人士的看法，認為目前形式的歐盟，其分裂的危機正在擴大。每個會員國內，都有些積極尋求分解歐盟的團體。難民危機也加劇了歐盟的緊張；由於歐盟起先沒準備好會有那麼多的難民湧入，許多國家只好硬著頭皮自己應付，或收縮邊界——有些國家實質上建立柵欄——或爭辯每個國家應收容多少難民；而有些東歐國家如匈牙利，也拒絕歐盟提議全體分攤費用的方案。這些分裂在在挑戰著歐盟，因為人人都在思索如何保護自己的國家認同，不被難民潮威脅到。

二〇一〇年，當歐洲人被問到，請提出自己國家之外，有哪個極端右翼、反移民的政黨最為著名，多數人都會回答：「法國民族陣線」（French Front National）。如今，希臘的「金色黎明黨」（Golden Dawn）、德國的「另類選擇黨」（AFD）、匈牙利的「尤比克黨」（Jobbik），以及其他許多國家的政黨在整個歐洲都一一冒出頭來，「金色黎明黨」的旗幟上明顯的納粹標誌，或「尤比克黨」的傳統可追溯至一九三〇年代匈牙利的法西斯主義者遺緒都包括在內。二〇〇八年經濟大崩潰及移民大規模湧入的雙重壓力，則開啟了右翼思想重回主流之路。

二〇一四年，約有七十萬名移民和難民湧入歐洲，大部分經由地中海跨海而來。數以千計的難民為逃離中東和非洲的戰爭和貧困，在途中不幸淹死。第二年，難民數字幾乎翻倍——光是二〇一五年，德國就收到近五十萬份的庇護申請。二〇一六年，由於歐盟與土耳其達成協議，數字略微下降，但二〇一七年，難民持續湧入，我們沒有理由樂觀，此一浪潮將會停止。

主流政客告訴歐洲民眾，由於出生率下降，歐洲大陸需要移民，但大部分選民聽不進去，並指出住房、醫療、學校、福利和同樣棘手的文化問題均承受不了這樣的壓力。起先，政府試圖允許歐盟處理危機，但顯然失敗了。極右翼政黨因而皺眉，並經常亮出民族主義的象徵，逼迫一些主流向右翼傾斜。德國政府起先迎來了一百萬名難民和移民，接著提出一項計畫，預備將他們分發到二十八個歐盟國家。他們沒考慮到許多歐盟國家竟然敬謝不敏。聯盟的凝聚力也在此一壓力下出現裂痕。

歐盟旗原先被認為是團結的象徵，但在今天有些人對它有了不同的看法。波士尼亞許多人或仍把它當做代表希望的旗幟，是能把他們帶進繁榮與和平的區域；但某些希臘人或許認為，它代表了經濟與政治壓迫的旗幟。右翼人士則認為，它象徵的制度正在改變歐洲大陸的文化。法國和德國政府仍視它為結合雙方的黏著劑。他們迫切渴望，無論十年後歐盟會是什麼模樣，都不能瓦解。

一九五〇年代，知識界對於正在孵育中的歐洲同盟充滿肯定的心理，如今則已不再。歐盟旗原本迎風飄揚，現在卻步履蹣跚，不知風向往哪裡吹。在它的南方，不確定感更加強烈。

譯註

1 光明會是一七七六年啟蒙運動時期，成立於今天德國巴伐利亞的一個祕密組織。它常被指控陰謀策畫控制世界事務，在政府及企業界安插代理人，藉以攫取政治權力，以便建立「新世界秩序」。

2 奧斯汀．鮑爾斯系列電影是一九九七年至二〇〇二年美國出品的系列間諜動作喜劇片。

3 維謝格拉德集團是一九九一年二月十五日，捷克斯洛伐克、匈牙利、波蘭三國於匈牙利維謝格拉德舉行高峰會議後成立。一九九三年一月一日，捷克斯洛伐克解體，區分為捷克共和國和斯洛伐克，成員國因此變為四國。中世紀時，波希米亞（今捷克）、匈牙利、波蘭三國君主為了相互合作，曾於一三三五年與一三三九年在維謝格拉德召開會議。

4 一〇六六年，英國國王愛德華去世，無嗣。諾曼第公爵威廉率領法國及諾曼人聯軍登陸英國，與盎格魯撒克森的哈洛德王爭搶王位。十月十四日在黑斯汀戰役（Battle of Hastings），威廉戰勝後搶下王位，也因此獲得「征服者威廉」的綽號。貝葉掛毯長七十公尺、寬零點五公尺，而今只留存六十二公尺。掛毯上出現了六百二十三名人物、五十五隻狗、二百零二匹戰馬、四十九棵樹、四十一艘船、超過五百隻鳥和龍等生物，以及約兩千個拉丁文字，並描述了整個黑斯汀戰役的前後過程。今存於法國的貝葉（Bayeux）。

5 九一一年，維京人接受法國國王之封，在塞納河下游，也就是今天的諾曼第定居並建立諾曼第公國。一〇六六年，諾曼第公爵征服者威廉渡海征服英格蘭，成為英格蘭國王；其後一百五十年，法國諾曼第公爵兼為英格蘭國王。可是，諾曼第公國卻是法國國王的從屬國，導致原來平等的兩個國王變得完全不平等。十四世紀初，此一矛盾爆發為「百年戰爭」，足足自一三三七年打到了一四五三年。一三五六年的波提耶戰役，英軍勝利。一四一五年的阿金庫爾戰役，英軍再度獲勝。直到戰爭進入第四階段，法國出現了一位傳頌後世的聖女貞德，指揮法軍於一四二九年五月擊敗英格蘭，才解除奧爾連圍城之危，扭轉整個戰局。不過，年僅十九歲的聖女貞德不久後被英軍擒拿，一四三一年被以女巫罪處死。一四五三年，法國收復加萊以外的全部失土，英軍認敗並退回英格蘭，終於結束了這場長達一百一十六年、人類史上最長的戰爭。

6 米拉波伯爵是法國大革命時期著名的政治家和演說家。在大革命初期統治國家的國民議會中，他主張建立仿效英國的君主立憲制，是溫和派人士中最重要的人物之一。他在一七九一年一月底當選國民議會議長，但旋即病倒，並於三月去世。

7 在拿破崙戰爭期間，普魯士王國於一八一三年出現了一支抵抗法軍的志願軍部隊，並因指揮官呂佐夫男爵（Ludwig Adolf Wilhelm vonLutzow）而被稱為呂佐夫志願兵團。由於當時的普魯士軍隊裡，只有呂佐夫志願兵團有多位來自其他日耳曼地區的軍人，所以到了十九世紀德意志統一運動興起時，呂佐夫志願兵團便成為民族主義者大力歌頌的對象之一。

8 納粹旗也是德國一九三五至四五年的國旗。

9 四「界」指的是：天界、人界、動植物鳥蟲界與地獄界。

10 印度教三大主神為梵天（Brahma）、濕婆（Shiva）和毗濕奴（Vishnu）。梵天管創造、濕婆管毀滅和再生、毗濕奴管維護。

11 松德海峽大橋是一條汽車鐵路兩用，橫跨松德海峽的大橋。其實它兼具大橋及隧道，是全歐洲最長的汽車鐵路兩用的大橋隧道。這條大橋連接丹麥首都哥本哈根和瑞典城市馬爾摩（Malmo）這兩個都會區。

12 阿卡位於今天以色列北部海濱。十字軍東征時是基督徒和穆斯林的兵家必爭之地。第一次十字軍東征建立耶路撒冷王國後，十字軍進攻阿卡，經歷四年圍困，一一〇四年阿卡向十字軍投降。埃及的薩拉丁（Saladin）在一一八七年擊敗十字軍、占領耶路撒冷，旋即兵不血刃、又占領阿卡等城市。第三次十字軍東征時期，英、法、奧等聯軍圍城兩年，又攻下阿卡。

13 八十年戰爭為一五六八年至一六四八年，哈布斯堡尼德蘭與西班牙帝國持續多年的戰爭；戰後，尼德蘭七省聯邦共和國獨立，成立荷蘭共和國，因此又名為荷蘭獨立戰爭。

14 塞薩洛尼卡是希臘第二大城市。

第四章
阿拉伯的色彩

白色是我們的行動，黑色是我們的戰鬥，
綠色是我們的田野，紅色是我們的劍。

——沙菲・阿定・阿希里（Safi al-Din-al-Hilli, 1278-1349），阿拉伯詩人

如果阿拉伯人是一個民族，他們便是一個有許多面國旗的民族。許多國旗有相同的顏色，凸顯出系出阿拉伯的親屬關係，但它們的多樣化同時也告訴我們，這個觀念上的民族在許多方面嚴重分歧。某些阿拉伯現代民族國家沒有深厚的根源，而未來十年我們也可能看到新國旗飄揚於橫掃阿拉伯的狂風中。

中東和北非有二十二個國家可被稱為阿拉伯國家，人口合計超過三億人。從大西洋海岸的摩洛哥起，一路沿著地中海抵達埃及，再向東、南延伸至科威特、阿曼和阿拉伯海。於此區域內，也有許

多不同的族裔、宗教和語文社群，如庫德人（Kurds）、柏柏人（Berber）、德魯茲教派（Druze）和加色丁禮天主教會（Chaldean）等。但兩個最重要的元素是語文和宗教。這三億人中，大多數都講某一種阿拉伯語，並同屬於伊斯蘭信仰的某一支。

這就說明了為什麼，第一次世界大戰期間，尋求推翻土耳其在中東地區統治的泛阿拉伯主義的旗幟，會設計成白、黑、綠、紅色，因為在伊斯蘭的世界裡，這幾個顏色都有深刻的意涵。即使今天，泛阿拉伯主義做為政治思想已經失敗，仍有人信服它的大業。我們也仍從許多阿拉伯民族國家的顏色看到這個理想，尤其是敘利亞、約旦、葉門、阿曼、阿拉伯聯合大公國、科威特、伊拉克和可能建國的巴勒斯坦。這些顏色也往東，啟發那些曾受伊斯蘭統治之許多非阿拉伯國家的旗幟，如伊朗與阿富汗。

這些顏色都出現在一九一六年阿拉伯起義（Arab Revolt）的領導人漢志地區的夏里夫．胡賽因（Sharif Hussein of Hejaz）設計與升起的旗幟上。胡賽因希望將眾多阿拉伯部落結合在同一面旗幟下，爭取脫離鄂圖曼帝國統治而獨立。某些歷史學家認為，實際設計這面旗幟的是英國外交官馬克．賽克斯（Mark Sykes）。很明顯地英國參與其事，而當時，阿拉伯人大團結則吻合英國於本區域的利益。

這面旗幟預備代表一個巨大的阿拉伯民族。在此之前，只有部落及伊斯蘭各朝代的旗幟。阿拉伯起義大旗有三條橫向的色紋：黑色在上、綠色在中、白色在下。在旗子左面的三分之一，有個指向右邊的紅三角。（圖4-1）如同鄂圖曼國旗上有伊斯蘭星和新月，此圖像也可以表示與過去的關係：採用歐洲三色旗的基本設計，同時容納了深刻的伊斯蘭與阿拉伯象徵色。

白色是伍麥葉王朝（Umayyad dynasty）的顏色，在六六一年至七五〇年，它定都於大馬士革，統治了廣袤的地區，並把伊斯蘭帝國一路往西，擴張到葡萄牙，並往東直抵撒馬爾干（Samarkand）。據說，伍麥葉王朝選擇白色為代表色，是為了紀念先知穆罕默德在白達爾（Badr）的首次作戰。七五〇年，伍麥葉王朝被第二個遜尼派伊斯蘭王朝阿拔斯（Abbasids）推翻，後者選擇黑色為代表色，以示與舊時代有別，另也表示追悼先知穆罕默德（五七〇—六三二）的親人在喀巴拉戰役（Battle of Karbala）中喪生。據說，黑色也代表先知曾使用過的大旗；此外，在前伊斯蘭時期，黑色也可能是部落投入戰爭時頭飾的顏色，因此它另外具有重大的意義。綠色代表九〇九至一一七一年，創建於北非的什葉派伊斯蘭法蒂瑪王朝（Fatimid dynasty）；但一般普遍認為，綠色是伊斯蘭的代表色，因為傳說中，它是先知喜愛的顏色：據傳他身穿一襲綠色披風，而且在他征服麥加（Mecca）時，他的追隨者升起了綠色旗幟。直到今天，你仍可看到世界各地的許多清真寺尖塔在夜裡點亮綠燈。至於紅色代表什麼，則不那麼清楚，但許多學者認為它出現在阿拉伯起義大旗上，是因為它是夏里夫·胡賽因的部落哈希姆（Hashemite）之代表顏色。

這四個顏色的意義幾乎和全世界其他所有案例一樣，存在於觀察者的心中，只有這個才能成為事實，即使它們源起的細節已不可考。阿拉伯知名新聞工作者米納·阿—歐拉比（Mina Al-Oraibi）在接受本書作者訪問時曾說：「大多數阿拉伯人都認得一九一六年的大旗，並認同它。即使不了解所有細節，一般人都曉得顏色的歷史；而在阿拉伯人最直接的想法中，則立刻將其聯想到泛阿拉伯主義。」

當夏里夫．胡賽因提出阿拉伯起義大旗的構想時，其實還有其他的設計圖案。他的一個兒子（短暫地）成為漢志國王，另兩子分別成為約旦國王和敘利亞暨伊拉克國王；他的原始想法是每面國旗都相同，只不過約旦國旗有一顆星、伊拉克兩顆星、敘利亞三顆星。

胡賽因是最後一個哈希姆家族的麥加埃米爾（Emir of Mecca）以及漢志國王（King of the Hejaz）。漢志位於今天沙烏地阿拉伯的西部，涵蓋麥加和麥地那（Medina）。他自稱是先知穆罕默德的直系血胤，而他的王朝已持續掌握政權七百年。他權力鼎盛時，擬建立一個龐大的阿拉伯國家，領土從北方敘利亞的阿勒坡（Aleppo），一路延伸到阿拉伯海濱，也就是葉門的亞丁港（Aden）。

他為了達成目標，結合著名的阿拉伯勞倫斯（Captain T. E. Lawrence of Arabia），成功挑戰鄂圖曼帝國。接著，他期待英國人幫助他成就大業，可是現實政治總不承認他自認為已和勞倫斯成立的協議。胡賽因有他的想法，英國人和法國人也有他們的算盤。他開始自稱是阿拉伯諸國之王（King of the Arab Countries），但英國人只肯承認他是漢志國王。他不知道這點，但英國人和法國人則心知肚明，他們在一九一六年已祕密簽訂《賽克斯—皮科協議》（Sykes-Picot Agreement）。他們沒有要幫助泛阿拉伯團結與阿拉伯獨立，反而祕密協商瓜分此區——但是要先利用阿拉伯各部落幫助他們擊敗鄂圖曼帝國。胡賽因的世界即將垮台，而以一面大旗代表一個獨立阿拉伯國家的前景當然也跟著斷送了。

他先拒絕接受一九一九年的《凡爾賽條約》，然後拒簽將在一九二四年通過的《英國—哈希姆伊拉克條約》（Anglo-Hashemite Treaty on Iraq）。這兩項條約將賦予《賽克斯—皮科協議》關於阿拉伯區域的元素法定效力，對於胡賽因及許多阿拉伯人的雄心壯志而言也是詛咒。當年，他若能讓英國人支持他，今天中東各國的邊界可能就大不相同。總之，阿拉伯鄰人也各有盤算，因為意識到國王權勢衰弱，遂自行其是。

這些鄰居就是阿布都—阿濟茲・賓・紹德（Abdul-Aziz bin Saud）領導的紹德部落（Al-Saud tribe）。他統率阿拉伯半島東部內志地區（Najd）的瓦哈比（Wahhabi）軍隊。沒有參與阿拉伯起義的他，已趁機征服日後證明石油資源豐富的波斯灣地區，如今正覬覦西邊的地區。只要英國人支持胡賽因，阿布都—阿濟茲就不敢動他一根汗毛，但到了一九二四年，倫敦已經厭煩這位哈希姆領袖及他的泛阿拉伯主義大夢。英國人不再支持他，所以命運已決。勞倫斯日後寫道，胡賽因「是個悲劇人物：勇敢、頑固，但無可救藥地不合時宜」。

阿布都—阿濟茲策畫一連串針對胡賽因的抱怨，譬如：聲稱他阻擋內志地區的部落到麥加朝聖。他的部隊發動攻擊，不到幾星期就占領麥加。阿布都—阿濟茲大軍兵臨城下時，胡賽因退位，並流亡到塞浦路斯；到了一九二五年底，阿布都—阿濟茲占領整個漢志地區。他手下某些更激進的野心派希望再攻占外約旦（Transjordan）、伊拉克和科威特，但阿布都—阿濟茲比胡賽因擅長玩國際政治競爭，曉得這將使他與英國人直接競爭。一九二七年，他和倫敦取得協議，宣布成立漢志暨內志王國（Kingdom of the Hejaz and Nejd）。到了五年後的一九三二年，他宣布一個新國家的誕生：將兩個王國統一為沙烏地阿拉伯王國（Kingdom of Saudi Arabia）。

新國家當然得有新國旗。但鑑於哈希姆族和紹德族之間的嫌隙，紹德部落建立的王室當然不能採用近似阿拉伯起義旗幟的國旗；而且還需要反其道而行。紹德族因而選擇了綠色。到了一九三二年，有鑑於瓦哈比教派至少有一百年在綠旗上凸顯「清真言」（shahada）。因此，在綠底色上，便以白色字體標示出「萬物非主，唯有真主，穆罕默德是真主的使者」。一九〇二年，阿布都—阿濟茲在圖案上又添加了一把劍，代表紹德王室。他非常喜歡它，即使新成立統一的國家，仍以它為國旗，即使它上面根本沒提到漢志王國。

一九三四年出版的《國旗誌》（*National Flags*）作者巴克斯特（E. H. Baxter）在他的書中寫道：「據說，這面國旗是約百年前、現任國王的祖父設計。」另外，根據CRW旗幟網頁（CRW Flags website）的說法：「如果從羅伯・拉瑟（Robert Lacey）所著的《王國》（*Kingdom*）一書的第一九〇頁及一九一頁中間複製當時人拍下的照片，便可知它在一九一一年就已經使用過。」阿布都—阿濟茲修訂了設計：有時有兩把劍、有時是在靠近旗杆的位置有條白色垂直條紋，但到了一九三八年，我們今天所見的版本（它在一九七三年由官方欽定）大體上都已經一致。主要差別是，目前的劍較沒那麼彎。

（圖4-2）

沙烏地阿拉伯國旗的設計圖案使得「清真言」（正確讀法是由右到左）從任何一面來看都一樣，而劍就和文字一樣，永遠指向同一個方向。這是全世界少有的幾面國旗之一，而且從來不降半旗，因為這樣做會被認為是褻瀆真主。同樣的道理，我們很少看到它被印在衣服上，譬如恤衫或短褲；就連拿它做廣告也可能出問題。一九九四年世界盃足球錦標賽決賽前，麥當勞一口氣得罪了許多穆斯林，它把參賽國家的國旗全印在外賣紙袋上。沙烏地阿拉伯很不爽，因為他們最神聖的信條竟被揉成一團，丟進垃圾筒。麥當勞趕緊把數十萬個紙袋回收。

二〇〇二年世界盃足球錦標賽決賽前，國際足球聯盟總會（FIFA）想特許製作一款印上當年所有參賽國家國旗的足球。沙烏地阿拉伯則抱怨，他們可不想看到全世界電視播放他們的國旗被人踢來踢去的畫面，尤其是上面印了「清真言」。二〇〇七年，美軍一番好意，用直升機運送了一堆足球到阿富汗霍斯特省（Khost Province）某村鎮，以便小朋友有些東西可玩。不料，有些足球上印了沙烏地國旗。由於有人示威抗議美國人的魯鈍，足球統統不能踢了。結果呢？美國軍方隆重道歉，並學到了一堂教訓。英國酒館店東也曾因在比賽期間揮舞沙烏地國旗而招致抱怨，迴避之道則是改用沙烏地的正式國徽——兩把交叉的劍與一棵棕櫚樹。

平時升旗呢？沒問題！事實上，旗子愈大且愈高愈好。世界上最高的直立旗桿位於沙烏地阿拉伯第二大城吉達（Jeddah）的阿布杜拉國王廣場，它就是你所能想像的那麼大，甚至更大。你不妨想像一下，廣場上約有四個足球場大，正中央有根一百七十公尺高的旗杆，飄揚著一面四十九公尺長、三十三公尺寬的國旗。國旗有五百七十公斤重，也就是相當五隻初生小象的重量。吉達這根旗杆在二〇一四年，打破了塔吉克首都杜尚貝（Dushanbe）一百六十五公尺高旗杆的紀錄；塔吉克則曾打破了亞塞拜然的紀錄（一百六十二公尺）；亞塞拜然則超越北韓的紀錄（一百六十公尺）；北韓更一舉壓倒先前土庫曼一根一百三十三公尺高旗杆的高度。這個比高競賽可說沒完沒了。

沙烏地領導人也試圖成為全球伊斯蘭的前鋒。然而即使在一九三〇年代，沙烏地領導人更關切擴張紹德王室的權力，以及他們基本教義派瓦哈比版本的伊斯蘭，而非其他阿拉伯地區的事務。直到今天，其他地方的阿拉伯人對沙烏地政府仍有某種程度的憤懣，不滿它聲稱是麥加和麥地那（Medina）兩大聖城的保護人。利雅德的正當性源自於戰爭的征服，而沙烏地阿拉伯官方版本的伊斯蘭並不被什葉派或多數遜尼派的穆斯林認同。瓦哈比派的伊斯蘭排斥宗教寬容，堅持以政治力在所有階層執行宗教信仰。這種意識型態影響到凱達／基地組織和伊斯蘭國，也回過頭來噬咬沙烏地政府。嚴格來講，瓦哈比派並不接受民族國家的原則；然而，沙烏地阿拉伯是建立在雙元權力結構上——紹德王室和瓦哈比傳教士。兩者在十八世紀達成協議，用今天的話來說等於是：「你管政治，我們管宗教。」只要國家機關不限縮教士的權力，多數瓦哈比菁英也不會要推翻王室。不過，他們沒考量到的是，他們對民族國家的想法將有助於建立奧薩馬・賓拉登（Osama bin Laden）及其他許多恐怖主義革命黨。

在歐洲殖民統治即將結束的那數十年間，少有新興獨立的穆斯林國家遵循沙烏地的例子，把「清真言」印在國旗上，只有一小撮國家選擇綠色為主要顏色。新興獨立的阿拉伯國家，其領導人並不以忠誠於伊斯蘭聞名，有些國家雖然是虔信的穆斯林，多數卻也貫注些許矛盾的社會主義意識型態，尤其是復興黨（Ba'ath Party）；復興黨後來成為敘利亞和伊拉克的執政黨。鑒於他們傾向建立強大的國家機制，領導人很難把伊斯蘭的主導色彩作為他們國家的代表色。

沙烏地阿拉伯這個新王國宣告成立時，約旦已經有了自己的國旗（圖4-3），它以夏里夫·胡賽因的泛阿拉伯設計為基礎，包括哈希姆紅三角裡的星星。這個星有七個角，涉及首都安曼（Amman）興建位置的七座山，以及《古蘭經》第一章（Surah）的頭七段韻文，即真主、人道、民族精神、謙卑、社會正義、道德和希望。紅色三角繼續代表哈希姆王朝，因為夏里夫·胡賽因的後裔仍為約旦國王；但鑑於現在約旦約有一半人口是巴勒斯坦人，他們對王室的忠誠度有多深，並不確定。約旦國旗原本要包括巴勒斯坦土地，因此現在的巴勒斯坦旗幟類似約旦國旗，只差沒有那顆星星。到了一九三〇年代，伊拉克和敘利亞雖仍未脫離英國、法國而獨立，它們的旗幟也以阿拉伯起義大旗為基礎。

然而，有些國家追隨鄂圖曼，在各種不同的底色上採用各式星星和新月，儘管這些意念比伊斯蘭早了好幾百年，卻已經和伊斯蘭結合在一起。大家都知道，拜占庭（後改名君士坦丁堡，即今天的伊斯坦堡）採用新月為標誌。它發生在何時已不可考，但傳說中，拜占庭在西元前三三九年贏得了一場決定性戰役時，天上高掛明亮的上弦月。當時的新月就是女神雅笛美斯（Artemis）的表徵。數百年後征服拜占庭的羅馬人，便稱呼月神雅笛美斯為戴安娜（Diana），並秉持以新月做為本城象徵的傳統，把它用在旗幟上。當土耳其人在一四五三年征服早已改名為君士坦丁堡的這座城市時，也維持這個象徵，將它加在旗幟上，新月因而開始與穆斯林世界連結起來。傳說中，鄂圖曼帝國開國君主奧斯曼一世（Osman I）的夢想便是讓新月延伸到全世界。

起先，鄂圖曼帝國的新月旗以綠色為底色，但之後在一七九三年改為紅色。相關的傳說故事為，今天土耳其國旗上的新月和星星映照在土耳其士兵的血海上。一般都認為，星星的五個角代表伊斯蘭的五大支柱——信仰、祈禱、行善、齋戒和朝聖——但這個說法可能得存疑，因為一七九三年，國旗上的星星有八個角，是要到一八四〇年代中期才改為五角星。

到了二十一世紀，土耳其國旗（圖4-4）上的伊斯蘭新月在許多人心中變得更加醒目。究竟土耳其算不算歐洲國家，這點辯論激烈，有趣的是，歐洲的基督教風味愈來愈淡，甚至出現它的文化是否植基於猶太—基督教價值的辯論。這些辯論全都牽扯進移民／難民危機，以及似乎沒完沒了、是否該准許土耳其加入歐盟的辯論。你可以強烈主張，宗教和歐盟是兩個互不相干的議題，的確，一個國家的宗教也並非入會的衡量標準。即使如此，宗教仍被扯進討論之中。不論對錯，某些歐洲人一看到新月就激起了關於古代戰爭的集體記憶，以及在鄂圖曼帝國勢力鼎盛時期的一六八三年，大兵西向、直抵維也納城門的歷史。

土耳其的新月和星星國旗驕傲地飄揚於布魯塞爾郊外、北約組織總部門前，但就有人沒辦法想像距離只有幾英里的歐盟總部，土耳其國旗若與其他歐盟國家國旗一起飄揚的景象。當然，北約組織是個遍及半個地球的軍事同盟，而歐盟是個政治（甚至有人說它是文化）群體。即使如此，兩者都有它的價值基礎。土耳其古代的象徵涉及伊斯蘭，離維也納之役已有三百多年，而現在注定，未來數十年，其仍會涉入到現代政治戰役。

土耳其國旗在二〇一六年七月中旬那場未遂政變期間與之後，也扮演過重要的角色。當局曾透過社群媒體號召群眾走上街頭、反對政變；清真寺也透過廣播系統播出Sela祈禱。這種祈禱文通常用於喪禮，但有時也代表號召人群集合的信號。民眾反應熱切，許多人揮舞著土耳其國旗、擋住政變部隊。國旗也被用來覆蓋在政變動亂中喪生者的遺體；政變失敗後，數十萬湧上街頭的人們也都揮舞國旗，表示支持艾爾多安總統（Recep Tayyip Erdogan），或顯示他們反對軍方的叛變行動。集合起來的民眾形成一片紅白色大海，男女老少揮舞著新月和星星旗，並穿上代表國家顏色的衣服，拉起數百英尺長的大型國旗。夜裡，那類似足球迷所持的紅色閃光燈甚是壯觀。當然並非人人都支持艾爾多安，但使用國旗做為團結的象徵，也透露了一則訊息：若人民有一致的意見，那就是反對軍事政變，因國家在過去多年來政爭不休，人民早已厭倦。政變失敗及隨後對異議人士的鎮壓，削弱了土耳其的自由民主紀錄，也強化了艾爾多安總統的伊斯蘭支持者。

阿爾及利亞（圖4-5）和突尼西亞的國旗（圖4-6）也深受鄂圖曼帝國的影響。他們可以選擇不同版本的阿拉伯起義大旗，但「阿拉伯」的吸引力在北非，並沒有大過於在阿拉伯半島。整個北非地區仍保留強大的北非認同意識和文化，即使阿拉伯人的勢力擴張過來，的確使他們之中的多數人成為穆斯林，也成為說阿拉伯語的社會。阿爾及利亞國旗上的新月月牙比別人都長，因阿爾及利亞人認為這會招來幸運。突尼西亞國旗貌似土耳其國旗——紅底正中央有個白圓圈，內有紅色新月和星星——以至於二〇一四年埃及支持政府人士因抗議土耳其支持穆斯林兄弟會（Muslim Brotherhood），竟燒錯了突尼西亞國旗。

上述阿拉伯穆斯林的顏色和象徵，都和伊斯蘭一樣散布很廣，也滲入了非阿拉伯人的文化中。之中，伊朗就是個實例。伊朗國旗上，甚至有阿拉伯文字，不過，它同時也具有相當深刻的波斯與革命氣息。伊朗國旗是很單純的三色旗：三條橫行的色紋，綠色在上、白色在中、紅色在下。它始於一九八〇年，也就是伊斯蘭革命、推翻王政，以及柯梅尼大主教（Ayatollah Ruhollah Khomeini）領導的伊斯蘭基本教義派掌握政權的第二年。綠色代表伊朗文化裡的幾樣東西，包括幸福與活力。如我們所知，傳統上，綠色連結到伊斯蘭，在強烈的什葉派伊朗伊斯蘭共和國中，也可視其為重視什葉派的法蒂瑪王朝。傳統上，白色是自由的顏色；在伊朗，紅色則可聯想到烈士殉難、勇氣及愛情。

顏色及它們代表的意義已經十分有趣，但國旗中央的標誌則讓伊朗國旗更加與眾不同。伊朗伊斯蘭共和國需要宣示，其與巴勒維國王時期截然不同，但同時又得保證它秉持古代文化而非一切從零開始。伊朗的傳統文化的確在革命後的暴政（迄今仍在持續進行中）下保存了下來，但有關挑戰教會專制權力，如女性衣飾的議題上，柯梅尼版本的伊斯蘭主義其鐵腕絕不留情。

伊朗伊斯蘭共和國的設計方案便是採用革命前的國旗顏色，但拿掉了中央的獅子與太陽徽記，那是至少可以追溯到十五世紀的標誌，某些學者甚至認為年代更早。獅子和太陽原為天文的象徵，但如今已和皇室連結在一起，因此必須加以剔除。

新國旗的設計，出自於德黑蘭的沙希德．貝赫什提大學（Shahid Beheshti University）建築系的副教授哈密德．納迪米（Hamid Nadimi）之手。納迪米精通歷史、文化和宗教。他設想，國旗正中央的徽記要著重這三者，也要爭取新領導人的歡心。對外人來說，伊朗國旗正中央的徽記只是個不知所云的標誌。但看在伊朗人眼裡，則會馬上聯想到鬱金香（laleh）。（圖4-7）

若你第一次到德黑蘭遊玩，可能一下子還不曉得這個圖形在首都有多普遍。一旦你看到了，便會注意到它無所不在，尤其身為新聞記者，「旅遊當局」十之八九（我個人是四次都不例外）會堅持你住進鬱金香大飯店（Laleh Hotel）——原名洲際飯店（Inter Continental Hotel），它在革命之後改名。你一定可以假設，鬱金香大飯店的偵聽設備是一流的，比你自己訂的旅館品質優良許多。

鬱金香交織於伊朗文化，伊朗人也把它和許多東西連結在一起——死亡、殉難、永恆之愛，甚至近年來的反對大主教。鬱金香盛開於春季，正好是伊朗的新年（Nowruz）之前，這兩者在過去三千多年來被視為一體。每年春天，伊朗人在慶會上唱歌，歌詠「春天為你帶來好運，鬱金香田帶給你喜樂。」

在這一方面，傳說往往更引人入勝。據說，六世紀時有位法赫德王子（Prince Farhad）聽到他的摯愛席琳（Shirin）被殺，立刻跳崖殉情。然而，如同數百年後羅密歐與茱莉葉的故事，實際上席琳安然無恙，純粹是情敵散播謠言。這則故事非常淒美，而王子跳崖處，鬱金香也因得到他的鮮血滋潤而長得非常茂密。

同一時期，什葉派穆斯林的大英雄、先知穆罕默德的孫子胡賽因（Hussein）在今天伊拉克境內的喀巴拉（Karbala），與伍麥葉王朝作戰而殉難。哪種花因胡賽因的鮮血而綻放？你完全猜對了，鬱金香現在成為什葉派殉難的表徵。據說胡賽因只率領七十二名信徒和家人，勇敢對抗數千名敵人。該從這則故事學到的教訓或許是「識時務為俊傑，作戰時懂得聰明選擇」，但胡賽因的信徒相信，只有先知穆罕默德的家人可以領導伊斯蘭新宗教，寧可為正義戰死，也不能因不正義而偷生苟活。什葉派信仰的此一教條就是遜尼派和什葉派穆斯林嚴重分歧的根源，自我犧牲此後一直是什葉派的核心價值。一九八〇至八八年的兩伊戰爭期間，伊朗政府呼籲青年人從軍、對抗伊拉克，陣亡將士達數十萬人，鬱金香也出現在海報和看板上，向烈士致敬，有句作戰口號是：「每寸土地都是喀巴拉。」這就是當年納迪米設計伊朗新國旗的氛圍。

在綠條紋下方和紅條紋上方，各寫著一排阿拉伯文「真主最偉大」（Allahu Akbar）十一次，加起來共二十二次，凸顯的是伊朗曆的十一月二十二日。一九七九年的這天，全國動亂、數百萬人走上街頭，國家廣播電台打破沉靜，宣布：「伊朗伊斯蘭共和國在德黑蘭廣播。」白條紋正中央的紅色鬱金香是一個，或一組很複雜的標誌。它由四個新月和中央的一根莖組成，可解讀為阿拉這個字的幾何對稱，但也可說是代表伊斯蘭的「五大支柱」。根莖也等於一把劍，代表國家的力量。柯梅尼大主教非常喜歡此一標誌，因此當他在一九八九年過世後，信徒以七十二株彩色玻璃製作的鬱金香裝飾他的墳墓也就不足為奇，這個數字意在反映胡賽因殉難當天的七十二名信徒。

事實上，不只支持革命的人才認同它，鬱金香對全體伊朗人來說都有意義。因此二〇〇九年反對馬茂德·阿赫瑪迪內賈德（Mahmoud Ahmadinejad）總統連任的抗議活動爆發時，有些示威民眾以鬱金香做為反抗標誌也就不足為奇。我記得有天情勢特別亂。當我走出鬱金香大飯店、穿過鬱金香公園，前往採訪示威活動時，我看到便衣安全人員乘坐摩托車、衝上人行道，以棍棒毆打手持鬱金香的年輕人。之後，我也被鎮暴警察修理，後來由一位醫生急救；為了寫作本書進行研究，我才知道他也在鬱金香醫院服務。

很少看到宗教標誌會被人民如此廣泛地運用於各種生活層面上，把歷史、宗教、神話、傳說甚至詩歌都結合在一起；伊朗國旗的確是罕有的實例，標誌的力量實在無遠弗屆。

大多數國家的國旗不採用宗教標誌有幾個原因，最重要是因為如果國家不以宗教信仰立國、或民間有多種教派信仰，宗教色彩的國旗恐怕會製造分裂大於團結人民。這正是黎巴嫩國旗（圖4-8）的寫照。黎巴嫩就是族裔及宗教相當多元的一個國家，而且不時會爆發衝突。如果構成全國四百五十萬人口的遜尼派、什葉派、德魯茲教派、阿拉威（Alawites）、羅馬天主教徒、馬龍尼禮東正教

（Maronites）等，每個都有一個標誌出現在國旗上，恐怕會是一團亂。許多黎巴嫩人（半開玩笑）自認為是腓尼基人（Phoenician）、不是阿拉伯人，因此，他們在一九四三年獨立時，國旗沒採用泛阿拉伯顏色也就不足為奇。新國家以雪松為標誌，而它和黎巴嫩的關係則可追溯到三千年前的所羅門王時期。在《何西阿書》（*Book of Hosea*）十四章第五、六節，聖經就一再提到與它們相關的敘述：「我必向以色列如甘露；他必如百合花盛開；他必如黎巴嫩雪松紮根。」

伊拉克人和埃及人對於他們和阿拉伯及伊斯蘭的關聯，則沒那麼多疑慮。二者都從一九一六年阿拉伯起義的紅、黑、綠、白四色大旗汲取靈感。埃及人更利用其一九五二年的革命重振力量，稱之為「阿拉伯解放之旗」。現在，黑色代表受殖民壓迫的經驗，紅色代表阿拉伯人得透過犧牲才能擺脫殖民統治，白色代表和平及埃及獨立後的光明前途。然而，泛阿拉伯的美夢並沒有終結，埃及和敘利亞一度在一九五八年結合，並組成「阿拉伯聯合共和國」（United Arab Republic），國旗為紅、白、黑三色，另以兩顆綠色五角星代表兩個國家及伊斯蘭，同時也呼應阿拉伯起義大旗。

一九七二年埃及再度嘗試，這次結合敘利亞和利比亞，成立了「阿拉伯共和國聯邦」（Federation of Arab Republics）。其拿掉星星，換上「古萊什之鷹」（Hawk of Quraish），代表先知穆罕默德率領的部落。但聯邦也沒成功，一九八四年，埃及又恢復今天我們認識的這面國旗，但在白色條紋上有隻金鷹「薩拉丁之鷹」（Eagle of Saladin）。（圖4-9）這位伊斯蘭大英雄揮兵直抵開羅，一一七六年於此建立城堡。城堡的西面城牆出現了老鷹的標誌，因此一般認為這是他個人標誌，但沒有確實的文獻證據。它也出現在中東各國的許多旗幟、璽印和官方文書上，譬如巴勒斯坦臨時政府（Palestinian Authority）即以它為徽記。

關於薩拉丁的生平，有數以千計可歌可泣的精彩故事，甚至還有許多專家說，這位阿拉伯人最崇拜的偉大英雄戰士竟是庫德人。然而，他在阿拉伯穆斯林文化中受尊崇的程度，遠遠大於庫德族文化的記載。他對庫德族民族認同的貢獻並不大。這也是為什麼，飛揚於伊朗、伊拉克、土耳其和敘利亞等國家庫德族地區的多數庫德族旗幟並沒有老鷹標誌。老鷹也出現在伊拉克庫德族區域政府及其他地區的徽記上，但一般並不認為它們是薩拉丁之鷹。

二〇一一年埃及動亂、軍方趁勢推翻穆巴拉克總統時，埃及國旗到處飄揚，因為每一方都宣稱自己是為國家前途著想而起事。在後續的叛變和示威活動中，各派系立起無數旗幟，但都沒有威脅到國旗的地位，事實上，埃及也沒有真正的革命，因它又恢復了長久以來的原狀：軍事獨裁和民主的混合。這也是為什麼，若要了解埃及乃至於中東地區的狀況，使用「阿拉伯之春」的名詞簡直如同笑話的原因之一。

前文已提過，伊拉克原本採取黑、白、綠三色旗，並以兩顆星代表阿拉伯人和庫德人；由於皇室哈希姆家族當政，它也有類似阿拉伯起義大旗的紅色三角。然而，哈希姆王室在一九五八年遭政變推翻，伊拉克成為共和國，哈希姆的紅色三角接著就消失了。一九六三年，深受社會主義影響的復興黨（Ba'ath Party）掌權，國旗自此改為紅、白、黑三條平行紋線，中間的白色紋線上有三顆綠色星星，以期與埃及、敘利亞有密切地結合。但三國的結合從來沒有實現過。到了一九九一年，薩達姆．海珊（Saddam Hussein）統治下的伊拉克入侵科威特，這兩個阿拉伯兄弟國竟支持美國帶頭征討伊拉克。這時，敘利亞的復興黨已和伊拉克版本的復興主義大相逕庭，埃及也成為美國的堅實盟友。民族國家的對立勝過了泛阿拉伯民族主義，此時，全體阿拉伯國家都起了戒心，而伊拉克竟片面揮師、跨過國境，侵略了另一個阿拉伯國家。

薩達姆．海珊在劃時代的那段時間，將他親手所題的「真主最偉大」放上國旗。在他二〇〇三年被推翻後，這些手寫題字被拿掉了（隔了幾年，星星也拿掉），換成庫法體（Kufic style），也就是一種阿拉伯文印刷體。（圖4-10）但是，伊拉克新聞記者米納．阿－歐拉比卻發現裡頭問題重重：

伊拉克國旗在過去幾十年已經被政治化了。加上「真主最偉大」這幾個字是薩達姆．海珊企圖使一九九一年的戰爭成為「捍衛伊斯蘭」戰爭的圖謀。許多伊拉克人痛恨加上它們，因他們曉得，這是海珊操縱宗教、遂行其政治目標的手法。令人驚訝的是，在二〇〇三年的戰爭後，伊拉克政治界決定拿掉伊拉克國旗上的三顆星、保留真主最偉大。這讓許多伊拉克人不高興，因他們認為，其認同是根據民族國家而非宗教。伊拉克國旗對我而言意義重大，它是伊拉克的象徵，然而它更像是伊拉克面臨的困難，以及操縱宗教政治的象徵，而不是它應代表的團結之象徵。

同樣地，將阿拉伯文字放到國旗上，也讓伊拉克的庫德族感覺不舒服，因那並非他們的文字，而且號召伊斯蘭信仰也不能討伊拉克基督徒的歡心，特別是在成千上萬的他們被迫離開伊拉克的情況下。

伊拉克的穆斯林認同其實相當分歧。中央軍和伊斯蘭國交戰、升起國旗，陪同他們的是許多民兵部隊，其中大多數人是什葉派，少數為遜尼派，他們各自為伊拉克的什葉派及遜尼派目標作戰，而非為了伊拉克統一成為民族國家的目標而戰。譬如，白達爾組織（Badr Organization）——原名白達爾兵團（Badr Brigade）——便是由一支原本流亡在伊朗的什葉派民兵組成。它和德黑蘭當局維持密切的關係，部分戰旗類似「伊朗革命衛隊」（Iran's Revolutionary Guard）及伊朗撐腰的黎巴嫩什葉派真主黨（Hezbollah）部隊的旗幟。另外，更有些旗幟打出什葉派烈士胡賽因・伊班・阿里（Hussein ibn Ali）的肖像。

根據皮優研究中心的調查，在聯合國一百九十三個會員國當中，三分之一的國旗有宗教性質的標誌。這六十四國當中，約一半有基督教標誌，二十一個有伊斯蘭標誌。以色列是唯一採用猶太教標誌的國家，這當然不令人意外。

儘管這是一面相當現代化的國旗，以色列國旗（圖4-11）的確切起源卻不可考。現代猶太復國主義（Zionism）的發起人之一狄奧多・賀佐（Theodor Herzl）在一八九六年寫道：「我們沒有旗幟，我們需要一面旗幟。若我們想要領導許多人，則必須在他們的頭上升起一個標誌。我建議一面白底、七顆金星的旗幟。」這個主意沒有流行起來，而且在當時，今天我們熟悉的這面國旗的原型，已出現在巴勒斯坦、美國和歐洲的政治集會中。不到幾年，它成為猶太復國主義接受的標誌。然而，一九四八年五月以色列宣布建國時，對於國旗該是什麼模樣，仍然沒有共識。包括大衛之盾（Shield of David）——又稱大衛之星（Star of David）——猶太教燈檯（Menorah）和猶大之獅（Lion of Judah），都有人支持。

五個月後，即一九四八年十月，政府透過公開徵圖，選定理查・艾瑞爾（Richard Ariel）的設計圖樣，它類似十九世紀的猶太復國運動旗幟。藍色和白色代表猶太人祈禱披肩（tallit），而大衛之盾則是大家熟悉的猶太教標誌——雖然是相對晚近的標誌，直到中古時期才和猶太教強烈地連結在一起。猶太教燈檯成為國家的正式璽印，猶大之獅則成為耶路撒冷的代表標誌。

有時，以色列國旗很不舒適地與一大堆展現伊斯蘭標誌的國旗擠在一起，這些國家遍及亞太地區、中東和北非，還有一個科摩洛（Comoros）是位於緯度低於撒哈拉的印度洋。這些地區毫不意外地，就是伊斯蘭傳布的地區，它們各有特色，如馬來西亞、烏茲別克、巴基斯坦和利比亞，每個都各不相同。

利比亞國旗的確一度在幾十年間獨樹一幟，其簡單俐落，就是一片綠色旗，上面沒有任何圖案與文字。那是穆安瑪爾・穆罕默德・阿布・明亞爾・格達費（Muammar Mohammed Abu Minyar Gaddafi）當家主政的「大阿拉伯利比亞人民社會主義合眾國」（Great Socialist People's Libyan Arab Jamahiriya）時期的國旗。格達費自命為「阿拉伯領袖的翹楚」、哲學家、文學鉅子。綠色顯然代表伊斯蘭，也代表他的「小綠書」。它是個隨著時間流逝而日愈不合時宜的人信口漫談的結集。他重視女性地位，堅持「女性和男性一樣，也是人類。這是一個無可爭辯的事實……女性的形體和男性則不同，因為她們是女性，就和動、植物王國的雌性與雄性不同一樣……婦科醫生說，女性和男性不同，她們每個月有月經。」

在二〇一一年的革命和北約組織轟炸下，這種智慧明珠拯救不了他，最終他仍喪生於沙漠中的暴民手中。叛亂蔓延全國時，許多抗議者開始升起昔日的獨立旗——紅、黑、綠三色橫紋，中央有白色新月和星星的舊國旗。它很快成為反抗中央的象徵，而且在格達費死後，被採用為正式國旗，國名也改為「利比亞」（Libya）。（圖4-12）

這面復刻版的國旗是一九五一年從義大利獨立的「利比亞王國」（Kingdom of Libya）的國旗。它的基礎是毗鄰埃及的東部昔蘭尼加地區（Cyrenaica）桑努西王朝（Senussi dynasty）的旗幟，為一面有新月與星星圖案的黑旗。加上紅色，除了用以代表人民的鮮血，也因為紅色是南部費贊地區（Fezzan）的代表色；加上綠色，是因它是毗鄰突尼西亞西部的黎波里塔尼亞地區（Tripolitania）的傳統代表色。一九五一年，這三個顏色代表過去不曾被當做單一獨立實體統治的三個地區，今後將結合起來。二〇一一年，它們又代表三個不同的地區，但這次已經沒有什麼東西能團結它們了。

的黎波里（Tripoli）的名字源自希臘文中的「三個城市」——包含歐亞（Oea）、薩布拉泰（Sabrata）和大萊普提斯（Leptis Magna）——因此這塊地區即稱為的黎波里塔尼亞地區。後來，希臘人在它東邊四百英里的沿海地區拓殖時，建立了一座城市昔蘭尼（Cyrene），其周圍地區遂取名為昔蘭尼加。

希臘人沒把這兩個地區和費贊地區視為單一的地理、政治或族裔實體，後來羅馬人占領時，也沒將其視為一體。接下來，阿拉伯人、鄂圖曼人，最後是二十世紀的義大利人相繼入主這片地區。起先，義大利把這片地區稱為「義屬北非」（Italian North Africa），後來又把它劃分為「義屬的黎波里塔尼亞」和「義屬昔蘭尼加」兩個殖民地。一九三四年，他們重新搬出兩千年前希臘人稱呼埃及之外、整個北非的名字「利比亞」。二次世界大戰後直到一九五一年，英國人治理的黎波里塔尼亞與昔蘭尼加，法國人治理費贊地區。接著，義大利放棄對這片地區的主權主張，利比亞這個民族國家於焉誕生。三個地區的人民都被告知：「今後你們是一家人。」

利比亞獨立建國五十五年間，一半以上的時間受到專制獨裁統治，不曾融合為一個國家，而今國旗上三個顏色再度代表分裂。此時，我們看不到短期或中期利比亞能夠成功地統一為一個國家的可能性。伊斯蘭國的旗幟出現在沿海若干城市，雖然這引起在的黎波里勉強堪稱政府的注意（也引起地中海北岸各國政府的關心），它更添不安定，使利比亞日益邁向「失敗國家」（failedstate）。雖然或許會出現鬆懈的聯邦政府，但未來恐怕仍會反映過去的歷史。

那麼，阿拉伯國家是否還有指望？若要說語文將阿拉伯人團結起來，這個說法有其基礎，即使它有許多不同方言。但若說它代表一個民族，那就不行了，因為阿拉伯人有太多不同的族群。自一九七〇年代中期以來，穩定增長的是政治傾向的伊斯蘭。有鑑於許多派別的伊斯蘭思想並不承認政治、宗教和國界的區分，譬如伊斯蘭國的旗幟（詳見本書第五章）至少因此是帶有全球意味的泛阿拉伯色彩。雖然宗教往往都能擊敗其他王牌，如民族主義或政治哲學，暴力的伊斯蘭主義團體的殘暴不仁和烏托邦思想，可能會導致他們終究敗亡，但這將歷經數個世代的鬥爭才會實現。二〇一六年夏天大選後，突尼西亞主要的伊斯蘭政黨復興運動黨（Ennahda）自願放棄權力，承認政、教分離。它說：「我們將退出政治伊斯蘭，進入民主伊斯蘭。」如果復興運動黨言出必行，那麼「民主伊斯蘭」將是個實驗，而且其世界觀與伊斯蘭國／凱達組織截然不同。土耳其模式之全面穆斯林化的民主、俗世民族國家，目前顯然前途多舛；但突尼西亞模式值得試行。突尼西亞的國旗不採泛阿拉伯顏色，它那相當同質性的北非人口，如今正努力分辨，源於其東方的政治伊斯蘭，哪部分可取，以及該將哪部分揚棄。

一般公認，以埃及外交官、知識份子塔信・巴希爾（Tahseen Bashir）創造之「有旗幟的部落」這個字詞來形容一九六〇年代的阿拉伯人。他又說，中東地區唯一真正的民族國家是埃及。這可能反映許多埃及人舊式的開羅中心世界觀——埃及人有句諺語：「開羅是世界的母親。」某些阿拉伯人可能不喜歡他這樣說。然而，巴希爾要說的是，一個團結的民族國家，其族裔和文化的團結不僅需要殖民者在沙地上劃一道國界，以及少數幾面旗幟；因住在這些界線內的人，腦子裡可能根本沒有這些旗幟代表什麼的認識。如今，某些旗幟已陷入被降下來、埋入沙土之中的危險，從地中海到阿拉伯海、波斯灣，正吹起陣陣朔風。

聯邦制或許是伊拉克、敘利亞和葉門可以走的一條路：以新國旗象徵新的聯邦實體，或甚至以新國旗象徵新的民族國家。若真如此，有些國旗可能會採行阿拉伯人十分熟悉的綠、白、黑色，但它們可能也免不了紅色，因為在劃分新界線時將會流不少鮮血，而且對烈士殉難的描述，也不可能從他們的文化淡出。

第五章
恐怖的旗幟

「我說，我比恐懼更堅強。」
——馬拉拉・優素福札伊（Malala Yousafzai）

邪惡的東西就這樣出現了！邪惡地超出我們的想像，我們以為，早將它們甩在中世紀了。伊斯蘭國（Islamic State）就如此烙印上我們的集體意識。它以極端恐怖的方式公開殺人並昭告天下；它的宣傳心狠手辣、毫無憐憫，而且可怕地有效率。它打起了不是自己的旗號、幹下這些慘絕人寰的行徑，然後試圖把這個旗號搞成它可恥行徑的同義詞。它這麼做，已傷害了它宣稱奉行的宗教。

本章大部分的篇幅涉及非國家行為者的旗幟，他們位於中東地區，因此牽連到伊斯蘭。這不是要在充滿各種不同信念之武裝革命團體的世界中，單獨挑出伊斯蘭找碴。作者在此是要提出以下重要的焦點：不僅因為這許多團體常出現在新聞上，以及它們的象徵意義正召喚許多人；也因為伊斯蘭圖像連結到中東社會深沉的暗流，需要被人們理解。專闢一章談論秘魯「光明之路」團體（Shining Path）、或烏干達「上帝的反抗軍」（Lord's Resistance Army）之徽記，會挖出許多吸引人的細節，但前者只是地方性的議題，後者根本就是瘋狂、惡劣、非常危險，他們只會消滅，接著他們的主張和「思想」就跟著一起灰飛煙滅。然而，了解本章要討論的旗幟，可以幫助我們理解我們每天在晚間新聞上目睹的事件——這些事件將在未來數十年影響我們。

談到「傳遞訊息」，伊斯蘭國獨步天下，無人望其項背。我們毋須為了解它的目標，而花太多工夫去了解它的下賤細節。沒錯，這個團體的成員似乎很喜歡他們的虐待狂行為，但這種瘋狂行徑也完全冷酷地合乎邏輯。它可嚇壞了我們。最佳的案例發生在二〇一四年六月，這個團體攻占伊拉克第二大城市摩蘇爾（Mosul）時。這個一百八十萬人口的大城，由約三萬名伊拉克部隊防守，但他們面對的卻是伊斯蘭國瘋狂燒殺擄掠的狂熱份子；在進攻摩蘇爾前，動輒便把無所不用其極的殺戮公諸於世，嚇得守城部隊魂飛魄散、棄城而逃。一般通稱，這批暴徒高掛的旗幟為伊斯蘭國大旗。（圖5-1）這面旗幟在摩蘇爾城幾乎沒遇上任何抵抗，飄揚了十八個月，然後伊拉克部隊才鼓足勇氣、重整陣容，開始在美軍火力協助下試圖收復它。

如今透過媒體，我們可常看到它：黑底、白圈，其中的阿拉伯文字是「穆罕默德是真主的信使」，旗幟上方的另一行字則是「萬物非主，唯有真主」。這兩行字構成「清真言」（shahada），是伊斯蘭信仰的礎石。伊斯蘭國旗幟上的字體風格為刻意地信手揮舞，不像沙烏地阿拉伯國旗上的

「清真言」字體端正。這可能要傳達下列信息：伊斯蘭國要推動恢復到他們認為之原始形式的伊斯蘭。在這方面，伊斯蘭國與沙烏地阿拉伯正進行意識型態的競爭：兩者都堅持極端的遜尼派思想——瓦哈比主義，兩者也都以其聲稱，代表整個伊斯蘭的正統性。沙烏地阿拉伯國內有人支持伊斯蘭國，但國家層級的沙烏地領導人記得，他們出了部分力量協助創立凱達組織，但日後凱達組織竟企圖顛覆王國，發動一波波的恐怖攻擊並展開奪權。

伊斯蘭國在二〇〇七年宣布以這面旗幟為其代表，但黑色和清真言其實是泛伊斯蘭的象徵，不該與恐怖主義掛鉤；伊斯蘭國的狡猾就是使它們和恐怖主義結合。根據「探索國際恐怖實體研究中心」（Search for International Terrorist Entities Institute）的網站，伊斯蘭國的文宣部門在二〇〇七年發布一份聲明——當時這個組織還叫「伊拉克伊斯蘭國」（Islamic State of Iraq）——標題是「伊斯蘭旗幟的合法性」，說明他們為什麼採用這個旗幟。它援引傳統信仰，宣稱：「先知的旗幟，和平與福祐賜予他，是由羊毛條紋織成的黑色四方旗。」在大多數情況下，伊斯蘭國升起的旗幟為四方形。白色圓圈代表先知的璽印：伊斯坦堡古老的托普卡皮皇宮（Topkapi Palace）展示之據說是穆罕默德留下的信函，上面就有這個標記。伊斯蘭國的這項聲明還引述先知的一句話：「若你看到黑旗到來，立刻奔向它們，即使必須在冰雪上爬行，因為它們當中的確有哈里發（Caliph，編按：伊斯蘭教的宗教及世俗的最高統治者的稱號）。」

這就是「末日」，它告訴年輕的基督徒：他們可能會被發現手持手鼓，有著狂喜的時刻，並堅持要求你在為時已晚之前悔改。有時手鼓之旅會逐漸陷入其自身「末日」生存主義者運動，這個運動通常位於美國中西部。然而，這個伊斯蘭特定的少數分支的教義不包括手鼓，其擁護者很可能擁有劍和巴拉克拉瓦頭套（balaclava）。

伊斯蘭國對於它的部隊能接近敘利亞城市——位於阿勒坡（Aleppo）附近的達比克（Dabiq）——也賦予極大意義。事實上，伊斯蘭國的網路雜誌就取名為達比克。伊斯蘭國「末日即將到來」的理論重中據說是穆罕默德的預言，因先知曾說，羅馬軍隊（指的是今天的西方／美國／土耳其或其他種種敵人），和伊斯蘭軍隊將在達比克前方的平原會戰。伊斯蘭國喜歡引經據典，這項聲明提到另一句hadith——先知的話——「黑旗將從東方出現，他們將以前所未見的方式殺死你們。」這句話還真讓伊斯蘭國的對手擔心，尤其是它以一連串殘暴、詳細記錄的謀殺來兌現此一諾言，讓全世界心生恐懼。

這裡的旗幟指的是伊斯蘭教彌賽亞人物馬赫迪（Mahdi）的大旗，在這個故事裡，伊斯蘭在達比克戰勝，並向伊斯坦堡進軍，這一切啟動了末日的來臨。這時，偽基督（Antichrist，即Dajjal）現身並驅逐馬赫迪大軍。殘軍退守耶路撒冷，不知何去何從；接著，先知耶穌從天而降，加入馬赫迪這一方，殺死了偽基督，自此帶來世界末日、審判之日。我想異教徒此時的際遇很慘，他們受到永恆的懲戒；而這個故事和基本教義派基督教版本的末日審判不會有太大不同。

我在敘利亞內戰頭幾年前往大馬士革採訪報導時，常冥想這個故事。據說，耶穌將於故事末尾現身於首都那相當雄偉漂亮的伍麥葉大清真寺（Umayyad Mosque）東隅的「耶穌尖塔」（Jesus Minaret）。有個重點必須牢記在心：中東地區許多虔誠信仰宗教的人和後基督的西方世界不同，他們完全相信經文敘述的每句話。他們眼見「耶穌尖塔」就在眼前，耳聞自大馬士革郊外遠遠傳來的爆炸聲，又知道聖戰士大軍就在幾英里外。因此我們要記得「他們真正相信這些東西」；我們也能理解，伊斯蘭國和其他團體已被洗腦的年輕戰士，在燠熱、灰塵、煙霧和殺戮中環顧四周，所見盡是預言即將實現的證據。

當二〇一四年伊斯蘭國刻意公開將美國救難工作者彼得・卡西格（Peter Kassig）斬首時，它也發表了一段影片，旁白講到：「我們在這裡，在達比克，埋葬第一個美國十字軍，也熱切等待你們的大軍到來。」這就是直接指涉上述故事，也證明伊斯蘭國希望吸引外國軍隊到來，以便實現末日審判。當伊斯蘭國占領達比克後，其戰士所做的頭幾件事之一就是在家家戶戶屋頂升起千百面黑旗，在他們腦中，這就是實現預言的一部分：黑旗「從東方」出現。

伊斯蘭國戰士及其支持者非常重視訊息。有時，你可以看到一片黑旗海中有面黃旗的照片，有時，他們在黑旗周邊加上漂亮的金色編織，但他們一向堅持相同的鮮明形象，並透過它的使用和連結加深我們的想像力。

我們大多數人看到這面旗幟時，就像看到邪惡的狂熱主義。它根本就是旗幟中的「另類」。但對效忠它的人來說，它是不計代價、英勇在塵世執行真主的工作之象徵。從「訊息」的角度來看，大家一看就認得，這點是正面的。但我們不妨拿它和另一面類似的旗幟——國際共產主義的旗幟——相比。你一看到紅旗，便可知它傳遞的，是高舉紅旗的人們的價值。無論這些價值是毛澤東派、馬列主義派甚至是圖丁民眾陣線（Tooting Popular Front）／猶太人民陣線（People's Front of Judea），相對於共產主義獨特的訊息，這些都屬於次要；不論我們認同與否，至少我們還能理解它的意識型態。在概念上，它擁抱人類普世兄弟主義（和姊妹主義）和全體正義，即使它的最終結果名實不符。然而，伊斯蘭國旗幟排他性極強，對於什麼能被接受有極狹隘的界定，並由相信他們執行真主意志的人所決定。紅旗還有一種可能性，若你被紅旗的支持者俘虜，歷經長久的思想改造、或許還可以回過頭來成為他們的一員。反之，伊斯蘭國旗幟是「敵我分明」的終極旗幟。它說：「如果你不是我們的一員，你就是骯髒的卡菲爾（kafir）[1]，應立刻處死，但未必是快死。」

這兩面旗幟相同的地方是，它們都深信支持者的力量，都深信即使代價不菲，但必定成功。一八八九年〈紅旗〉歌的歌詞很有意思，若你改掉其中的幾個字，則可和伊斯蘭國的黑旗連結起來，譬如以下這幾句：

人民的旗幟深紅色，
它覆蓋我們殉難的死者……
然後高高升起紅旗，

在它的影子下，我們將生死與共……
我們全都發誓，
高舉它，直到我們倒下……

兩個制度下的虔信者都認為，它是他們一切問題的解答，而這兩個制度也都有個基本、容易辨識的象徵可以號召群眾。

販售訊息的組織可能以種種不同的方式使用一個標誌，但伊斯蘭國在行銷時，則堅持它一絲不苟的世界觀，你在拉卡（Raqqa）[2]到處可看到伊斯蘭國馬克杯、筆或杯墊，促銷「伊拉克暨黎凡特伊斯蘭國」（Islamic State of Iraq and the Levant）。從英文來看，這個名字的縮寫是ＩＳＩＬ，但在阿拉伯世界，黎凡特有時叫「al Sham」，意即「左邊之地」，而這個組織也叫做ＩＳＩＳ，或簡稱ＩＳ。「左邊」指的是，你從麥加面朝東時，在你左邊的地區。這個組織還有另一個名字Daesh，是阿拉伯文「al-Dawlaal-Islamiya fil Iraq wa al-Sham」的縮寫。反對它的阿拉伯人喜歡用這個名稱，因它的發音像阿拉伯文裡的一種動物——笨驢，其在阿拉伯文化中遭到相當輕視。

伊斯蘭國在敘利亞有個聖戰士對手團體，名為「征服敘利亞黎凡特陣線」（Jabhat Fateh al-Sham），原名「努斯拉陣線」（Jabhat al-Nusra/ Nusra Front），直到最近都與凱達組織掛鉤。它也使用黑色長條旗幟，並以傳統阿拉伯字體亮出「清真言」，底下再加上組織的名字。（圖5-2）「征服敘利亞黎凡特陣線」是個強大的組織，敘利亞內戰在二〇一二年爆發時，其聲勢鼎盛。但不久後，它就被伊斯蘭國壓倒，不僅在戰場上吃癟、在攸關重大的公關戰上也頗為遜色。伊斯蘭國殺人手法詭異、大肆屠殺，而且同樣重要的是，它透過多媒體宣傳殺人畫面，讓全世界都認得它的旗幟，反而不識「征服敘利亞黎凡特陣線」的旗幟。名氣遠播後，支持也接著湧入——不僅全世界年輕的穆斯林加入當戰士，有錢人也捐錢幫助推動全球聖戰。

美國、歐盟和其他許多國家編製一份恐怖組織名單，列舉全世界許多恐怖組織。所有名單上的組織都設法透過標記界定自己，通常旗幟就成為他們利用的標記。索馬利亞的「聖戰士青年運動黨」（Al-Shabaab，圖5-3）、加薩的「聖戰團結組織」（Al-Tawhidwal-Jihad），以及一個以上的車臣（Chechnya）聖戰團體，都採用類似伊斯蘭國的黑色旗幟；奈及利亞的博科聖地組織（Boko Haram）也是。不過我們不清楚，這是否是它的「正式」標誌。「聖戰士青年運動黨」的旗幟用於作戰時也是黑色，但在「行政管理」上，顏色就反過來，變成白底黑字的旗幟。這是單純的訊息，清楚傳遞衝突或和平的時間和地點。儘管上述組織持續在購物中心、市場和學校引爆炸彈並刑求、殺害俘虜，但他們並不認為自己是恐怖組織。

伊斯蘭國、征服敘利亞黎凡特陣線和其他聖戰團體旗幟的類似之處，不在於每個團體都想抄襲他人；而是每個團體都聲稱代表伊斯蘭，因此有權利升起先知的旗幟。第一次世界大戰期間，泛阿拉伯運動為了推翻鄂圖曼帝國在中東地區的統治，將旗幟設計成白、黑、綠、紅色，這些顏色在伊斯蘭裡都有特殊意義，此後也影響了區域內許多國家的國旗。（詳見本書第四章）然而，聖戰團體不相信民族國家，因此不願借鏡阿拉伯起義旗幟。中東地區其他非國家的團體，也有訴諸目標對象的個別標誌。五個實例如下：黎巴嫩的「真主黨」（Hezbollah）、加薩的「哈馬斯」（Hamas）和「伊茲・阿丁—卡桑旅團」（Izz ad-Din al-Qassam Brigades），以及約旦河西岸的「法塔」（Fatah）和「阿克薩烈士旅團」（Al-Aqsa Martyrs' Brigades）。

真主黨是和伊朗關係密切的什葉派組織，是黎巴嫩南部、貝卡河谷（Beqaa Valley）及首都貝魯特南方勢力最強大的組織。它誕生於一九八二年，以色列入侵黎巴嫩之後。它深刻反猶太人，主張消滅以色列並占領耶路撒冷，也追求什葉派版本的哈里發。它在幕後策動多起炸彈攻擊，尤以美國為目標；另外，阿根廷政府認為，它涉及一九九四年布宜諾斯艾利斯市猶太中心（Jewish Center）八十五人喪生的爆炸事件。多年來，它已成長為擁有多重不同信仰之黎巴嫩最強大的軍事力量，實質上是「國中之國」。黎巴嫩若再發生任何內戰，真主黨民兵可能會占上風，而且它已有數萬枚長程火箭，愈來愈有能力威脅以色列。儘管它參與學校、醫院及慈善工作，真主黨如今被認為是個分裂組織，志在推動什葉派伊斯蘭的利益。當真主黨部隊在二〇一二年開始大力支持敘利亞阿薩德（Basharal-Assad）總統打內戰後，許多中東地區的遜尼派穆斯林不再稱它為真主黨，改口稱它為「撒旦黨」（Hizbal-shaytan）。

它的旗幟有幾種不同顏色，但最常見的組合是黃底色，上頭有通常為綠色的真主黨標誌。根據地方傳說，黃色代表真主黨願為真主和什葉派奮戰。標記上有一個地球（真主黨在全世界活動）、七葉的樹枝、可蘭經，以及握住ＡＫ衝鋒槍的手掌，代表它決心以武力完成這些目標。（圖5-3）

真主黨成立於一九八五年時，它的某些意識型態根源為社會主義，ＡＫ長槍是當時常見的左翼革命派標記，在它之前的好戰團體，如義大利的「赤色兵團」（Red Brigades）和德國的「赤軍派」（Baader-Meinhof Group, Red Army Faction）都曾使用過它。長槍底下，你看見握槍的拳頭在手臂末端。手臂的阿拉伯文字為Lam（也就是真主Allah的第一個L）。從右往左讀，標誌上的字就是Hezbollah，手掌就在第一個Lam上方。旗幟下方的字是「伊斯蘭在黎巴嫩抵抗」。這面旗幟與真主黨的大靠山伊朗「革命衛隊」兵團的旗幟非常類似。這個單位成立於一九七九年伊朗革命後，比真主黨早了六年，可見此黎巴嫩組織深受伊朗精銳軍事組織的影響。至今他們彼此密切合作，更在敘利亞併肩作戰。

在貝魯特什葉派盤踞的南郊中心，是達希亞區（Al-Dahiya）。這是政府官員不敢進入的地區：真主黨在這兒集警察、軍隊、宗教和政府大權於一身。這個地區給你的其中一個第一印象就是有許多大型海報歌頌伊朗柯梅尼大主教和真主黨現任領導人哈山・納斯拉拉（Hassan Nasrallah）。這兒也有一片單色旗海，包括傳統伊斯蘭標誌的紅、黑、綠色，以及真主黨的黃色。黃色有時輕染成黃金色，這是什葉派聖殿常見的顏色，不過我們沒有具體事證可說，這是它被採用的理由。

當真主黨民兵在大旗之下前進時，常踢正步、行法西斯式的敬禮。辯護者假裝它和法西斯主義無關，但真主黨的高層當然心知肚明他們要做什麼、想傳遞什麼訊息。若被挑戰，同情真主黨的人士有時會說，台灣也使用「法西斯式的敬禮」，卻不說這在台灣，是「宣誓條例」的規定。他們也不說，在台灣，這種敬禮的意涵與此以色列的鄰國並不同；另外，黎巴嫩有個重要的基督教政治團體長槍黨（Phalange），於一九三六年根據法西斯原則立黨，其敬禮方式也是抄襲自歐洲的法西斯政黨。

若有任何人還搞不清楚真主黨的意識型態，納斯拉拉在二〇〇二年的演講（附有影片）可替我們指點迷津，他說：「猶太人從世界各地聚集到被占領的巴勒斯坦，不是要促成偽基督和世界末日，而是光榮至大的真主要拯救你，免於走向世界末日，因他們已集中於一地——他們已集中於一地——最後的決戰即將爆發。」當你看到真主黨的旗幟時，你將看到一個極端派革命團體的訊息，它要求「國中之國」——黎巴嫩的什葉派——效忠它，它本身也效忠「教中之教」——伊斯蘭的什葉主義。

中東如此動盪，認同政治當道，真主黨仍保持住黎巴嫩什葉派群眾對它的支持，但它的全盛時期，也就是它被認為是阿拉伯人對抗以色列主力的時代，顯然已經過去了。敘利亞內戰的核心議題是宗派分裂，它造成真主黨和阿薩德總統的部隊聯手作戰，對付遜尼派組成的反對團體。在遜尼派居多數的阿拉伯中東世界，這點並沒有逃過人們的注意，因大多數中東國家和人民支持敘利亞反對派。

跨過邊界、南下到加薩走廊時，哈馬斯堅守住它的聲譽：若你要對以色列人動武，就得去找它。也因它是百分之一百的遜尼派穆斯林，它在阿拉伯遜尼派人民中得到相當程度的支持。然而過去十年，阿拉伯世界的動亂已把注意力從以色列／巴勒斯坦衝突引開，大家看到別處的死亡和破壞更大，解決此地的問題未必能解決廣大的中東問題。

哈馬斯成立於一九八七年，與陷於加薩走廊的兩百萬巴勒斯坦人一樣命運多舛。它的阿拉伯文全名是Harakatal-Muqawamah al-Islamiyyah，意即「伊斯蘭抵抗運動」，並由此得出縮寫哈馬斯，但哈馬斯這個阿拉伯字也有——熱忱（zeal）之意。在意識型態的戰場上，它面臨兩大挑戰：第一、在巴勒斯坦地區內外，都有人認為它不夠激進或暴力；第二、另些人卻認為，它太激進或暴力了。若它不繼續和以色列人作戰，其支持者會被伊斯蘭聖戰士（Islamic Jihad）甚至伊斯蘭國等極端派搶走。然而它也曉得，若和以色列人繼續作戰，加薩會被粉碎（城市作戰會導致死亡率居高不下），它經常被責備替加薩招來禍害。它的圖像、訊息和標誌可謂這種困難的平衡動作其核心。

哈馬斯正式的旗幟很簡單，就是白色字體的「清真言」寫在綠底色上。（圖5-4）綠色如我們所知，常被視為伊斯蘭的代表色；因此說它是「哈馬斯旗幟」似乎並不公平，它應為屬於每一個穆斯林的旗幟；不過，它是哈馬斯在加薩市群眾集會最常見的標誌，也是除了加薩極少數基督徒之外，即使有些人也升起其他團體的旗號，如伊斯蘭聖戰士的旗號，所有人都能在它底下集合的旗幟。哈馬斯從目前已國際化的穆斯林兄弟會（Muslim Brotherhood）組織衍生出來；而穆斯林兄弟會創始於埃及，哈馬斯仍和它保持親密關係。哈馬斯和伊斯蘭國不一樣，並沒有聲稱自己是唯一代表伊斯蘭的正統團體，但巴勒斯坦人有時還是不高興，哈馬斯使用一面普遍的穆斯林旗幟為代表。

我們在加薩習看到的另一面旗幟，是哈馬斯的軍事部門伊茲・阿丁—卡桑旅團（Izz ad-Din al-Qassam Brigades）的旗幟。（圖5-5）此兵團的名字源自伊茲・阿丁—卡桑酋長（Sheikh Izz ad-Din al-Qassam, 1882-1935），他是一位傳教士，也是反抗法國及英國殖民統治的聖戰鬥士。他在和英國人交戰時被打死，葬在目前以色列境內的海法市（Haifa）穆斯林公墓。他因為戰死而被推崇為巴勒斯坦英雄，哈馬斯甚至把他們用來砲打以色列的土製飛彈取名「卡桑火箭」（Qassam rockets）。這面旗幟上，是個頭戴kaffiyeh頭巾、站在耶路撒冷「圓頂清真寺」(Dome of the Rock)前的男子，一手拿著M-16長槍、另一手持可蘭經。他的左側，則是一面寫著「清真言」的綠旗。

哈馬斯的政治部門也有一面旗幟（圖5-6），它的圖案常被用做其璽印，但也出現在和綠旗一道飛揚的旗幟上。其上方是一張涵蓋以色列、約旦河西岸和加薩走廊的地圖，但沒標出邊界線，藉此代表它要在整個地區建立一個伊斯蘭國家的目標，其領域東起約旦河、西迄地中海濱，這個目標明訂於哈馬斯的黨章中。歐洲支持哈馬斯的集會，有時可從之中所呼的英語口號透露出此概念。口號為：「從河到海，巴勒斯坦必須自由。」哈馬斯旗幟常見於這些場合。

地圖之下，是一張「圓頂清真寺」的圖片，被兩把劍所蓋住，兩側各有一面巴勒斯坦旗幟。「圓頂清真寺」上有塊石頭，據說是先知穆罕默德從麥加乘著有翅膀的神獸夜行至耶路撒冷，自此登霄升天。這棟建築物遂為伊斯蘭第三個聖地。學者辯論「圓頂清真寺」究竟算不算清真寺，以及先知是否確實自此登霄升天，但對信徒來說，它就是聖地；對每個人來說，它是阿克薩營地（Al Aqsa compound）視覺上最壯觀的建築。在猶太教裡，它也是個聖地，[3]並認為這塊石頭就是亞伯拉罕預備犧牲以撒（Issac）的地方，同時也是世界的基石。

圓頂右邊，旗上寫著「萬物非主，唯有真主」，左邊另一面旗子則寫著「穆罕默德是真主的信使」。聖殿之下則有一個字「巴勒斯坦」，再底下是一行字「伊斯蘭抵抗運動」。這面哈馬斯旗幟的象徵意義很清楚。它排斥組建兩個國家的解決方案，暗示透過武力，達成巴勒斯坦人的勝利。卡桑旅團公開誓言摧毀以色列，而哈馬斯的政治部門則聲稱和它的路線並不同，刻意採用含糊的語言避而不談是否重寫黨章，以承認以色列存在的權利。

雖然哈馬斯在巴勒斯坦地區活動，但其勢力最強大的地區卻在加薩。在二〇〇七年激烈鬥爭中，它壓倒巴勒斯坦解放組織（Palestine Liberation Organization）中的主要團體法塔，奪權成功，使巴解組織如今只能在約旦河西岸地區有效運作。二〇〇七年，五天的衝突造成一百多人死亡，另有數百名法塔戰士逃向以色列，哈馬斯更將許多俘虜從加薩市的高樓往下丟、收拾掉他們的性命。近年來，這兩派勢力已部分和解，但雙方歧異極大，沒有一方願意分享權力。哈馬斯仍是受宗教狂熱驅動的政黨，根本不預備妥協。兩派都嚴厲對待人民，刑求和槍決非常普遍，但法塔和巴勒斯坦臨時政府則就許多議題和以色列政府合作，這是哈馬斯絕不考慮之事。這麼一來，巴勒斯坦人仍然分裂，雖然濱海的加薩和內陸的西岸僅有二十五英里的地理距離，政治立場和意識型態則相距何止千里。

法塔和哈馬斯不一樣，它是俗世組織，但它和其標誌都不乏宗教元素。它的全名透露亞瑟·阿拉法特（Yasser Arafat）在一九五〇年代創建它時的原始意義。其阿拉伯文為「Harakatal-tahriral-watanial-Filastini」，意即「巴勒斯坦民族解放運動」，將其倒過來縮寫，就變成法塔（Fatah）了。法塔這個字在阿拉伯穆斯林心目中也有宗教意義，意指先知穆罕默德去世後，伊斯蘭快速擴張。

法塔的旗幟通常是黃色的，偶爾是白色。（圖5-7）圖案以巴勒斯坦旗的顏色（黑、白、紅、綠）畫成的兩隻手臂為主，旗幟上的雙手各握著一把M16步槍，跨越西岸、以色列和加薩（未標記邊界線）的地圖。步槍下有一枚手榴彈，而橫跨圖案中央的，則是「法塔」這個字。頂上的紅字寫著Al-Asifa，意即「風暴」，圖案底部則為黨名，旗幟底部則標出Thawrah Hatta Al-Naser，意即「革命直到勝利」。

法塔主要的軍事部門是阿克薩烈士旅團，但我們並不清楚法塔能控制它到什麼地步。在西岸地區的黃旗上可以看到該旅團的徽記，是一幅耶路撒冷阿克薩營地「圓頂清真寺」的照片，旁邊圍繞著兩幅長條巴勒斯坦旗。清真寺上方，為交叉的兩支長槍和一枚手榴彈，再上面是一段可蘭經經文：「作戰，真主會借用你的手懲罰他們，他會羞辱他們，幫助你們超越他們，也會醫治信徒的心。」底下則是這個團體的名字。（圖5-8）

許多人認為，圖案上的清真寺名叫阿克薩；然而，巴勒斯坦最著名的知識份子馬赫迪·阿布都·

哈地博士（Dr. Mahdi F. Abdul Hadi）對此澄清。哈地博士是設在東耶路撒冷的巴勒斯坦國際事務研究學會（Palestinian Academic Society for the Study of International Affairs）主席。他的辦公室是古老照片、文件和標誌的寶庫。他很熱忱地花了數小時為我詳加解說。他在一張大桌子前攤開耶路撒冷舊城的地圖，直接點出位於西牆（West Wall）上的阿克薩營地。他說：「阿克薩烈士旅團旗幟上的清真寺是圓頂清真寺。每個人都視為理所當然，以為它叫做阿克薩清真寺。這是不對的，整個營地叫阿克薩，上面有兩座清真寺，一座是奇卜拉清真寺（Qibla mosque），另一座為圓頂清真寺。阿克薩烈士旅團和卡桑旅團兩面旗幟上出現的，都是圓頂清真寺。」

哈地博士身為知識份子，又是巴勒斯坦人，了解象徵標誌對政治運動的重要性，過去數十年來，也為標誌打了許多法律官司。一九四八年，巴勒斯坦國民會議（Palestinian National Convention）在加薩開會，通過以阿拉伯起義大旗做為巴勒斯坦政府旗幟。但到了一九六四年，巴勒斯坦解放組織則把它當做巴解組織的旗幟。一九六七年，以色列以巴解組織對以色列人發動無數次攻擊為由，譴責巴解組織旗幟是恐怖份子的旗幟，取締了它，哈地博士對此無法接受。

他說：「我和幾位律師上法庭作證，聲稱這不是巴解組織旗幟，而是巴勒斯坦旗幟；但他們繼續取締它，直到一九九三年奧斯陸協定後才解禁。現在，它深植於巴勒斯坦人的意識中，有人主張，在我們示威遊行時只能亮出這面旗幟，不能亮其他團體的旗幟。但法塔堅持，他們必須升起他們的黃色大旗，我猜這是因為他們的支持度大量流失的緣故吧。」他又說，法塔的旗幟「沒有根。他們沒有歷史；只是一個派系，他們需在別人心目中建立認同意識。他們說，他們是政府，因此可以升起這面旗，但不是人人都喜歡，因為巴勒斯坦的標記是巴勒斯坦旗。」

阿克薩烈士旅團的標記具有宗教意味，因此它略可和法塔保持距離；萬一法塔支持度崩潰時，它也能自行活動。凡此種種微妙或有時不那麼微妙的訊息，仍透過激烈飄揚於本區的旗幟傳遞著。

細節是很重要的。所有文化都有些符號標誌，內行人一看就懂；這就好比了解本地人的幽默有助於你真正了解一個地方一樣。在英國，若你看到一個穿牛仔褲的男人，背包插了一份捲起來的《太陽報》，八九不離十，大概可以假定他是勞動階級。依據中東穆斯林文化，一個男人留鬍鬚與否，便可透露他是怎樣的人。譬如下巴刮得乾乾淨淨，可能代表這位先生不特別虔誠信教。在埃及，蓄鬍但修剪整齊者，則代表他是溫和的穆斯林。鬍子長又不修剪，代表他可能是宗教上的保守派；蓄鬍但唇上刮乾淨的人，一定是一名基本教義派。若你遇上一名男士，唇上無鬍髭，但下巴鬍子長又缺乏修剪而且染成橙色，你一定是遇上了極端保守的穆斯林。

這一切傳遞的信息都是為了讓他人了解；同理，巴勒斯坦人也理解這些旗幟要傳遞的深刻訊息。譬如，雖然法塔是巴勒斯坦臨時政府的領導成員，但法塔旗幟和巴勒斯坦臨時政府的政治立場就略有不同。旗幟暗示要以武力達成目標，而不標出邊界的地圖便代表它所企求的目標。然而，它的官方政策是以和平談判方式促成「兩國解決方案」。法塔可從旗幟上去除步槍和手榴彈，但它若這麼做，便會立刻得罪巴勒斯坦社會中那些主張武裝鬥爭的人士，許多人會立刻捨棄法塔、投奔更主戰的團體。

哈馬斯、法塔、阿克薩烈士旅團和卡桑旅團的訊息都是地方性的，真主黨也一樣，只是程度較低。然而當我們轉回到伊斯蘭國時，不只看到泛阿拉伯伊斯蘭主義的訊息，也看到泛穆斯林向全球社群（umma）發出的訊息。它代表在鄂圖曼帝國瓦解後的近一百年，哈里發實現為真。即使相當短暫，但它成功重建了哈里發，使伊斯蘭國成為眾人嚮往的聖戰團體，吸引全世界的鬥士投奔。它完成凱達組織的理論論述，即使它步上凱達組織的後塵消失，仍會有「伊斯蘭國之子」繼起接棒，如同凱達組織啟迪伊斯蘭國的誕生一般。後人對於它使用的標誌及其所代表的意義，仍會持續奮戰。

二〇〇七年，伊斯蘭國有關其旗幟的聲明末尾是一段禱詞：「我們懇求真主，稱頌他，請求他讓這面旗幟成為所有穆斯林唯一的旗幟。」理論上，這面旗幟的確可以代表所有穆斯林；但我們要謝天謝地，當它預備號召群眾支持伊斯蘭國時，真正響應的人並不多。

譯註

1 卡菲爾意即「不信神者」。

2 拉卡是敘利亞北部的一座城市，曾被伊斯蘭國占領並作為其行政中心和軍事指揮據點之一。二〇一七年十月十七日，反對阿薩德政權的敘利亞民主力量（Syrian Democratic Forces）所屬武裝部隊光復拉卡。

3 猶太教稱此地為聖殿山（Temple Mount）。

第六章
伊甸園之東

「你將完成長途旅程。大旗將吹起昌盛之風。」
——漢尼・哈斯隆（Henning Haslund），《蒙古的人與神》（*Men and Gods in Mongolia*）

伊甸園之東，是伊斯蘭彎月開始淡出、中國之星升起之處；最後，我們將抵達升起且永不降落的日本旭日。

絕大多數分析聖經的學者專家都認為，伊甸園位於伊拉克的吾珥（Ur）地區。這部分是根據〈創世紀〉第二章第十至十四節，提到了伊甸園及包括底格里斯河（Tigris）、幼發拉底河（Euphrates）在內的四條大河。除非你拘泥字義，否則這個說法準確與否的重要性，就如同九世紀的蘇格蘭國王安格斯（King Angus）是否在天空看到聖安德魯十字架（Crossof St Andrew）一般無關宏旨。認知比事實重要，認知有時也會成為事實。

最有關係的是，一般認為此區為系出亞伯拉罕的三大單一神明宗教信仰起源之處。上帝悄悄告訴住在吾珥地區迦勒底（Chaldees）的艾布蘭（Abram），這是適合他巡行探索的地區。艾布蘭繞了一圈，最後來到今天的以色列和巴勒斯坦，這時上帝已經把艾布蘭的名字改為亞伯拉罕（Abraham），並告知他將是「許多國家之父」。其中一個國家稱他為伊布拉辛（Ibrahim），創立伊斯蘭；而伊斯蘭快速向東、西兩面散布出去。

往西，我們看到伊斯蘭最遠延展至今日我們所見，旗號上出現十字架及歐洲標誌之處。往東，國徽上出現月彎和其他伊斯蘭象徵者則跨越亞塞拜然，和中亞幾個國家、並往馬來西亞前進。然後它們開始淡化，雖然仍出現在汶萊以及一些地方性的旗幟上。往東走，我們眼中所見的國旗萬花筒現象，反映出思想、人員和宗教快速跨越這片廣大大陸。在許多案例上，它們代表一個國家認同的轉捩點——譬如，對共產主義或帝國主義的回應。我們在他們之中，也找到了豐富的文化歷史線索，因這些現代民族國家的國旗從中汲取古老的根源。

儘管非穆斯林的俄羅斯人為占極大比例的少數民族，穆斯林在中亞五國仍是超過半數以上的多數，但這之中只有兩國的國旗上有月彎。這五國文化悠久，但卻均為一九九一年蘇聯崩潰後才獨立的新國家。數十年後，蘇聯加盟共和國才獨立，亟需快速建構國家的機制。蘇聯龐大的高壓統治才剛解除，本地菁英已迅速著手打造自身區域內的高壓政權。幾乎每個地方都從文化層面清除掉蘇聯人不朽的迷思。本地人自長久的夢魘甦醒，恢復正常生活，但現在卻平添複雜，因為蘇聯時期推行的人口移動已造成新國家境內區域緊張。最顯著的例子是在費爾干納河谷（Ferghana Valley），蘇聯任意劃分塔吉克、烏茲別克和吉爾吉斯在此地的邊界，使各族混居在一起。突厥裔人民與烏茲別克人、塔吉克人和吉爾吉斯人混居後，三不五時便為土地及水源糾紛爆發族裔鬥毆。

土庫曼的國旗上，積極添上了標誌，堪稱藝術作品。它明確展現其自莫斯科獨立，並做為毫不眷戀蘇聯時期的明證。它是綠底配上白色新月，左上角有五顆白色星星，另有一條紅色彩紋自左邊由上而下。（圖6-1）

顯然地，綠色和新月所指為伊斯蘭這個自八世紀以來主導的宗教代表，但白色新月和星星也代表寧靜。五顆白星代表土庫曼五大地區——阿海（Ahal）、巴爾幹（Balkan）、達梭古茲（Da oguz）、黎巴普（Lebap）和瑪麗（Mary），傳說中，五顆星星的尖角也代表五個重要原則：堅實、和諧、天然氣、晶狀物和血漿。彷彿還不夠酷似地，左邊那條垂直的紅線也有五個徽記，那是傳統土庫曼地毯製程中採用的對稱標誌，以彰顯祖先是遊牧民族。現在，地毯編織的行業繼續存在，但大多數人已久坐不動，不少人移民國外找工作。

土庫曼已有開發得很好的天然氣產業，但輸氣管通向北方，這意味著政府傾向和俄羅斯並肩前進。然而，它的地理位置和族裔組成，同時也促使它必須與伊朗、土耳其維持良好關係。在國旗的紅條底下，你會看到交叉的橄欖枝，代表國家在一九九五年宣布的中立政策，並明訂於法律中，宣稱：「土庫曼國旗是民族團結和獨立的象徵，也是國家中立的象徵。」

聯合國承認它的「永久中立」地位，這點讓土庫曼人民相當引以為傲，不過我們並不很容易確認，因為政府對中立的定義似乎是，把國家對外國人部分封閉，但又同時監視其人民的活動。當然，這部分不會出現在國歌裡，國歌的詞句倒是強調中立，帶上「我的國家神聖，我的國旗飄揚全世界」的字詞，然後結尾高唱，「土庫曼萬歲與繁榮！」

穿越邊界，土庫曼的東方和北方是內陸國家烏茲別克，它的國旗和土庫曼國旗都饒富詩情畫意。烏茲別克是中亞人口最多的國家，有三千萬人口，並於一九九一年八月三十一日宣布獨立，是蘇聯裂解後第一個宣布獨立的加盟共和國，兩個半月後，其公布了新國旗。

乍看之下，它就是很單純的藍、白、綠色三條水平彩條。左上角有一彎白色新月和十二顆白色星星。藍色則是因為烏茲別克人和其鄰國民族都屬突厥種，這是他們的傳統顏色，也是十四世紀偉大的突厥——蒙古戰士帖木兒（Tamerlane）大旗的顏色。帖木兒出生在烏茲別克第二大城撒馬爾罕（Samarkand）附近。當時，羅馬人把這片地區稱為「外歐素斯地區」（Transoxiana, Land beyond The Oxus，譯按：中國人稱之為「河中地區」），涵蓋地區約略為今天的烏茲別克。帖木兒的遊牧民族大軍主宰從印度到俄羅斯的這片廣袤大地，並確保會將財富運送回撒馬爾罕。帖木兒的陵寢今天仍在撒馬爾罕，堪稱伊斯蘭藝術的一項極致。

藍色色條底下是白色色條，再底下是綠色色條。白色代表和平，綠色代表自然，也承認大多數人民是穆斯林——大多數是主流的遜尼派，蘇聯統治期間企圖摧毀它、卻一直沒成功。然而，烏茲別克就和鄰國一樣，不能容忍伊斯蘭極端份子，因此某些極端份子跑到國外，加入凱達組織和伊斯蘭國等團體。國旗有兩道細細的紅線夾在藍、白和白、綠之間，特別漂亮。兩道紅線「象徵人體內旺盛的精力流動」，也透過代表和平的白色連結起藍天和綠地。（圖6-2）

根據烏茲別克政府的詮釋，月亮代表和伊斯蘭的連結，但在這個脈絡下，它是一彎新月，因此「象徵共和國獨立誕生」。最後，十二顆星星代表烏茲別克人傳統太陽曆每年的十二個月。這些月份依十二個星群命名，反映烏茲別克人是天文知識的先驅，可上溯至太古時代，這可比官方的詮釋浪漫多了——因官方說的是，它們代表國家治理的十二個基本原則。

哈薩克（圖6-3）、塔吉克（圖6-4）和吉爾吉斯（圖6-5）三國的國旗，都以不同的方式重複土庫曼和烏茲別克國旗的詩情畫意。譬如，哈薩克國旗有一頭草原大鷹飛翔於太陽下，哈薩克人解讀它代表自由；吉爾吉斯的國旗在沒有研究的人眼中，是一片紅底中央有個彷彿網球之物遮住太陽——「吉爾吉斯」這個字的意思就是紅色。但仔細一看，本書作者向吉爾吉斯政府資訊中心請教才知道，事實上，國旗上的太陽有四十道光芒，代表吉爾吉斯有四十個民族，而太陽上的線條則代表傳統吉爾吉斯人蒙古包帳篷的結構。近年來，西方人把蒙古包當做豪華的露營區優痞的帳篷，但吉爾吉斯人認為它代表住家、家庭、生命以及時間與空間的結合。它也提醒國內眾多民族，他們要在多元種族的鄰近地區共同建立共和。

這些情感及它們表露的象徵訴諸深刻的文化潮流，變動時刻可以團結國家——或幫助政客建立權力。比起象徵，較無吸引力的則是這些共和國的政治氣氛。它們沒有民主的傳統，公民社會也薄弱。多黨選舉的實驗很快就造成菁英把持權力。這些人在蘇聯時期擔任領導幹部，花了一輩子假裝是共產主義信徒，如今搖身一變，高擎民族主義的大旗。另一個大問題則是伊斯蘭極端主義，伊斯蘭國等團體跑到中亞各國招兵買馬，並令人赫然驚覺，二〇一六年六月伊斯坦堡機場的爆炸案，兩名犯案者據說分別來自烏茲別克和吉爾吉斯。接下來是二〇一七年元旦，伊斯坦堡一家夜店爆發屠殺血案，至少三十九人喪生。根據警方，凶手來自吉爾吉斯。土耳其政府則指控，這都是伊斯蘭國發動的勾當，為反對土耳其在敘利亞攻打伊斯蘭國，不過伊斯蘭國並沒承認這是他們做的。北方的俄羅斯很關心激進的伊斯蘭在中亞各國勢力日愈坐大，明白有朝一日，在阿富汗等地受訓及累績作戰經驗的戰士們可能會反噬，並指向俄羅斯。俄羅斯和土耳其兩國都曉得，伊斯蘭國戰士在遭到伊拉克和敘利亞擊敗而四散下，數以百計的戰士正設法回到中亞各個共和國，並預備於正成為起義沃土的這些地方繼續他們的「聖戰」。

阿富汗如同第四章提到的伊朗，是另一個非阿拉伯人國家，其國家象徵呼應伊斯蘭跨出阿拉伯世界的進展。二十世紀時，其更改國旗的頻率遠勝其他任何國家，而且似乎仍沒完沒了。目前的版本出現於二〇〇二年（不過二〇〇四年略有修改，圖6-6）塔利班／神學士政權遭推翻後。它有黑、紅、綠三道垂直線條，阿富汗國徽則位於正中央。據說黑色代表過去，而過去版本的國旗就是黑色；紅色代表為拯救國家脫離被占領所流下的鮮血；綠色不僅代表伊斯蘭，也是對未來懷抱希望。

中央的白色國徽是一座清真寺，象徵國家的宗教，上頭寫了「清真言」，底下是兩個字Allahu Akbar——真主偉大。國旗上的回曆一二九八年即西元一九一九年，是阿富汗自英國手中爭取到獨立的年份。清真寺底下的字則是「阿富汗」。清真寺四周為阿富汗的主要作物：一束束小麥。阿富汗還有一種重要經濟作物罌粟，不過它恐怕會予人不良印象。然而，想做為團結人心的國旗，它並不成功。阿富汗仍四分五裂，特別是南部，而且大多數人民仍不怎麼效忠這面國旗，即使他們對飄揚於全國許多城鎮村落的塔利班白色旗幟仍感到害怕。

二〇一二年，我和英國及阿富汗部隊在赫爾曼德省（Helmand）「桑京城赫爾曼德（Sangin）住了幾星期。有次巡邏，阿富汗部隊堅持冒著相當風險，花費幾小時從一個廣場上卸下一面塔利班旗幟。此事之所以很重要，是因他們不能容忍另一個政權的象徵。當時我還注意到，許多士兵來自阿富汗北部，所說的語言與赫爾曼德當地人不同。這非吉祥之兆。英軍（及美軍）撤走後，阿富汗部隊需自力作戰，而本地人對數百英里外的喀布爾中央政府沒什麼信心。就某種程度而言，阿富汗國旗只能說是代表首都的旗幟；這也難怪，如今塔利班旗幟換成伊斯蘭國旗幟飄揚風中，便是散布著不祥之兆。另外，阿富汗國旗根本不具任何意義。一九七四年，政府在國旗法中訂了一條：「阿富汗若發射太空船，一定要使用國旗。」這個國家還真需要樂觀進取的精神啊！

從阿富汗再往東，我們又碰到以新月代表伊斯蘭的另一例——巴基斯坦國旗。巴基斯坦國旗呈長方形，長寬比為三比二。它以綠色為底，旗幟中央有顆白色五角星及一彎白色新月，在左側靠旗杆的位置，則是白色的垂直長方條，寬度占整個旗面的四分之一；（圖6-7）它在一九〇六年是「全印度穆斯林聯盟黨」（All-India Muslim League）的黨旗，當時這個黨就主張，印度穆斯林要另外建立單一國家。當時這面旗幟還沒有左側那塊白色長方條，它是在一九四七年巴基斯坦獨立時才加上去，用以代表國內非穆斯林的少數民族。它向全國人口約百分之五的錫克族、印度教徒或基督徒發出正確的政治訊息，但實際上，這些少數民族及什葉派穆斯林都很清楚，在日益趨向基本教義思維的巴基斯坦，他們的處境日益艱苦。顯然地，配上星星和新月的綠色代表伊斯蘭，但官方說法是，新月象徵進步，星星象徵光明和知識；國歌第三段則提到：「這面新月及星星大旗，向進步與完美引領前進。」

巴基斯坦政府有個奇怪的規定，替崇拜者——甚至恐怖份子——提供方便的指引；它定出一份政要清單，他們若在家，官邸需懸掛國旗。另外還列出一堆人，他們的汽車上有權掛國旗，但僅限於他們本人在車上時。有回板球比賽時，巴基斯坦隊勝了印度隊，似乎全國駕駛人都有權亮出國旗慶祝，因全國大小城鎮都擠滿了插著國旗、狂按喇叭慶祝的車群。

跨過印度河流域，另一個國家的國旗上也有綠色，那就是印度，而與它相關的故事更多。

印度人稱其國旗為Tiranga，意即「三色旗」。由上而下，有橙、白、綠三個大小相同的橫式長方形色條。國旗正中央有個包含二十四根軸條的藍色法輪（chakra）。這個（圖6-8）設計同於西元前三世紀印度孔雀王朝(Maurya Empire)鼎盛時期阿育王（Emperor Ashoka）時代，在佛教聖地石柱柱頭的獅首發現的法輪圖樣，其後來成為印度的國徽。

一九四七年七月二十二日，即印度正式獨立前不久，此面旗幟通過為國旗。聖雄甘地（Mahatma Gandhi）特別對南亞次大陸的廣大民眾強調，了解其象徵意義的重要性，他說：

> 國旗是所有國家的必需品。數以百萬計的人們曾為它捐軀。它毫無疑問地是一種偶像崇拜，或為應該消滅的罪愆。國旗代表理想。Union Jack飛揚起來，在英國人胸臆間掀起的感情其力量難以衡量。星條旗對美國人來說，則意味著世界。星星和新月則召喚伊斯蘭中的勇敢奮鬥。我們印度人、穆斯林、基督徒、猶太人、帕西人（Parsis）及所有以印度為家園的人們，都必須認同一面共同的國旗，並和它生死與共。

一九二一年，甘地提出了他對國旗的原始構想，當時對未來印度獨立後，國旗應為什麼模樣的辯論已持續了幾十年。在全印度國民大會委員會（All India Congress Committee）[2]的一次會議上，一名年輕人拿給甘地看，他所設計出僅有兩條條紋的旗幟——紅色和綠色——以它們代表印度教徒和穆斯林兩大族群。

甘地喜歡這個圖樣，但建議增添一條白色條紋，以代表印度其他許多不同的族群。他也在白條紋上加了一具紡車的圖案，這是整個南亞次大陸一看就明白的標誌，他覺得這或有助於印度人提振自力更生的精神。一九二七年甘地又說：「紡車是過渡階段的所有印度人，大部分時刻都應啟動之物。」這段話連結到一個信念：使用紡車有助於生產印度產品，改善印度經濟，並確保不再使用英國製的布匹（它們通常以印度生產的棉花織造），從而促進印度獨立。一九三一年，圖案上的紅色改為橙色，人們被告知：顏色與宗派不相干，它們代表大業和犧牲、和平和真理、信仰和騎士精神，而甘地鍾愛的紡車留存了下來。

然而，當決定制訂國旗時，顏色雖然不變，但紡車被拿掉，換上佛教的法輪。這個圓圈代表永恆的宇宙法則，支持輪迴轉世的宇宙秩序。印度教、佛教、耆那教和錫克教都承認佛法的概念，即使不是人人都了解箇中奧義，卻可打動眾多民眾的心。譬如，並非人人皆知，根據佛教徒的解釋，有根軸線代表接觸（sparsa）——愛人彼此廝混、親吻或纏綿——另一根軸線則代表夫妻敦倫（bhava）。更平淡的一個說法是，法輪也代表人人向前邁進和進步的想法。據說，甘地對他主張的紡車被拿掉相當不豫，但打坐沉思後，接受了這個改變。何況法輪比起前幾十年建議的某些標誌更安全。當年的建議還包括印度教的象頭神葛內舍（Ganesh）[3]，相較下它恐怕更加驚世駭俗。

就官方立場而言，這些現代色彩不再涉及宗教，但人人都曉得，綠色源於伊斯蘭，橙色對印度教、佛教和耆那教具有重大意義。理論上，它代表超脫和棄絕俗世物質，因此深受許多佛教僧侶和大師喜愛；而在街頭載歌載舞、搖著手鼓、高唱Hare Krishna咒語的男男女女也喜愛橙色。從非官方立場來解釋，國旗中央的白條紋結合了橙色和綠色，追求和平。

根據法律，國旗只能以一種名為Khadi的手工織造，以及印度布料製成，甘地已將它推廣出去。損毀或褻瀆國旗者，最高可處三年有期徒刑。印度政府從英國文官學到官僚作風，不厭其煩制訂了一堆規矩。從一九四七年到二〇〇二年，關於國旗訂出了數十項法律，其中有項規定是，只有政府官署和車輛才能升起國旗。印度公務員顯然深受桂冠詩人丁尼生啟發，他曾寫下如下詩句：「他們不需思索為什麼／他們只需重複寫三次規定。」

二〇〇一年某日，一位曾留學美國、深受自由民主思想洗禮的工業家納文．金達爾（Naveen Jindal），決定在他的公司大樓升起國旗。警察登門拜訪，降下國旗予以沒收，並威脅要起訴他。金達爾先發制人，向德里高等法院（High Court in Delhi）提出公益訴訟。他主張限制公民以升旗方式表達愛國情操，侵犯人民的權利。案子一路打到最高法院，最高法院裁定原告勝訴，要求政府考量修改法令。二〇〇二年國旗法修訂，准許人民任何時候都可升旗，不需遭到起訴。

印度人民也的確喜歡掛國旗。國旗中央的法輪的確讓居住在這個「多元民族的次大陸」上——巴基斯坦國父穆罕默德．阿里．真納（Mohammed Ali Jinnah）如此稱呼印度次大陸——的大多數印度人產生團結一致的意識。印度的確問題不少，分離主義是其中之一；但它既為古老國家、又是現代國家，其光明前途可能還未到來。印度誕生自二十世紀最強大的反殖民獨立運動，印度國旗的故事則反映了這個大國的宗教、種族和政治的錯綜複雜。印度並沒有將自己界定為與其他國家相對立，但身為國際舞台上日愈吃重的角色，它和中國在經濟及軍事範圍的關係和競爭，將為一則本世紀決定性的地緣政治故事。

我們即將翻越喜馬拉雅山進入中國，但一路上值得稍微停下，看看這面世界獨一無二、並非長方形或正方形的國旗。

尼泊爾國旗最特殊的地方是，其造型為兩個紅色直角三角形上下相疊，而且各有深藍色的外框。它們代表喜馬拉雅山脈及國內兩大宗教——印度教與佛教。上面的三角形有一彎白色新月，以及新月之上的半個太陽；下面的三角形則為一個十二道光芒的太陽。它們過去代表皇室家族和總理家族，但現在尼泊爾已是世俗的共和國，它們象徵，國家希望能與日月共長久。（圖6-9）

這面國旗或可比末代國王和王后活得更久。二〇〇一年，國王佤儷和其他八人遭王儲射殺；接著王儲飲彈自殺。經短暫調查後，倖免於難的王弟繼位。但他非常不得民心，造成毛澤東派的叛軍起義，逼他廢止王政。因此，尼泊爾現在是新制度，但國旗仍然相同。由於造型特殊，如何製作國旗的指示恐怕舉世罕見，因而其繪製手法也最為鉅細靡遺，恐怕連上帝都要一整天才畫得出來。

現在，我們放下神明宗教，進入無神論的共產主義中國。其實在共產中國廣袤的國境內，有數億各式宗教信徒，但中國目前的統治者寧可不承認這個現象。然而，中華人民共和國國旗（圖6-10）上的標誌可追溯至共產主義出現前的數千年前。

許多軍旗專家認為，中國人是第一個使用布旗辨認身分與指示方向的民族。兩千六百年前，孫子在《孫子兵法》裡便鑒於戰陣中的慌亂嘈雜而寫道：「言不相聞，故為金鼓；視不相見，故為旌旗。」在早於孫子至少兩千年前，埃及人和今天伊朗地方的民族便舉著掛出標誌的旗杆，但惠特尼・史密斯博士（Whitney Smith）在他一九七五年的經典名著《世界歷代旗幟》（*Flags through the Ages and Across the World*）中寫道：「中國人可能是第一個使用絲布大旗的民族。它們已用於海上及陸上數千年，比西方歷史悠久。」史密斯認為，我們忽略了中國人把布旗掛上旗杆的事蹟，只看到他們把動物雕刻放到旗杆尖端這點。

我們不清楚絲布大旗是直接傳到近東，還是因為絲布沿貿易通路到達、而已經使用不同材質製旗的當地人才想到用它來製作大旗。我們較能肯定的是，西方世界在十字軍東征期間，開始仿效阿拉伯人的大旗。

數百年後，情勢繞了一整圈。中國人在航運和軍事上使用各種旗幟，但從沒想到要以一面國旗代表中國和中國人。他們早就自視為一民族——也是文明——但對中原華夏的居民而言，他們就是堂堂正正的一個民族，不需要什麼國旗。但當歐洲列強在十九世紀中葉亮出國旗、叩關而來時，情勢丕變。

一八六二年，歐洲人「說服」同治皇帝，他需要一支海軍（當然，要由歐洲人控制），海軍也需要一面軍旗。當時年僅七歲的同治皇帝當然不會說不。一面黃底青龍旗遂應運而生。起先它是三角形，（圖6-11）但歐洲人認為不行，於是改成長方形。（圖6-12）

二十世紀初期，中國陷入爭取獨立的混戰，各方勢力多有外來列強在背後支持的影子，因此許多不同版本的中國布旗標幟應運而生。其一是中國共產黨升起於一九三二年的「中華蘇維埃共和國」國旗。（圖6-13）這個共和國出現在江西省一隅，只存在了兩年半；即使如此，這面正中央有黃色鐮刀榔頭、左上角有黃色五角星的大紅旗，的確升起於中國某區。這是日後代表整個中國大陸的國旗之原型。

一九四九年十月一日中華人民共和國正式宣告成立，當然新國家、新制度需要一面新國旗。設計人曾聯松是名年輕的共產黨員，他的圖案自數千件參賽作品中脫穎而出。黨的要求是，它必須反映中國的地理、民族、歷史和文化特徵，也必須標示出工農聯盟政權的特徵。

當時在上海工作的曾聯松，夜裡在自家閣樓上開始了國旗圖案的設計。他先想到早期在江西的版本。據說當他仰望天空時，想到了中國古時傳說中，仰望日月星辰以示孺慕之心的故事，因而從歷史得到啟發：中國共產黨是中國人民的大救星，所以他決定用一顆五角星來象徵它。毛澤東在〈論人民民主專政〉文中則指出，中國人民由四個社會階級組成，因此他決定以四顆小五角星象徵由四個社會階級組成的人民。

不足為奇，毛澤東相當喜歡曾聯松的設計，但仍幾經修訂才最後定稿，包括自大顆五角星上剔除掉鐮刀和榔頭，因它具有強烈的蘇聯氣息——當時，共產黨人的國際兄弟情誼在中蘇關係的大框架下已略現緊張。接著，黨核定了最終版本；就像我們看到伊朗當局考量反映伊斯蘭革命的國旗時一樣，中國共產黨也曉得，它必須結合集體記憶和現代訊息。

因此，紅旗代表共產主義，而左上角那顆黃色大型五角星則代表共產黨的領導地位。可是接下來還有許多討論。四顆小五角星代表毛澤東尚未建立政權前，「統一戰線」底下的四個社會階級：工人、農民、城市小資產階級和「愛國資本家」民族資產階級。當然，如今象徵它們團結起來，共同建設共產主義新中國。最後這顆星可謂相當偶然，也可說相當具有遠見，因誰能預料到四十年後，黨竟然發現，它需要走向「有中國特色的資本主義」，而十二億中國人民的半數以上，顯然也接受他們本來的面貌——他們根本不是共產黨人。

黃星有五個角這點是故意設計的，它吻合了中國古代對此數字的信念。共產黨建政前的中國哲學講究「五行」，而此無所不包的系統還包含五德、五君、五階段等，代表平衡、力量與完整。如今，非官方又賦予它更為現代的民粹價值觀：五顆星代表漢族居大多數，但另有滿、蒙、回、藏四個其他傳統「中華」族群。有鑑於漢人長期殖民其鄰人的歷史，它的鄰人可能不領情，也不會相信此說。官方也沒說這是設計原意，但這之中還具有另一面旗幟的迴聲——一九一二年至一九二八年北洋政府時期的國旗是「五族共和旗」，以五個顏色代表中國五大族群。（圖6-14）

在今天，它所象徵的是上述的所有意義。曾聯松設計後再經修正的國旗，首度豎起於北京天安門廣場的旗杆上，正式宣布中華人民共和國的誕生。

如今中國法令規定，各省不得有省旗。部分是因黨認為，國旗是凝聚不同質國家的重要力量。譬如，在穆斯林居大多數的新疆維吾爾族自治區，便出現東突厥斯坦運動（East Turkistan Movement）。

這個運動也有一面旗幟，淺藍底色配上新月和星星，（圖6-15）但若允許它公開升起，勢必增強區域認同意識，因而增強獨立運動。同樣的規定也適用於西藏，擁有西藏旗幟（圖6-16）不啻是嚴重罪行。但這項規定並不能挫折渴望更大自治的人士；他們冒生命之險，盼望堅守深刻反映藏人認同的西藏文化。然而，中國的掌控顯然日益收緊。北京希望透過鎮壓這類象徵，促使西藏文化和認同意識隨著時序日益淡薄。在較不動盪的區域，這道法令就不一定能嚴格執行，可見黨必須維持平衡，既堅持它是全國唯一的力量，同時又承認區域的差異。

一九九九年，曾聯松在上海去世，得年八十有二。因此免去了二〇一一年與中國共產黨一起受辱——越南政府製作數千面中國國旗，但以六顆星取代五顆星，而且還在當時的國家副主席習近平訪問河內時，升起這面六星旗。二〇〇六年，中國代表團訪問德里時也發生了類似狀況。熟悉國際禮儀的人都曉得，此事非同小可。

一九九〇年制定的《中華人民共和國國旗法》是一份很有趣的文件。在我們讀到「四顆小五角星應各自對準大五角星的中央」前，我們也看到了與其他國家類似的規定，舉凡升、降旗以及「降半旗時，應先將國旗升至杆頂，再降至旗頂與杆頂間，旗杆全長的三分之一處；降旗時，應先將國旗升至杆頂，再降下」等規定，無不具備。對於降半旗時的誌哀對象也有明確規定，除了國家主席、全國人大委員長、國務院總理、中央軍委主席、全國政協主席去世應降半旗外，也規定「對世界和平或人類進步事業作出傑出貢獻的人」逝世時，亦可降半旗誌哀。

我們也看到，《國旗法》第十九條規定，「在公共場合故意以焚燒、毀損、塗畫、玷污、踐踏等方式侮辱中華人民共和國國旗者，將依法追究刑事責任；情節較輕者，參照治安管理處罰條例的處罰規定，由公安機關處以十五日以下拘留。」最重者可處三年有期徒刑。不過好消息是「情節較輕」者——意指你有一名好律師或有個權貴親戚——則可從輕發落。

這就是全世界眾所周知的國旗，甚至在二〇一三年十二月，還被中國太空任務送上月球。將國旗放在玉兔號登月車上，是極具重大象徵意義的事件。中國因而成為僅次於美國和蘇聯，將國旗在月球上展布的第三個國家，代表它有志成為太空旅行和技術的領導者。這也是一九七六年以來，登月車首次在月球軟著陸，這是中華民族的榮耀，也是中國在本世紀十足進步的證明。[4]

中國正極力發展藍海海軍，希望躍居全球海權大國，這面國旗也日益現身於大洋上。它在全世界的偏遠地區也嶄露蹤跡；譬如，中國（及其他國家）到剛果民主共和國開採珍貴礦物；到安哥拉興建公路，以把礦產運送到港口；也在巴基斯坦的瓜達爾（Gwadar）興建港口和公路，以繞過美國實質控制之馬來西亞和印尼間狹窄的麻六甲海峽，然後把貨物運送到中國。中國的標誌現在幾乎在全世界每個王國、共和國和領域都出現過，增強了過去半世紀以來，其快速擴張及勢力日盛的形象。

它也飄揚於中國在南海填海造陸、興建的人工島礁上，如今北京主張其為中國的主權領土。越南、台灣和菲律賓等鄰國並不接受。美國海軍也不能接受，因此懸掛著星條旗的軍艦，三不五時便駛近這些島礁，宣示其立場。

比起紅旗，在全世界愈來愈不容易看到的則是台灣的中華民國國旗。（圖6-17）反共勢力在一九四〇年代輸掉內戰後退守台灣，它有自己的國旗，但卻對身分認同有所迷惘。這面國旗名為「青天白日滿地紅」旗，可溯源至一九四九年退守台灣之蔣介石的國民黨黨旗。中華民國聲稱它代表全中國的政府，但海峽對岸的中華人民共和國並不同意。北京視台灣為中國的一省，而這個省分正企圖獨立。

由於中華人民共和國十分強大，因此鮮少國家承認中華民國。台灣參加國際會議或奧林匹克等運動比賽時不能升起國旗，只能改掛「中華台北」的旗幟，（圖6-18）這是雙方都能接受的妥協方案，如果可以的話，彼此都想打破此現狀。從台灣的觀點來看，它雖從未宣布脫離中國而獨立，但為了不去挑釁它的強鄰，卻願意接受此一國家象徵的特別犧牲。

這兩面國旗可說代表了中華民族的分裂不統一。這點和他們附近的另兩面國旗，有著異曲同工之妙。

朝鮮半島分裂為南、北兩韓，因此出現了兩面國旗。情況或有不同，兩方都可採用二次大戰之前的國旗，因而反映出他們同屬一個民族。但只有正式國名「大韓民國」的南韓選擇維持它。韓國人所謂的「太極旗」（圖6-19）不只是藝術品，更是深刻的精神表徵。因此，無神論的北方共產黨不願與他們認定的宗教含含糊糊地有任何瓜葛——不，他們在政治上要有自己的含含糊糊。

太極旗之名由來於國旗正中央紅、藍兩色的陰、陽象徵，因兩者合一而被稱為太極。上紅下藍兩等分中，紅色代表陽的積極力量，藍色代表陰的消極力量。東亞地區的傳統哲學認為，陰、陽代表相對的兩大宇宙力量，兩者合一時，便為完美的和諧與平衡。

太極旗的四個角，各有一個八卦之一的卦象，源自中國的《易經》。根據傳說，這是兩千多年前的一本古籍，而環繞太極這兩儀的卦象則代表陰陽的消長與變化：左上角的乾卦代表天，右下角的坤卦代表地；右上角的坎卦代表水，左下角的離卦代表火。四個卦象同時存在還有其他意義，譬如：右上角的坎卦也代表水、月亮、聰明和智慧。國旗的白色底色，則代表純潔和乾淨。特定節日時，韓國人也常身著白衣，因此被稱為「白衣民族」。

整體來說，這面國旗代表韓國人民一直努力與宇宙發展和諧關係，而其對立面就是分裂，但這正是一九四七年時的政治事實，而北方領導人希望突出這點。第二次世界大戰結束後，日本殖民統治者退出朝鮮半島，國家也以北緯三十八度線為界，分為兩半；俄羅斯控制北方，美國人主宰南方。後來俄羅斯人退出，中國成為北韓的保護人。

北韓正式國名為「朝鮮民主主義人民共和國」。但正如同世界上大多數國名冠上「民主」、「共和」的國家，其既不民主，也非共和。北韓可謂今天全世界最邪惡、偏執、凶狠的獨裁政府之一。事實上，打從一開始，它就由金日成家族世襲相傳、三代統治，讓全世界看盡政治笑話，但它的臣民卻笑不出來。

關於北韓國旗的故事，我們沒有具體的訊息。但費歐多爾・特提茨基（Fyodor Tertitskiy）在DailyNK.

com上的一篇文章中提到，一九四七年，當北韓實質的統治者蘇聯下達指示，既然北韓將建立新國家，就應有一面國旗。五十六歲的朝鮮勞動黨中央委員會委員長金枓奉（Kim Tu-Bong）因而被尼古拉・喬治耶維契・雷貝德夫（Nikolai Georgiyevich Lebedev）少將找去談話。金枓奉主張沿用既有國旗：「金枓奉開始詳細地解釋既有國旗的意義。然而，從蘇聯軍官的觀點來看，國旗設計依據的中國哲學，近乎中古時期的迷信。雷貝德夫聽他叨叨絮絮講了半天《易經》的陰陽、太極等東方玩意兒後，僅以簡單的一句話『夠了』來打斷金枓奉的發言。在場的一位蘇聯上校還笑著說：『我聽起來倒挺像一個傳說故事呢。』」

幾個月後，指令下來了。朝鮮民主主義人民共和國的國旗（圖6-20）正式核定。它是標準蘇聯時代旗幟的一個版本，如同千篇一律的蘇聯建築物般直截了當。根據政府的網站，國旗的主色紅色，代表革命傳統。上、下兩方的藍色代表「渴望聯合世界進步民族，為獨立、和平及友好的理想之勝利而戰」。藍色旁邊的兩條白色細線，「代表同質的朝鮮民族有長久、輝煌的文化」。至於大紅星，則「象徵朝鮮民族的先人及戰鬥精神」。

翌年，金枓奉出版了一本書《論建立新國旗及廢止太極旗》（*On the Establishing of the New National Flag and the Abolition of the Flag of the Great Extremes*），說明新國旗象徵「國家幸福快樂地發展」，以及太極旗的不科學與迷信。它認為那些不可理解與繁複無其必要，而且可能導致朝鮮民族不團結，這是絕不容許的現象。

後來，日趨民族主義化的北韓就和典型的專制獨裁共產政權一樣，一筆勾銷蘇聯對其國旗的影響力，也罷黜了金科奉的一切政治地位。如今，不僅「偉大的領袖」金日成粉碎日本皇軍（莫斯科略提供助力），甚至還設計了朝鮮民主主義人民共和國光榮的國旗。今天我們都知道，金氏王朝的偉大可是罄竹難書。金日成的兒子金正日不僅是「二十一世紀的嚮導星」，還是「主體的燦爛太陽」（Bright Sun of Juche）。最後這個頭銜，意在凸顯朝鮮民主主義人民共和國發展出它獨樹一幟的政治制度「主體」（Juche）——一種集共產主義和自立自足之民族主義哲學的混合體。歸根究柢，若你能自立自足，你不需讓任何人進入你的國家，而若它是那樣美好的地方，怎會有人想離開呢？北韓的國歌宣稱：「力量無窮像海濤奔騰……願朝鮮永遠光輝燦爛，世世代代繁榮昌盛。」日後，現任領導人金正恩也將被加上數百個歌功頌德的榮銜。

一個半島、一個民族、兩面截然不同的國旗——你會認為很難把它們搞混了。但二〇一二年時，倫敦奧運籌備委員會偏偏就搞了個大烏龍。北韓女子足球隊即將出賽、迎戰哥倫比亞隊時，巨型電視螢幕逐一介紹球員姓名和照片……但卻配上了南韓國旗。從後衛、中鋒到前鋒，甚至連後補隊員，無一不弄錯。每張照片一打出來，北韓隊職員就一肚子氣，最後甚至退場抗議。他們不是沒有道理：畢竟技術上來說，南、北兩韓仍處於交戰狀態——一九五三年韓戰暫停簽的是停火協議，而非終戰條約。

北韓堅持錯誤改正，才肯回到球場上。大會急忙重新修訂影片，並連番道歉。一小時後，北韓球員回到現場，檢查滿意後才正式開賽，最後以二比零擊敗哥倫比亞隊。

過去，南、北兩韓在國旗戰上都有過違犯協議之情事。自北韓國旗先在南韓升起後，南韓便禁止它在其境內出現。因此也就不足為奇，二〇〇八年世界盃足球淘汰賽預定在北韓首都平壤比賽時，因北韓拒絕演奏南韓國歌或升起南韓國旗，導致比賽必須移至中國進行。

接下來，則是二〇一四年的仁川亞運會，南韓堅持遵守國內法律，禁止北韓國旗在南韓街頭出現：它可飄揚於選手村，但其他地方一律不准。其實，亞洲奧林匹克理事會規則手冊的第五十八條便規定：「在所有體育場及其附近地區，亞奧會旗需與參賽國奧會旗一起自由飄揚。」因此北韓決定，若民眾看不到他們的國旗，他們也不讓民眾看到號稱「美女兵團」的三百五十名北韓女子啦啦隊的表演。這些啦啦隊員之所以雀屏中選，是因為以下兩個特點：不僅美貌出眾，據說還狂熱效忠金正恩的政權。南韓抱怨「美女兵團」啦啦隊攜帶的北韓國旗太大、太顯目，北韓外交官竟大怒退席，取消她們的表演。

南、北兩韓一向是既遙遠、又近彌。戰爭始終是巨大的威脅：南韓首都首爾的居民人人曉得，他們就位於三十八度線、北韓巨砲射程範圍內，而且北韓的核武計畫還嚇壞了整個東北亞。

家族不和經常會導致最激烈的鬥爭，但就兩韓與日本的關係而言，那個仇恨則是更深則、更難說。

日本帝國的國旗，曾在二十世紀時飛揚於朝鮮半島三十五年。這面國旗現在代表一個穩定、和平的民主政府，但它和當年殘暴歲月的那面國旗一模一樣……這之中的問題其實很大。當年，日本在朝鮮的殖民統治相當殘暴，它把朝鮮視為日本帝國的一部分，硬要升起日本國旗。每天上午，公家機關都要升起日本國旗，學童也要高唱日本國歌。

這個太平洋島國的國名原意就是「日升之地」，國旗的正式名稱則為「日章旗」（Nisshoki），不過一般通稱為「日之丸」（Hinomaru）。我們一看到它時就能立刻認得它，因它十分單純——長方形白底正中央有個紅色圓形。同時我們也會想到另一面旗幟日本軍旗，同樣是白底紅太陽，但有十六道光芒。

不同樣式的日之丸旗在日本列島使用了數百年後，才終於成為代表日本的國旗。數以百計的日本列島位於歐亞大陸塊的東方一隅。自列島往東望去是一望無垠的大海汪洋，旭陽每天都從海上升起。最早提到太陽代表日本的，是六〇七年一位相當魯莽的日本皇帝修書中國皇帝，自稱「日升之國天子致函日落之國天子」。但日落之國天子聽了很不爽。

依據日本的傳說，兩千七百年前天照大神（Amaterasu）創建日本。她是神道教的主神，也是第一代天皇的先祖。目前的皇帝號稱「天皇」，信徒將其視為天照大神的直系子孫。不過就和中國人一樣，日本人覺得沒必要認定自己是誰，因此直到近世，都沒有代表國家的表徵。

十九世紀中葉，歐洲列強叩關而來，早期的明治政府認為，需激勵人民的團結精神，因而下令以日章旗為海軍軍旗。海軍於日本的地位，猶如英國人對其海軍的重視，日章旗因而漸為代表國家的旗幟。後來，「君之代」（Kimigayo）也成為了日本國歌。

接下來，由於日本已為工業國家、卻缺乏天然資源來推動工業化的進程，軍國主義精神遂大行其道，開始覬覦西側鄰國的豐富資源。日本帝國發動一系列戰爭，最後在歷史長流上，為國家惹來了嚴重的災害。

首先是中日甲午戰爭（一八九四—九五），其次是日俄戰爭（一九〇四—〇五），再來是有限度參與的第一次世界大戰（一九一四—一八）、第二次中日戰爭（一九三七—四五），以及第二次世界大戰；最後因原子彈轟炸廣島和長崎，導致其全面投降。這段過程中，日本占領、凌虐過許多國家。

日本人原本認為將「照亮黑暗世界」的國旗，如今卻變為黑暗的表徵。日之丸旗自日本、朝鮮、中國、新加坡、菲律賓等地降下，而且日本的暴行劣跡在自己國內也廣為人知，於是，國內媒體開始藉由檢討戰時紀錄，協助全民挖掘真相。這個過程今天仍持續著，我們也看到日本鄰國——尤其南、北兩韓和中國——仍不能原諒日本，新世代也還無法吞忍那影響他們生命至鉅的戰時傷痕。

起先，美國占領軍當局嚴格限制日本國旗和軍旗。然而一九四七年，盟軍最高統帥道格拉斯・麥克阿瑟將軍則批准日之丸旗可升起於若干政府機關。翌年，一般人民也獲准許在國定假日升降日本國旗；一九四九年，所有限制取消。重新恢復國家象徵的漫漫長路自此展開。

即使如此，它還是很困難。

現代日本國旗（圖6-21）的麻煩出在於，它和飄揚於第二次世界大戰期間的舊日本國旗一模一樣。某些觀察家認為，這就好比現代德國仍以納粹的卐字旗為國旗。有鑑於納粹卐字旗是邪惡的縮影，這麼說並不完全公平，因日本戰爭機器在戰時雖有種種可恥的行為，但它並不像納粹那樣，基於意識型態的理由、使用工業的方式，有系統地著手摧毀整個民族。

另外，這兩者還有一個區別。日本國旗的出現，早於軍閥橫行肆虐東南亞之前，而納粹旗則由接管德國的一個政黨推出，而這個政權只存活了十二年。戰時的德國國旗指的是一個政黨、一種意識型態及某一特定時期；但戰時的日本國旗則代表國家。如果你認為，由於歷史上某一時期的行為，日本應變更國旗，你對其他許多國家也可提出相同的主張——譬如，殖民時期販賣奴隸的英國。反過來說，理論上也可主張，更換國旗或有助於戰後和諧，因它等同於承認這個象徵會引爆的憤怒。

若我們把話題轉到日本軍旗上，情勢會變得更加複雜。要改變這個問題原本比較容易。但一九五四年日本成立自衛隊時，卻重新採用有十六道光芒的旭日旗為軍旗（圖6-22）；這是很突兀的選擇，而對戰時年代稍有知識或個人有所經驗者，都會覺得突兀。改變軍旗可謂承認，日本軍事機器在一九三〇年代和一九四〇年代的行為不當，但更改國旗就茲事體大；這對日本人民來說將是極大的創傷，將導致他們失去部分國家認同。

到了一九五〇年代，日本已經成為民主、和平的國家。但部分人民仍為一九三〇年代和一九四〇年代皇軍的殘暴行徑感到創痛，因此決定繼續沿用軍旗就益發令人難以理解。不過我們應記住的是，日本「知識界去軍事化」本來就沒有德國人來得深刻。

然而，這件事的後續效應不小。譬如，若我們把時間快轉到一九七〇年代，左傾的日本教師同盟便指示，會員不要向國旗鞠躬敬禮，也不要唱國歌。國旗自一九四七年即升起，但一直沒受到熱切的反應，也沒有法令將它明訂為國家象徵。一九八九年，二戰期間主政、在位的裕仁天皇去世，日本因而有了辯論升起日本國旗好處的空間；一九九九年，國會藉著把國旗長寬比從十比七改成三比二的機會，正式承認它代表國家，不過在通過立法之前，辯論一直十分激烈。

自此，又衍生了一些結果。一九九九年，文部省頒布指針，規定各級學校應於畢業典禮升國旗、唱國歌。有個不無道理的說法如下，它認為：若日本學生不能敬重自己的國旗，恐難以尊重其他國家的國旗。

但並非人人都贊同這個觀點。廣島有位中學校長石川氏便因強烈反對而自殺身亡。這個故事惹議極大，辯論強度也始終不減，即使二〇〇二年世界盃足球賽決賽在日本，為主隊喝采而升起的日本國旗仍然不多。

隨著時序流轉，二十世紀最災難的時刻已從歷史中淡去，日本國旗逐漸走出戰時陰影。即使如此，到了二〇一六年，日本首相安倍晉三仍覺得有必要發布通告，「強烈建議」全國大專院校校園升起國旗。

畢竟太陽永遠不會從東方落下，同樣地，以一塊布代表日升之地的意義，也不會被打落至歷史的洪流中。

現在，如果我們繼續往東，就會回到做為我們起點的星條旗。因此得轉向南邊——轉向非洲的紅、金、黑、綠色，以及拉丁美洲的黃、紅、藍色。

譯註

1 赫爾曼德省位於阿富汗南部，毗鄰巴基斯坦。它是塔利班武裝力量的重要根據地，也是英軍和美軍重兵打擊叛亂份子的焦點地區。阿富汗出產世界上超過百分之九十的鴉片，多來自赫爾曼德種植的罌粟。

2 全印度國民大會委員會為印度國會主席團以及中央決策機構。

3 葛內舍是印度教的智慧之神，他是主神濕婆（Shiva）和雪山神女（Parvati）的兒子，戰爭之神室建陀（Skanda）的兄弟。

4 玉兔號登月車搭載於嫦娥三號月球探勘器。二〇一三年十二月二日嫦娥三號自西昌衛星發射中心發射升空，十二月十四日成功軟著陸於月球表面。十五日，玉兔號登月車自嫦娥三號走出。

第七章
自由之旗

「學習做為主權獨立國家的最佳方法，就是成為一個主權獨立國家。」

——迦納第一任總理卡瓦米．恩克魯瑪（Kwame Nkrumah）

數百年來，非洲出口了許多東西，但未必全出於自願。在他們自願輸出的物品中，有個依據紅、金、綠、黑象徵色的思想，那就是非洲獨立——或自由——的理想。

這些顏色的根源至少可上溯至十九世紀甚至更早，它們源自衣索比亞（Ethiopia）的國旗。義大利雖然費盡心思、企圖染指，但衣索比亞卻是非洲大陸唯一一個未曾遭受殖民統治的國家。衣索比亞目前的國旗為歷史悠久的紅、金、綠三色旗，但自一九九六年起，其正中央也有個藍圓圈，配上一顆有著五道光芒的黃星。光芒代表國內的不同民族，星星代表他們的平等與團結。（圖7-1）也有人說，那是所羅門王之星（Star of King Solomon）和大衛之星（Star of David），因為衣索比亞第一位皇帝孟尼里克（Emperor Menelik）自稱所羅門王和希巴王后（Queen of Sheba）之子。

義大利很晚才投入競逐非洲。到了一八九〇年代初期，英國、法國、德國和比利時已奪得大多數非洲大陸最有價值的地區，義大利只剩下今天的厄利垂亞（Eritrea）這塊地方；義大利以其厄利垂亞的殖民地為跳板，入侵當時的阿比西尼亞（Abyssinia）[1]，折損了七千名以上的軍隊士兵。此刻，非洲出現一個龍頭老大，成為眾人仰慕學習的樣板。

在這次軍事勝利之前，衣索比亞使用紅、金或綠的單色三角旗已數十年；在這個基督徒占大多數的國家，傳統上認為，這些顏色是上帝在大洪水之後向世界展示的彩虹，這在〈創世記〉（Book of Genesis）中也曾經提過。因此，皇帝孟尼里克二世在擊敗義大利人、並於一八九七年制訂第一面官方旗幟時，這些顏色也順理成章入選。這將是非洲第一面民族國家的國旗，並將展現「征服猶大的獅子」（Conquering Lion of Judah）、高舉國家代表色旗幟之帝國徽章添加進來，其中也包括第一代皇帝孟尼里克的皇室先人。這個長久以來與皇室息息相關的標誌一直留在國旗上，直到一九七四年的馬克思主義革命後才被拿掉，但通過拉斯塔法里亞運動（Rastafarian movement）的旗幟，則繼續留存下去（詳情稍後敘述）。

一九三〇年代，義大利人在墨索里尼（Mussolini）的法西斯時期捲土重來。義軍這次倚仗催淚瓦斯等現代戰爭器械而告捷，占領了衣索比亞。然而，阿比西尼亞／衣索比亞原本是個主權國家、也為國際聯盟（League of Nations）——今天聯合國前身的——會員國。包括美國在內的許多會員國（但不是全體會員國）拒絕承認義大利兼併衣索比亞，而它被外國軍隊占領的五年也被視為特殊狀況，而非發生在別處的殖民統治時期。

英國和法國都是國際聯盟會員國，卻與義大利祕密協商，承認它的侵略成果。國聯未能採取行動，是它在二次大戰爆發前已無力維持世界和平的證明。一九三五年，《龐趣》（*Punch*）雜誌刊登一幅著名的諷刺漫畫，引述十九世紀一首流行的音樂劇歌曲，其原始歌詞如下：

我們不想開戰，但若出於愛國主義，如果我們這樣做，
我們有船，我們有人，我們也有錢。

《龐趣》把國聯描寫為音樂鬧劇，重新改寫歌詞後，變成英國和法國向墨索里尼高唱：

我們不希望你們作戰，但若出於愛國主義，如果你們這樣做，我們可能會發布一份聯合備忘錄，
溫和地暗示不滿你們的作為。

到了一九四一年，義大利人再度被趕走，衣索比亞恢復主權國家的地位。它為非洲大陸立下表率；直到第二次世界大戰結束，變革之風開始吹起。

在上述動盪的數十年中，在衣索比亞以西數千英里之外的美國，發生了相關且影響深遠的一些事。

在美國和非洲，許多人提倡黑人政治覺醒的意識，其中之一為牙買加出生的馬可仕．莫夏．賈威（Marcus Mosiah Garvey），他是一位不凡的人物，提倡種族分離，也是「回到非洲」（Back to Africa）觀念的創始人之一。一九一六年，他在牙買加成立「環球黑人改善協會」（Universal Negro Improvement Association, UNIA），不久就把運動推向紐約，旋即在全美國遍地開花。一方面他建立企業王國，另一方面也主張非洲裔美國人不應只以傳統自豪，也應回到祖先的故土。他為了貫徹這項目標，成立了一家「黑星航運公司」（Black Star Line），提供所需的運輸工具。但公司營運失敗，賈威以帳務作弊的罪名被捕坐牢，並於一九二七年被遣返牙買加。然而在此之前，賈威和環球黑人改善協會已設計出日後全世界所謂的泛非洲旗幟。他和美國許多人都深受一九〇〇年一首種族歧視的歌曲刺激，一九二〇年賈威設計出泛非洲旗幟時，這首歌仍在傳唱。歌名「每個種族都有一面旗幟、只有黑人沒有」（Every Race Has a Flag but the Coon），被二十世紀美國諷刺作家孟肯（H. L. Mencken）視為造成種族歧視的三首歌之一。賈威因而設計出一面有著紅、黑、綠色的泛非洲主義三色旗（圖7-2），並以此號召團結所有非洲人後裔，致力於終結殖民統治，並在非洲及非洲僑外移民中建立經濟機會。一九二〇年，這面旗幟發表於紐約召開的國際會議中，與會的二十五個非洲國家代表，都認同他們需要一個共同象徵來支持他們的運動。幾年後，賈威曾任職的雜誌《非洲時報暨東方評論》（*African Times and Orient Review*）有篇文章便引述他的一句話：「你若告訴我哪個種族或民族沒有一面旗幟，我可以告訴你，這個種族或民族沒有任何尊嚴。啊！在歌唱和模仿劇中，他們說：『每個種族都有一面旗幟、只有黑人沒有。』果真是如此啊！但那指的是四年前的我們。他們現在可不能這麼說了……」

一九二〇年環球黑人改善協會的「世界黑人權利宣言」（Declaration of the Rights of the Negro People of the World）第三十九條表明：「紅、黑、綠色是非洲種族的顏色。」為什麼選定這三個顏色？翌年，環球黑人改善協會出版《全球黑人精義問答》（*Universal Negro Catechism*）並提出說明：「紅色代表鮮血，人類為爭取救贖和自由必須流血；黑色是高尚的顏色，代表我們是與眾不同的種族；綠色代表我們祖國茂盛的草木植物。」

一般猜測，賈威深受衣索匹亞獨立啟示，但誤以為衣索比亞的三色國旗是紅、黑、綠色，而非紅、黃、綠色。美國記者查爾斯·茂布瑞·懷特（Charles Mowbray White）曾採訪賈威，並提到這段故事。他在〈馬可仕·賈威文件〉（Marcus Garvey Papers）中有段記載如下：「賈威對衣索比亞三色旗的意義有過如下敘述：『紅色代表他們對全世界紅人的同情，綠色代表他們對愛爾蘭人爭取自由的同情，而黑色——就是黑人』……還有一次，賈威表示衣索比亞的紅、黑、綠三色國旗代表『黑人在鮮血和大自然中爭取其權利』。」

不論真相為何，毫無疑問地，衣索比亞對賈威影響甚鉅。賈威主義的教理問答表明，它所謂「我們的種族」的國歌，開頭就是「衣索比亞，你是我們父親的土地」。更早的時期，它引用了詩篇第六十八篇第三十九節：「王子將來自埃及。很快地，衣索比亞將向上帝伸出雙手。」（Princes shall come out of Egypt. Ethiopia shall soon stretch out her hands unto God.）接著又說，這證明了「黑人將在非洲建立自己的政府，有自己種族的統治者。」

不論是否錯了，泛非洲旗幟保留下來，而且來不及改了，紅、黑、綠三色和非洲連結在一起，而衣索比亞國旗仍是紅、綠、黃或金三色。這就是賈威留給後人的遺緒。一九六〇年，美國歷史學家喬治・席伯森（George Shepperson）就在《非洲研究雜誌》（*Journal of African Studies*）上撰文表示：「他大肆宣傳黑皮膚代表驕傲而非羞恥，在各地非洲民族主義留下了不可磨滅的痕跡。」一九四〇年賈威於倫敦逝世，一輩子沒去過非洲。他歸葬牙買加，被奉為民族英雄，今天他的影響力仍可在世界各地感受到。牙買加的國旗是黑、綠、金三色，顯非偶然。（圖7-3）

一九三〇年代初期源於牙買加的拉斯塔法里亞運動（Rastafarian movement）奉賈威為先知。賈威曾在一九二〇年說：「請看非洲，黑人國王將被加冕，解救的日子即將到來。」他所指為彌賽亞將復臨人間。十年後，拉斯・塔法里・馬孔尼（Ras Tafari Makonnen）加冕為衣索比亞皇帝海爾・塞拉西一世（Haile Selassie I）。[2]有人即以它及海爾・塞拉西一世是大衛王第二百二十五代直系血胤的主張，認為這是預言彌賽亞復臨的實現。因此，他代表耶穌、上帝之子復臨。也因此，他是猶大之獅（the Lion of Judah），這也說明了為什麼拉斯塔法里亞運動的旗幟（圖7-4）和衣索比亞的舊國旗一樣，正中央有猶大之獅的圖像。

賈威並不完全相信這套說法，不過拉斯塔法里亞運動卻十分尊崇他；他的意識型態也影響了此一運動；此運動雖然只有約一百萬信徒，但它對世界的影響恐怕超出一般想像。這恐為鮑布・馬雷（Bob Marley）等藝術家表演的雷鬼音樂（reggae music）大為流行之功，馬雷經常提到賈威和海爾・塞拉西。譬如他在〈救贖之歌〉（Redemption Song）就引用過一句賈威的名言：「從心靈奴役中解放自己，只有我們自己可以釋放我們的思想」；他那首雄壯威武的歌曲〈戰爭〉（War），也引述一九六三年海爾・塞拉西在聯合國說的一大段話：「直到堅持某一種族優秀、另一種族低劣的哲學終被永久貶抑與放棄……直到在安哥拉（Angola）、莫三鼻克（Mozambique）和南非，以非人的束縛欺侮我們兄弟的卑鄙和不幸政權被推翻的那一天……直到那一天，非洲大陸才會認識和平。」

賈威若還在世，看到自己的言論在世界的通俗文化中有一席之地，可能會大吃一驚，但並非意料之外，他對非洲政治的影響仍相當顯著。肯亞的卓莫・肯亞塔（Jomo Kenyatta）和迦納的卡瓦米・恩克魯瑪（Kwame Nkrumah）等未來的非洲領導人，年輕時可能不相信他的種族分離理論，但他的文章、演講和書籍一定是他們政治教育的一部分。他們兩人都相信泛非洲主義的核心論述：儘管非洲大陸各民族及其僑外人士彼此間的族裔、語言和文化互異，有件事把他們團結在一起——那就是非洲。

一九三五年至一九四五年恩克魯瑪旅居美國期間，讀過賈威的著作並銘記在心，日後回國，他將成為新興獨立的迦納首任總理。迦納是撒哈拉沙漠以南第一個脫離殖民統治桎梏而獨立的國家，它原是英國控制的地區，舊名黃金海岸（Gold Coast），於一九五七年獨立。位於首都阿克拉（Accra）的中央政府制訂國旗時，採用衣索比亞的綠、金、紅三色，但把秩序倒過來，變成紅色在上、金色在中、綠色在下。恩克魯瑪也核定在黃色帶的中央擺顆黑星，以示紀念賈威的黑星航運公司，而且正如迦納國旗（圖7-5）的設計者狄奧多希亞・沙洛米・歐庫（Theodosia Salome Okoh）所說，這顆五角星已成為「非洲人反殖民統治鬥爭中解放和團結的象徵」。這也是為什麼，迦納國家足球代表隊至今仍號稱「黑星隊」。不幸的是，恩克魯瑪也成為以自身專制統治、奴役自己國家的首代非洲領導人之一，背叛了他們爭取解放的理想，及新國旗代表的一切意義。

一九六〇年代，愈來愈多非洲國家脫離殖民統治，而且許多國家受到衣索比亞、賈威、迦納和恩克魯瑪的影響，制訂國旗時也採用已成為泛非洲主義代表色的兩種版本之一。加勒比海的幾個國家也跟進，但與非洲國家一樣，常對各自的國旗提出新詮釋。譬如迦納堅稱，國旗中央那道黃金色帶代表國家礦產豐富，加彭（Gabon）則說，其國旗中央的黃色帶代表他們的國家位於赤道上（圖7-6）。

接下來，撒哈拉沙漠以南的五個國家——幾內亞（圖7-7）、喀麥隆（圖7-8）、多哥共和國（圖7-9）、馬利（圖7-10）和塞內加爾（圖7-11）——相繼獨立，而且都採取紅、金、綠三色的不同設計代表國家，也都承認它們是代表非洲團結抗拒外來統治、爭取美好未來的泛非洲顏色。不同設計代表不同地方的獨特性，但人人都知道每面國旗的共同特色。譬如，喀麥隆採取三條垂直形色帶：綠色在左、紅色在中、黃色在右。黃色代表太陽、綠色代表希望、紅色代表團結，紅色帶上面的黃星為「團結之星」。這是很獨特的設計，但政府說，它們充分體現泛非洲精神。

其他國家選擇賈威的版本，國旗採用紅、綠、黑三色。譬如，馬拉威國旗有三條水平色帶，綠色在下、紅色在中、黑色在上（代表人民），黑色之上再加上上升中的紅太陽，象徵全非洲大陸人民的自由和希望。（圖7-12）肯亞第一任總統肯亞塔核定的國旗，也採用賈威的三個顏色，綠色在下、紅色在中、黑色在上，但另以細條白色分隔三個色帶，此外還有個激烈的不同處，即自上而下，跨越黑、紅、綠三色的中央有馬薩伊族（Maasai）戰士的盾牌和兩支長矛。黑色象徵大多數人民，紅色象徵為爭取自由獨立所流的鮮血，綠色象徵天然資源，白色鑲邊代表和平與誠實。中央的矛與盾圖案，則代表捍衛上述所有價值。（圖7-13）

在族裔高度多元的國家只採用一個特定部落的象徵而不採用別的象徵，是一個很有趣的現象，在別的情境下則可能產生許多問題。不過，肯亞全國有四千四百多萬人，馬薩伊族只占百分之一點八，因此他們對於國內其他經常相互競爭的權力集團，如基庫尤族（Kikuyu）、盧歐族（Luo）和卡倫金族（Kalenjin）都不構成威脅。所以採用盾牌的形狀，以其做為傳統生活方式的表徵，並將最著名非洲部落之一的顏色圖案化，大家都可接受。史瓦濟蘭（Swaziland）國旗也採用傳統的戰士盾牌，其半黑色、半白色的盾牌，象徵希望國內不同族群能和諧團結。（圖7-14）[3]至於莫三鼻克，我們則得說，其大不相同。

莫三鼻克的國旗的確相當特殊。然每個人對此觀點互異，或許有人覺得它很有問題、很具啟發性或令人擔心，也有人覺得它有道理。最有趣的一個特色是，國旗左方有支AK-47攻擊步槍，並配上刺刀。這是全世界唯一擺上現代武器的國旗。莫三鼻克國旗有紅、黃、綠、黑、白五個顏色。國旗上的黃色代表國家的礦藏，左邊的紅色三角形內含一顆黃色星星，代表國家奉行社會主義；星星上的一本書代表重視教育，一把鋤頭代表農民，一支AK-47步槍代表國家決心盡一切力量捍衛自由。（圖7-15）

AK-47步槍是莫三鼻克解放陣線（Mozambican Liberation Front, FRELIMO）在反抗葡萄牙的獨立戰爭期間愛用的武器。莫三鼻克解放陣線為主要革命勢力，一九七五年獨立後掌握政權，終止了葡萄牙人近五百年的殖民統治。目前的國旗是一九八三年的修訂版，近似過去莫三鼻克解放陣線的黨旗，而莫三鼻克解放陣線迄今仍為莫三鼻克首要的政治勢力。許多莫三鼻克人民對國旗上的步槍感到不安，並很難認為它代表國家團結——不僅因為這面國旗給人充滿政黨政治的氣息（雖然莫三鼻克解放陣線的領導層結構有部落元素，但它主要以政治而非以部落為基礎），也因為步槍讓人覺得代表暴力和內戰，許多人認為不宜給國際社會這種形象。過去十多年來，對於去除武器圖像一直不乏激辯，但這股壓力多半來自在野黨；但由於政府不願放棄，它還是高掛國旗上，因此當它在國際會議上與其他國家的國旗並列時，便顯得相當突兀。

撒哈拉沙漠以南，至少有十八個國家的國旗為不同設計之泛非洲顏色的紅、金、黑和綠色，此外還有許多國旗明顯也受它們影響；殖民列強的旗幟大多數遭到斷然摒棄，大家幾乎都不願回想起非洲史上的這段記憶。烏干達和尚比亞的國旗就是很好的範例。烏干達國旗與眾不同，由不同顏色的多條橫紋組成，若沒有正中央的白色圓圈包圍著烏干達國鳥——一隻單腳站立的灰冠鶴，它的配色看起來就像一塊甘草糖。灰冠鶴是溫馴的動物，是國家的象徵，其優雅的姿態反映了烏干達人民的特質。（圖7-16）尚比亞國旗的設計可謂獨樹一幟，底色為綠色，右下角有三道垂直的色帶，由左至右依序為紅、黑、橙三色。它們上方是一隻展翼大鷹，除了象徵國家以外，也象徵尚比亞人民克服艱鉅的勇氣和決心。（圖7-17）

賴比瑞亞（Liberia）由於歷史特殊，成了紅、金、綠、黑色圖案設計的例外。因為賴比瑞亞有部分由非洲裔美國人的前奴隸創建，它的國旗非常近似美國的星條旗。賴比瑞亞國名來自拉丁文liber——意即自由。十九世紀頭幾十年，廢奴派和獲得自由的奴隸於在西非海岸向當地部落購買土地，由數千名非洲裔美國人拓殖開墾。起先它採用美國式的旗幟，但將左上角換成十字架。一八四七年，當地人主張制訂自己的國旗，最後定案改成十一條紅白交叉的線條，代表簽署賴比瑞亞獨立宣言的十一人，左上角的十字架也換成一顆五角星。（圖7-18）

其他例外也不少——它們並非摒棄泛非洲主義，這個思想也仍在非洲大陸流行，但通常反映國內特定的事件或情境。譬如多年來，中非洲地區一直深陷各種衝突，最著名的就是剛果民主共和國（Democratic Republic of Congo）、盧安達（Rwanda）和蒲隆地（Burundi）的動亂。一九九四年，盧安達爆發種族滅絕的慘劇後，一般普遍認為需要全國和解。有一派主張一切從頭開始，因此二〇〇一年，盧安達放棄原本的紅、金、綠三色國旗（圖7-19）——它已經和胡圖族（Hutu）極端主義連為一體——改成從上而下為藍、黃、綠的三色旗。綠色代表聯手努力追求繁榮，黃色代表經濟發展，藍色代表和平。上方的藍色右上角有顆太陽，代表人民逐步邁向文明。（圖7-20）盧安達也變更了國徽和國歌，強調在可怕的大屠殺後要全新開始。

近年來，蒲隆地又爆發種族暴亂，雖說它的國旗設計包含國內主要族群，實際政治卻鬥爭不休。它是另一面不尋常的國旗：紅、綠兩底色被白色X字分為四部分，中間有個圓圈，圓圈中央有三顆帶綠邊的紅色六角星。（圖7-21）白色代表和平，三顆星星代表國家箴言「團結、勞動、進步」，也代表國內三大族裔胡圖族、圖西族（Tutsi）和特瓦族（Twa），三族彼此和平相處共建家園。蒲隆地這個舊日的比利時保護國就和鄰國盧安達一樣，深陷胡圖族和圖西族慘烈的族裔暴亂。一九九三年至二〇〇六年的內戰期間，有近三十萬人喪生，人口占大多數的胡圖族與人數雖少卻掌控軍隊的圖西族混戰成一團。內戰告一段落後，各方勢力也試圖改善軍隊組合、甚至重整政黨，但二〇一五年夏天，又爆發新一波動亂，可見要全面和解與建立真正團結的國家，前途多舛。

許多非洲國家都深陷宗派主義和族群互鬥之苦。部分原因出自於十九世紀和二十世紀殖民列強在地圖上信手劃定邊界，造成許多不同語言的各族被劃進新建立的國家。某些國家的國旗雖然依照泛非洲主義大團結為精神設計，卻沒有促進國內族裔團結的具體作為。這些「國旗」只是用來強調加諸人民身上的邊界。某些國家的政府如蒲隆地，已經注意到這一點，因此試圖創造一幅能夠團結人民的國旗；但也有些國家，譬如迷你島國塞昔爾（Seychelles），則不提特定族群，只宣揚國內具有多元族裔。一九九六年為象徵徹底脫離英國獨立，塞昔爾人訂定美麗的藍、黃、紅、白、綠五色扇形國旗。這五個顏色無一代表種族，只代表主要的政黨。這由左下角向右輻射而出、越來越寬的五色條紋，象徵多元族群的社會，以及邁向活力未來之新國家的誕生。（圖7-22）

其他國家則選擇根本不提族裔。其中一個例子是奈及利亞，一九一四年英國人建立的奈及利亞保護國，由原本的貝寧帝國（Benin Empire）、奧約帝國（Oyo Empire）和索科托哈里發國（Sokoto Caliphate）等地域合組一國。它包含約兩百五十個不同族裔、三十六個州，以及伊斯蘭和基督教兩大宗教。在其近六十年的歷史中，奈及利亞動亂頻仍，軍事政變、族裔衝突、分裂戰爭相繼發生，近來又出現與伊斯蘭國有關的博科聖地（Boko Haram）伊斯蘭主義恐怖團體。奈及利亞國旗由左到右，是三條垂直的綠、白、綠色帶。綠色代表國家茂密的森林和農業，白色代表和平。（圖7-23）

此為一九五九年二十三歲的學生麥可．塔梧．阿欽昆密（Michael Taiwo Akinkunmi）所設計的。阿欽昆密當時在倫敦念工學院，看到報上的廣告正在為將在翌年自英國獨立的此一新主權國家徵求國旗設計圖案。於是，他把設計圖送回國內應徵，當時共有兩千多件作品參加競圖。他的家人仍保留一九五九年二月十四日，拉哥斯（Lagos）「獨立慶典辦公室」一位賀福德上校（Colonel Hefford）寄給他的信。信上提到：「感謝你對國旗提出的建議。它將得到評審委員會的全面考量。」

沒錯，評審委員會經審慎評估後，他在翌年受邀至奈及利亞高級專員倫敦辦公室晤談，聽到了好消息與壞消息。壞消息是評審不喜歡他的設計原稿：綠、白、綠三個垂直型色帶，以及在白色中央擺上帶著星芒的紅色太陽，因此決議去掉它。好消息是，其餘部分都合乎評審口味，因此他的作品入圍了。他得到一百英鎊的獎金，並保證將名留奈及利亞史書——但這個承諾讓他足足等了四十多年，在另一位奈及利亞學生堅持追查下才實現。

二〇〇六年，阿欽昆密已從公職退休，住在拉哥斯北方約七十英里的伊巴丹市（Ibadan）窮人區，沒人承認他的貢獻，而且他根本沒沒無聞。伊巴丹大學有位學生山岱．歐拉瓦爾．歐拉尼蘭（Sunday Olawale Olaniran）在研究奈及利亞歷史，湊巧發現這位國旗設計人的姓名，日後他稱呼阿欽昆密為「沒有榮銜的英雄」。

歐拉尼蘭找到全國大報《太陽日報》（*Daily Sun*），一起追查出阿欽昆密的下落，發現他老年失智、身體很差且生活窮困。他的退休金根本不足以餬口。故事傳出後，奈及利亞人民捐助食物和衣物給他；但歐拉尼蘭並未停止。他展開一項運動，爭取政府承認阿欽昆密對國家的貢獻。經數年奔走後，當奈及利亞在二〇一〇年慶祝獨立建國五十週年時，政府終於頒予他「傑出奈及利亞人」的榮銜——這是他第一個榮耀。媒體的關注使他獲得「國旗先生」的封號，到了二〇一四年，雙眼失明的阿欽昆密來到首都阿布札（Abuja），總統古德拉克．喬納森（Goodluck Jonathan）頒給他「聯邦共和國軍官」（Officer of the Federal Republic）的榮銜，核准他支領總統特別助理終身俸。

阿欽昆密的原始設計圖案，在白色中央加上紅色太陽較為醒目，這面國旗少了紅太陽後，在全世界就不那麼吸睛了，但綠、白、綠的三色旗現在雖然不那麼知名，卻已為公認的奈及利亞代表。不過批評的聲音仍在。二〇一二年，法洛克・克培羅基（Farooq A. Kperogi）在奈及利亞網站「鄉村廣場／思想市場」（Village Square/ Marketplace for Ideas）上發表了一篇文章，認為奈及利亞國旗「毫無疑問地，是全世界設計最差勁的國旗之一。它毫無想像力，不僅從美學的角度來看不賞心悅目，圖像與象徵也相當貧瘠。它是我所知少數國旗中同樣顏色重複出現兩次的。」這句話說得很重；然而，克培羅基又說：「有人或許認為這是一樁小事……但近年來，奈及利亞發生的事件應讓我們全體都質疑我們的代表圖像，以及這些圖像與我們體驗的事實的關係……我從來沒辦法理解，為什麼我們的國旗要重複綠色？你會以為綠色快退流行了，需要在國旗上予以拯救及展示。」

克培羅基先生的話值得長篇引述，因他在這持久的辯論中、直擊問題核心，但又不足以造成國旗的更動。他說：「顏色是唯一的象徵代表，我們可以其描繪我們的文化、特色和歷史的嗎？那麼貫穿我們國家景觀之令人敬畏、歷史悠久的河川就不行嗎？我們歷史上繁富漂亮的掛毯、我們獨特的珍饈美食、我們遭到殖民統治前的英勇帝國……這些都不行嗎？為什麼它們都沒有呈現在我們的國旗上做為代表呢？……我們脫離英國殖民統治『獨立』已五十二年，是否也應重新思考我們國旗的顏色和設計了？基本上，它是殖民主義的殘留，不是獨立之後的產物……我們不應再保留這面綠、白、綠色的國旗。」

哇！但這種事本來就充滿情緒，非常主觀。克培羅基先生只是就這個問題表達意見的人之一。

佛瑞德・布朗尼爾（Fred Brownell）受邀為脫離種族隔離的南非設計新國旗時，非常清楚箇中將涉及的情感因素。南非已飽受衝突蹂躪，努力掙扎要調適全新的狀況，全國人民仍極端分裂、相互敵視，亟需能啟迪團結意識的象徵。這是個歷史關鍵時刻，由上千個集體決定組成的關鍵時刻，將影響國家未來與人民生死。佛瑞德將負責其中一項重要的決定。

他是一位安靜而謙遜的人，不易出現幻想或誇張的言行；或許正因性格如此，當挑戰來臨時，他勇於承擔。一九九四年二月的某個星期六夜裡，他在普利托里亞（Pretoria）家裡接到一通電話：戴克拉克總統（President de Klerk）即將卸任，尼爾森・曼德拉（Nelson Mandela）已出獄，將出任南非最高實權人物，全新的南非需要一面新國旗。現有的國旗源自於荷蘭，已被和殖民主義及種族隔離政策視為一體，非改不可。

佛瑞德接到電話時，已有七千個設計圖案遭到否決，許多設計工作室提出的建議也都未獲採納。這是個兵荒馬亂的時刻，要找出人人滿意的答案根本不可能。現在，負責政權轉移的當局交付佛瑞德的任務是：「我們的新國旗應該是什麼模樣？」他必須在一星期內交出答案。

七十四歲的佛瑞德已從南非璽印局（Heraldic Authority）局長的職位退休；這個單位職司國家各級機關旗幟、印信、標誌之註冊登錄。其實他對這個問題已有所思考。去年夏天，他到蘇黎世參加一場國際旗幟會議；在某位演講者非常沉悶的演講中，他曾依曼德拉提出的意見，設想南非究竟需要怎樣的國旗？曼德拉說過，南非不同膚色的許多民族都必須留下來，並攜手合作。

作者為寫作這本書而採訪他，他也在採訪中說明了他的思維：「這個想法在我腦中已有一陣子了。我曾思索過，我們要找出新東西，能代表融合的新東西。我知道我們需要從每個層面來看都能被接受的東西。」

他提出一個橫臥的綠色Y字型圖案，上面是紅色，底下是藍色；左方的Y字叉口為黑底金邊。這些顏色是非洲國民大會黨（African National Congress）、祖魯人印卡塔自由黨（Zulu's Inkatha Freedom Party）和其他政治團體黨旗上的顏色。（圖7-24）他說：「紅、金、綠色是既有的政治現實，我認為若把這些全放進去，可以代表融合，顏色、民族和語文的融合。另外，還有我們原來國旗的橙、白、藍三色。我選擇辣椒紅取代橙色，因它介於紅色和橙色之間，是相當可愛的顏色。有人責備我，這個顏色介於紅、橙兩色之間，不是的，我這是結合這兩個顏色。」

佛瑞德也曉得，辣椒紅介於荷蘭和英國殖民時期國旗的顏色之間，但他說，所用的顏色無一需代表任何東西——譬如，一般都認為綠色代表植物草木——但它們加總在一起，就代表國家過去國旗歷史的綜合；這個設計，尤其是Y字型圖案，代表過去與現在的融合，以及所有不同民族的融合。

他接受好友也是旗幟專家歐羅夫．艾瑞克森（Olof Eriksson）的建議：「他告訴我，若你的設計不能在縮至一張郵票的大小時仍不失細部規畫，那就不是好的設計。這個設計可縮小到六公厘乘四公厘，此時你可以把十六張郵票塞進一平方英寸裡，還看得很清楚。若你看到許多國家的國旗，特別是那些三色旗，連我都必須查書才知道是那國國旗。但我們的國旗直接就跳出來，吸引你的注意。」

他有兩個不同版本的設計，讓評審委員感到驚豔；評審委員把這兩個版本和另三個投稿競圖的設計，一起呈給戴克拉克總統定奪。但是戴克拉克很清楚茲事體大，並非他一人能專斷；於是緊急召開內閣會議一起討論。大家選擇了我們現在熟悉的這個版本，然後送給非洲國民大會黨首席談判代表西里爾．拉馬波薩（Cyril Ramaphosa）過目。拉馬波薩了解，對於即將代表新國家的象徵，其決定應徵得新時代具體代表人物的同意才行，接著他將圖案傳真給曼德拉。

在這個關鍵性的歷史時刻，出現了一個有趣的故事。這是電子郵件仍未普及，圖文傳真仍是黑白色的時代。佛瑞德笑著敘述接下來的狀況，雖然當時他並不知道箇中真實狀況。「傳真送達時，曼德拉先生正在東北部地區。當地某人必須先跑到店鋪裡，買些彩色筆，在傳真紙上畫上顏色。我聽說他看了看說：『好，就是它了。』」

如此一來就得全速趕工，讓新國旗趕上四月二十七日政權移轉前的普選開始日問世。他們只有五星期。曼德拉同意後不到幾小時，政權交接執行委員會立刻核定此一設計，但問題來了。南非全國約有十萬個旗杆，全都需要在政權交接日掛出新國旗，但南非全國每星期只能製作五千面國旗。換句話說，全國四分之三的旗杆恐怕將因無旗可掛而難堪。幸好荷蘭廠商伸出援手，但歐洲製旗材料也因此被搶購一空。

結果呢？佛瑞德說：「起先民眾靜悄悄地沒什麼反應。」但在投票日和曼德拉就職日之間的那幾週，新國旗的設計和顏色開始滲入集體意識，「兩、三個星期內，民眾的態度變了，許多人開始喜歡上它。現在人們接受了它——畢竟顏色是生活中的心理成分、是生活的要素。」

他是否引以為傲呢？「我只是盡我該盡的力量而已。我的責任是盡力而為，我覺得很高興能略盡棉薄之力。」

這哪裡只是略盡棉薄之力——佛瑞德在十分艱鉅的後種族隔離和解過程中，扮演了重要的角色。然而，雖然一般認為這面國旗相當成功，但這個彩虹國度的團結卻乏善可陳，似乎仍需相當時日的努力。把顏色結合起來象徵的理想，如今因面臨國家持續分裂而仍在掙扎前進，而且南非因移民問題和經濟不振，目前問題正更加惡化。

另一項進展中的工作則是，相較下更為嶄新之非洲民族國家的發展。紅、金、綠和黑色會一直有助於推動非洲大陸的團結意識，但在這片廣袤大地裡，卻是數千個不同部落民族在打造數十個國家的認同意識，而在權力、政治和族裔的互動中，每面國旗的象徵意義也都扮演重要的角色。當前的挑戰是，如何鞏固這些國家象徵。新國旗讓人民可以以其為中心結合，但舊日的認同還是很強，不是那麼容易消失。

譯註

1 阿比西尼亞即今天的衣索比亞。一八九五年，雙方爆發激烈戰爭；讓義大利人大吃一驚的是，他們竟在翌年被趕回厄利垂亞。

2 拉斯在阿姆哈拉語（Amharic）裡的意思是「首領」或「親王」；塔法里意即「受尊敬的人」。

3 史瓦濟蘭在二〇一八年將國名改為史瓦帝尼王國。

第八章
革命之旗

「很諷刺的是，因為拉丁美洲的國家並不安定，反而給了作家和知識份子一份希望，需要他們為民喉舌。」

——阿根廷作家曼紐爾・普伊格（Manuel Puig）

岡瓦納大陸（Gondwana）從未有過旗幟。這是出於合理的科學原因，最重要的是，這裡沒有人類可以製作旗幟；而暴龍雷克斯（Tyrannosaurus Rex）沒有分叉的拇指，故無法製作旗幟。但這也無妨：這塊全世界上最後的超級大陸塊，在大約一億八千萬年前崩裂，岡瓦納裂解後，出現了非洲與南美等大陸。[1]

一直要到一六二〇年代，西部非洲和東部南美洲海岸線的詳細地圖出現，人們才開始注意到實際上，它們就如同七巧板般相互契合；但此得到板塊構造理論支持的揣測，直到一九六〇年代才被普遍接受。

非洲和南美洲這兩塊大陸分隔後，彼此互無往來，直到殖民和奴隸時期開始才有所瓜葛。此時，二者都開始受到歐洲列強宰制，接著，大量奴隸被從西非賣到南美洲。但當它們終於擺脫殖民統治的桎梏，要建立國家的象徵時，卻選擇了不同的路徑。

在南美洲，區域性的顏色組合基於共同的區域歷史而出現，但並無泛南美洲或拉丁美洲的色彩。此外就比例而言，拉丁美洲的歐洲風格旗幟比非洲更多，如三角旗。有些國家的國旗提到古代文化和先民，特別是墨西哥國旗，但為數不多；這可能是由於大陸遭到殖民及日後獨立的時期不同所致。在非洲，遭全面占領與殖民的時期多比美洲短，許多地方都不到一百年。在這段時間，許多本土文化甚至民族都倖免於難，存活了下來。因此在後殖民時代，占領者的標誌被摒棄是很自然的。

相形之下，拉丁美洲的原住民——阿茲特克人、馬雅人、印加人等——幾乎被戰爭和歐洲人帶來的疾病消滅殆盡。許多倖存者撤退至偏遠地區，因此在近三個世紀西班牙人、葡萄牙人，以及較小程度之英國、法國殖民統治的過程中，對社會的影響較小。現在，他們的人口占整個大陸六億二千六百萬人的比例不到百分之十。

因此，當拉丁美洲人民開始爭取獨立時，許多人在文化及語言上與他們的殖民主子系出同源。所以拋棄舊秩序標誌的心理誘因就減少許多。少數人從他們努力壓制的文化去汲取靈感。美國革命證明，歐洲墾殖者的後代可將自己與歐洲列強分隔開來，並建立自己的新國族認同。在十九世紀初期，法國大革命還是最近的歷史，由於大多數人是歐洲後裔，拉丁美洲革命家接受了法國三色旗揭櫫的自由思想；他們還因為拿破崙在整個歐洲衝撞造成的不安定，及西班牙與稍後的葡萄牙王室相繼削弱而漁翁得利。

拉丁美洲有幾種不同的定義，但基於簡單化的目的，我堅守北自墨西哥，向南延伸五千五百英里、直抵阿根廷末梢的這片連在一起的大陸塊，其大多數的居民說西班牙語或葡萄牙語。

一四九八年，哥倫布在今天的委內瑞拉登陸，對海岸附近海域的水流讚不絕口。他寫信向資助他探險的西班牙國王斐迪南（King Ferdinand）和女王伊莎貝拉（Queen Isabella）報告，說他發現了人間天堂：

我從未讀過或聽說有如此大量的淡水在離海水這麼近的地方；氣溫非常溫和也呼應了此一特色；如果我所說的水流並非來自天堂，那就是一個更大的奇蹟，因為我不相信，世界存在如此大又深的河川。

西班牙對此歡喜若狂，渴望以整個大陸作為第二故鄉；他們在不到二十年內便大量湧入。到了一七一七年，哥倫布登陸的周遭地區已成為西班牙帝國的一部分，號稱「新格拉納達」（New Granada），約相當於我們今天的委內瑞拉、哥倫比亞、巴拿馬和厄瓜多。

差不多一個世紀後，出生在委內瑞拉省的西蒙・波利瓦（Simón Bolívar）崛起，反抗西班牙的殖民統治，也不再接受新格拉納達。一八一〇年，他率領軍事執政團起義，趕走了該省的西班牙總督，並於翌年宣布委內瑞拉獨立。後來二十多年的動盪中，波利瓦一直是中心人物；一八一九年，他在歷經若干激烈戰役後，進入波哥大城（Bogotá），宣布建立哥倫比亞共和國（Republic of Colombia），範圍涵蓋今天的哥倫比亞、巴拿馬、厄瓜多、委內瑞拉和一小部分的秘魯和巴西。

如今已被尊稱為「解放者」的波利瓦，馬不停蹄地著手驅逐西班牙人，不僅要把他們逐出哥倫比亞，還要趕出整個區域。到了一八二二年，他的共和國已成為既定的事實。為了避免與今天的哥倫比亞混淆，歷史學家把他的哥倫比亞共和國稱為大哥倫比亞（Gran Colombia）。

他採用的三色國旗是三條橫向的黃、藍、紅色條紋。傳統上的說法是，上頭的黃色代表國家財富，藍色代表如今隔開共和國與西班牙的大洋，紅色代表為了推翻西班牙統治而奮鬥犧牲的人其勇氣與鮮血。早在一八〇六年，這面旗幟就由一位波利瓦的革命同志佛蘭西斯科・狄・米蘭達設計出來。（圖8-1）狄・米蘭達把他的靈感歸功於兩件事：他記得，自己曾在義大利看過一幅壁畫，畫中的哥倫布在委內瑞拉登陸時，展開一面黃、藍、紅三色旗；另外他也記得，數十年前和德國偉大的作家約翰・沃夫岡・馮・歌德曾有過一段對話。

狄・米蘭達聲稱，歌德聽到他在美洲的革命活動後，告訴他：「你的使命是在你的家鄉創造一個主要顏色不會被扭曲的地方。」歌德對於顏色有過嚴肅的思考，狄・米蘭達說，歌德向他說明：「為什麼黃色是最溫暖、高尚且最接近光明的顏色？為什麼藍色是興奮和寧靜的混合，而且為能產生陰影的距離？還有，為什麼紅色是黃色和藍色的提升與合成，而光線由此消失成為陰影？」他又說：「一個國家先從名字與旗幟開始，然後從它變成它們，就和一個人實現他的命運一樣。」

大哥倫比亞的人民對他們的國旗很引以為傲，但區域之間的歧異和領導人的野心卻起了破壞作用；長期以來，此區因為沒有形成強大的國家團結機制而開始分裂。波利瓦在秘魯進行革命活動時，他的一位委內瑞拉同志卻起兵反抗他。厄瓜多也出現同樣的騷動。到了一八三〇年，疲憊、多病的波利瓦在逃過一次暗殺後決定引退，預備歸隱歐洲。但當他來到哥倫比亞的大西洋海岸時，便因肺結核不治而過世。

大哥倫比亞解散後，哥倫比亞（圖8-2）、委內瑞拉和厄瓜多各自獨立、建立了主權國家。這三個國家的國旗幾乎為抄襲大哥倫比亞國旗的複製品：黃色在上、藍色居中、紅色在下。如今它們已為非常不同的國家，但依然保留對共同區域歷史的了解。

委內瑞拉國旗中央的藍色橫紋上有七顆白色星星，代表有七個省起義參加反西班牙的戰爭。（圖8-3）波利瓦一直是委內瑞拉人尊崇的民族英雄，一九九〇年代的休果．查維茲（Hugo Chávez）總統，甚至把國名改為「委內瑞拉波利瓦爾共和國」（Bolivarian Republic of Venezuela）。二〇〇六年，查維茲甚至製頒新國旗，以弓箭圖案象徵委內瑞拉人數極少的原住民族。這面旗幟沒有被普遍接受，但它反映出一個事實：儘管波利瓦對原住民族採取家長式的態度，這個世紀已愈來愈尊重原住民在拉丁美洲現代社會的地位。

厄瓜多國旗的中央位置上，有個禿鷹站在上頭的盾形徽章，這是國徽。一八六〇年，又加上了黃道帶上的四個星座——白羊座（Aries）、金牛座（Taurus）、雙子座（Gemini）和巨蟹座（Cancer）——以紀念一八四五年的革命月份——三月、四月、五月和六月——推翻璜・荷賽・佛洛瑞斯（Juan José Flores）將軍的政權；此事件為厄瓜多的歷史常態，因它就是誕生於暴亂之中，而且為不斷遭到政治黑幫染指的暴虐統治。（圖8-4）

暴君交替出現，並非西蒙・波利瓦發動革命的本意，但他本人也不乏些許獨裁專制的傾向，喜愛把昔日革命同志打入大牢、自己掌控最高權力。波利瓦和哥倫布是歷史上少見的英雄人物，有個國家以他們的姓氏為國名，這可比二十世紀墨西哥著名的革命家艾米里亞諾・薩帕塔（Emiliano Zapata）高明多了。現在出了墨西哥，大家只知道薩帕塔代表某種風格的鬍髭，不曉得他是改變歷史的偉人。這相較義大利革命家朱瑟佩・加里波第（Giuseppe Garibaldi）的命運略勝一籌，因為大家看到加里波第的名字，只會想到一種餅乾。

以波利瓦姓氏為名的玻利維亞，國旗就是最標準的紅、黃、綠三條橫式色紋，但在黃色條紋中央配上國徽，使其免於淪為平庸。他們的國徽為一些武器及頂端的一隻禿鷹，正中央乍看下是隻駱馬，但其實是羊駝；大家都曉得，羊駝的體型比駱馬嬌小許多。（圖8-5）

或許最有意思的是，玻利維亞除了羊駝，還有兩面旗幟。第一面是玻利維亞海軍軍旗——倒不是它的設計吸引人，而是因為內陸國家玻利維亞的海軍在海拔一萬二千英尺的安地斯山脈作業，而大多數海軍官兵一輩子沒看過大海。這是因為一八八四年，玻利維亞簽署終止太平洋戰爭（War of the

Pacific）的合約，把兩百四十英里長的海岸線割讓給智利，此後成了內陸國家。

玻利維亞很想收復失土，這不僅是要終止智利人吃豆腐——「我們可以邀你們週末來海邊玩呀！」——還因為它將增加國家貿易的收入並提振國家榮耀。因此，玻利維亞歷任總統常站在顯示舊日邊界的古代地圖前演講，而且海軍軍旗上還有顆黃色大星，象徵玻利維亞的外交立場：它應恢復進出大洋的主權地位，不是只靠智利的慷慨大方才能進出大洋。要當海軍，可能需要學會屏息游泳的技能，但玻利維亞的五千名海軍官兵倒不必太講究這門本事，因為在可預見的未來，它的國界並不會改變。更何況，如今他們巡守的的喀喀湖（Lake Titicaca）及五千英里可航行的內河也已經夠忙了。

另一面有趣的旗幟是韋哈拉旗（Wiphala，圖8-6）。它已成為第二個國徽，也是代表厄瓜多、秘魯、玻利維亞和智利等國安地斯山區原住民權利的旗幟。它是七乘七、四十九格的七色彩虹旗。Wiphala 這個字，源自地方語言艾瑪拉語（Aymara），意思就是「旗幟」。旗子的傳統源自何處？顏色是否與印加帝國（IncanEmpire）有關？這點各方仍有辯論。但重點是，如今它代表原住民族，而且在過去幾十年，原住民在政治上愈來愈有組織，這面旗幟也日愈普及。

二〇〇九年，出身艾瑪拉語言家庭的伊渥．莫拉雷斯總統下令，除了紅、黃、綠三色國旗之外，所有公家機關和公共場所包括各級學校，也應升起韋哈拉旗。這道命令在玻利維亞東部的某些地區並不受歡迎，因此地的大多數民眾並非原住民族，因此某些地方根本不甩此命令。反對韋哈拉旗的人士也擔心，它有意取代三色旗成為國旗，而且它鼓勵族裔分化、階級對立。批評者則認為，全國有數十種不同的文化，而它只代表少數人，而且當莫拉雷斯總統把國名更改為「玻利維亞多元民族國」（Plurinational State of Bolivia）時，已照料到這點。

但在艾瑪拉人心中，韋哈拉旗不僅承認他們過去的不幸際遇，七彩顏色也具有象徵意義：黃色代表活力、白色代表時間、綠色代表自然、藍色代表天空、橙色代表社會和文化、紫色代表泛安地斯山脈，而紅色代表地球。考古學家懷疑，當今的這面七彩旗源自古代的象徵，但並無具體證據以玆證明。不論怎麼說，現在它確立了本地區的權利。

唯一一面取材自原住民族標誌的國旗，要往更北方的墨西哥才找得到。常有人說，墨西哥國旗類似義大利國旗。但這樣說並不公平，因墨西哥國旗垂直而下的綠、白、紅三條紋，早於義大利建國數十年。即使如此，目前這個版本的國旗制訂於一九六八年，（圖8-7）由於當年墨西哥將主辦奧林匹克運動會，希望避免墨、義兩面國旗有所混淆，因此下令墨西哥國旗中央、白色紋帶上的老鷹徽記應永遠出現，以與原先可選擇有無老鷹徽記的版本區隔開來。老鷹站在湖上的仙人掌植物上，口中有條蛇，背後有個「國家誕生」的偉大故事。

墨西哥（Mexico）這個名字，源於阿茲提克或納瓦（Nahua）語——metzlixcictlico。阿茲提克人有時也自稱墨西卡人（Mexihcah），他們在十三世紀來到今天我們稱之為墨西哥流域（Valley of Mexico）的地區。阿茲提克僧侶說，根據傳說，他們的神告訴他們要找個新地方住。他們若到了那個地方就會明白，因為他們會看到一隻巨鷹站在仙人掌上。嘿——他們果真看到一頭巨鷹站在仙人掌上，仙人掌則是長在湖中一座小島的巨石上。

接下來就有點複雜了，不過土著稱這個湖為Metztli iapan，即「月湖」（Moon Lake）之意。語源學家猜測，這座島可以叫做Metztli iapanixic，而這個名字一簡化就變成「Mexic-co」。這裡頭明顯有太多的「或許」，但無論如何，西班牙人出現於三百年後時，你總不能期待他們追本溯源研究箇中細節。

他們一定不會理會老鷹和仙人掌的故事，這和他們的天主教信仰不搭軋——反之，他們會動手破壞阿茲提克人的圖像標記。西班牙總督璜・狄・帕拉法克斯・孟多薩（Dr Juan de Palafox y Mendoza）在一六四二年的文書中透露，他很不耐煩地寫信給墨西哥城的仕紳名流要求拆卸老鷹圖像，換上基督教圖象。儘管如此，老鷹出現在十九世紀初期的某些革命旗幟上，足證傳說及其象徵的力量。它在國家圖像標記上的地位，證明新世界的這塊地區出現了新的混種文化，而墨西哥人也往區域歷史去找尋一個適合的標誌，以做為與西班牙區隔的方法。它原先代表的民族或已淡入歷史（雖然本區域仍有說納瓦語的民族），但國旗的正中央仍有古代阿茲提克的象徵。我們不必懷疑，原住民文化的確被打壓和稀釋，但殖民統治者也不得不接受本地文化的元素。

墨西哥脫離西班牙的獨立戰爭（一八一〇—二一），是由數個團體在不同旗號下展開的奮鬥，但他們團結組成「三大保證軍」（Army of the Three Guarantees），則是在綠、白、紅三色旗底下作戰，並成為一八二一年設計的國旗基礎；一八二三年，最初出現的國旗就有老鷹徽記。最高臨時政府執政團發布一道命令，規定國旗「必須是三色，永遠採行綠、白、紅色三條垂直條紋，在白色條紋中應有戴冠巨鷹。」軍事首腦奧古斯汀．狄．伊圖拜德（Agustín de Iturbide）極為重視「皇冠」，他在一八二二年五月自立為墨西哥皇帝奧古斯汀一世，著手打造帝國。

但於此動盪的革命時期，他的「帝國」只支撐了十個月，他就流亡歐洲，而帝國崩解後，巨鷹的皇冠也必須自國旗上卸下。一八二四年，奧古斯汀從英國回到墨西哥時，巨鷹已經禿頂且沒了皇冠，但它的右爪上多了一條蛇。對奧古斯汀來說非常不幸的是，他竟不知道自己在已流亡期間被判處死刑，因此甫回國便立即被抓去槍斃。

國旗維繫住了，還是原本綠、白、紅三色旗，但也歷經了幾次修改——譬如，它加上國旗顏色的桂冠花圈和絲帶，並取決於哪一位專橫的領導人當家執政，老鷹有時具備含糊的帝國或新的帝國架式。不過，牠少有支持民主共和國的跡象，而遺憾的是，墨西哥應該是個民主共和國才對。到了一九一六年，情況發生改變，再歷經一次革命後，貝努斯蒂亞諾．卡蘭薩（Venustiano Carranza）總統要求新國旗別再像羅馬兵團旗杆上的大旗。他選擇「阿茲特克之鷹」，國旗上的老鷹側身、低頭攻擊它爪子上的蛇：這個圖形明顯象徵其正在捍衛國家、免受邪惡侵害。沒錯，這隻巨鷹仍猙獰可怕，但沒關係，因牠不再像以前當家的總統時代那樣傲慢地盯著每個人，彷彿在說「我是這裡的老大」。

至於墨西哥國旗的顏色代表什麼意義，不同時期有不同說法，但一九七五年，遠在世界另一方的徽記學權威惠特尼．史密斯博士（Dr. Whitney Smith）寫道：「據說綠色在傳統上代表獨立，白色代表宗教的純潔，紅色（西班牙國家的顏色）代表團結。」

從許多方面來說，這已不重要，因這些徽記全都已成為現代墨西哥的標誌，而這個人口一億二千五百萬、日益增長的國家，與說葡萄牙語的巴西，共同主宰了拉丁美洲。墨西哥仍然國力衰弱、普遍貧窮，但近年來，它的經濟一路增強，部分是因為它有低工資的製造業基礎，有時甚至還比中國低廉。儘管問題繁多，甚至毒梟勢力都伸進國家機關；但墨西哥卻是個愈來愈有自信的國家，而且人民信心堅定。在墨西哥，甚至整個拉丁美洲，擺脫殖民統治而獨立仍是最重要的建國故事，反抗西班牙的革命仍令全民感到極大的榮耀感，家家戶戶在獨立日，都會掛出這面綠白紅三色旗。

墨西哥的南方，是七個小很多的中美洲國家。在這裡，我們又發現第二組泛區域的顏色：藍色和白色是短命的「中美洲聯邦共和國」（Federal Republic of Central America）國旗的顏色，是由今天的瓜地馬拉、宏都拉斯、薩爾瓦多、哥斯大黎加和尼加拉瓜等五國組成的聯邦。一八二一年，中美洲聯邦共和國宣布脫離西班牙帝國而獨立，並不急切地成為墨西哥第一帝國的一部分；同年，墨西哥帝國也宣布獨立；因此某些國家彼此交戰。

奧古斯汀・狄・伊圖拜德殞命後，墨西哥帝國一蹶不振，因而允許本區的各國自行其是。因此在一八二三年，一個名為「中美洲聯合各省」（United Provinces of Central America）的主權國家成立，它的國旗由上而下，是藍、白、藍三色的橫向條紋，白色條紋中央有個圓形徽記，上面以西班牙文標出Provincias Unidas del Centro de América。圓形內有五座山，各自代表組成聯省的五區。翌年因改為共和國，文字上改為República Federal de Centro América。

藍、白、藍三色旗的靈感似乎來自阿根廷。早在一八一〇年，阿根廷的革命黨人就升起同樣顏色的旗幟；據說，有些人把一面他們的旗幟交給正要組織起來反抗墨西哥人的薩爾瓦多民兵。總之後來的說法是，白色代表土地，而太平洋與大西洋則分別位居兩側。

起先，這五個區域結合起來的唯一原因是反抗西班牙人、後來則要反抗墨西哥人的統治。少了此一團結的必要後，這五區彼此間的政治和地理差異，及各區內部的派系差異開始浮現。一八三八年，歷經數年動盪後，尼加拉瓜率先退出聯邦，到了一八四〇年，聯邦分裂，出現五個獨立、不穩定又貧窮的主權國家，每個都需要一面國旗。每面國旗都取材自共同的歷史，也暗示日後可能再度統一。

譬如，尼加拉瓜國旗（圖8-8）幾乎就是中美洲聯邦共和國國旗（圖8-9）的翻版，唯一的差別在於，上、下兩道藍色條紋的顏色較深。中間白色條紋上的徽記也是五座山，以西班牙文República de Nicaragua América Central（中美洲尼加拉瓜共和國）幾個字圍起來。薩爾瓦多國類似，但其徽記的五座山是擺在一個三角形中，背後有五面藍、白、藍三色旗。（圖8-10）宏都拉斯國旗也是橫向的藍、白、藍三色旗，但白條紋上是五顆星，與別國的五座山不同。（圖8-11）瓜地馬拉仍是藍、白、藍三色，但改為縱向，中央白條紋上的徽記是兩把與刺刀交叉的劍。（圖8-12）哥斯大黎加國旗原先也是橫向的藍、白、藍三色旗，但一八四八年，其受到法國和歐洲其他許多國家在那年共和革命的啟發，重新設計國旗，加上一道紅色條紋，並以藍、白、紅、白、藍五條紋代表原來的五個省，而且徽記正上方還有西班牙文América Central（中美洲）兩個字，可見其仍盼望有朝一日，五國或許會再統一。（圖8-13）

十九世紀及二十世紀初，的確有幾次都企圖再統一。但每次都以失敗收尾，有時甚至還爆發衝突。獨立以來的這兩百年間，中美洲各國歷經多次獨裁專制、戰爭、革命、政變、非自由民主與令人咋舌的貪腐。尤其是貪腐，在整個拉丁美洲都無異。全拉丁美洲共有六億二千六百萬人，但對此都聳聳肩，直到貪瀆水準高到無可容忍的地步才爆發。巴西人甚至還出現一個詞語——Rouba, masfaz——「他偷錢、但起碼還做事。」

即使如此，在目前這個世紀的中美洲及其南、北的國家，原始革命年代的某些民主理想都再度增強。大多數軍事將領安分守己，司法體系也一再試圖制衡政客。目前相對穩定的政局，使得本區域能組成若干多邊國際團體：譬如，已有一個自由貿易區、經濟「整合」體系、中美洲議會（有它本身的旗幟，是我們熟悉的圖案和顏色），甚至還有不設邊界關卡的旅行區；它們全都涉及昔日中美洲聯邦共和國的部分或全部成員，甚至還有鄰國加入。顯然地，一八二三年和一八二四年設計的國旗不必完全收起來。統一的念頭仍在，而且正展現於每個前成員國國旗的設計上。

就在這五個國家的南邊，有面通行全世界的國旗，它的方便有許多理由——至少對擁有大型船隻的人來說是非常方便，或也因此出現了「權宜旗」（Flag of Convenience）這個名詞。儘管巴拿馬總人口不到四百萬，卻號稱擁有全世界最大的船隊。事實上，巴拿馬政府自己宣稱，「全世界約百分之二十三的船隊都懸掛巴拿馬國旗」。這部分是因為巴拿馬擁有四十八英里長的著名運河，提供大西洋和太平洋兩洋絕妙的捷徑；二〇一六年，政府公布一項五十億美元的拓寬計畫，闢建更長更深的水道，以利更大型的船隻通過。這項計畫部分是為了呼應現代航運的需求，但也意在對付中國做做停停、將闢建穿越尼加拉瓜之另一條運河的計畫。嶄新、改進過的運河與巴拿馬之全世界最寬鬆的航運法令對一般的航運鉅子來說，仍有十足的吸引力。

巴拿馬政府打出廣告：「根據巴拿馬法律，船東不論是自然人或法人，都不必非得是巴拿馬籍。」船舶註冊登記與管理也都沒有任何限制。換句話說，大船、小船，不限載運噸數，統統都歡迎。還有一點更妙，若你註冊登記五至十五艘船，享有打八折優惠。此外還有其他好處：你不僅可在八小時內完成船隻註冊登記手續，而且「在巴拿馬註冊船籍的商船，產生自國際商務營運之收入一律免稅……甚至，在巴拿馬註冊船籍的商船若出售或移轉，即使交易在巴拿馬境內完成，也免徵資本利得稅。」再者，巴拿馬准許船上雇用民間武裝保安人員；而且依據二〇〇八年八月六日訂定的巴拿馬第五十七號法，船長在公海上可擔任主婚人，主持任何國籍人士的結婚儀式。

其實方便之處怎麼說都說不完。你不必親赴巴拿馬，也能辦妥一切文書手續。難怪全世界有八千多艘船隻懸掛巴拿馬的紅、白、藍色四方塊國旗。這個數字比在美國和中國註冊的船隻總數還多，因此每年也給巴拿馬國庫帶進數億美元收入。固然全世界都曉得如此寬鬆的法令，到了海上可能掩護許多不當行為，大企業和政府卻都接受這個制度，認為它有助於貿易流通。

這個制度名為「開放註冊」，或因稍帶貶損意味而稱為「權宜旗」制度。一九一四年，巴拿馬運河通行後六年，各國船隻就開始往巴拿馬轉移，因為某些美國生意人發現，可利用它來鑽《禁酒令》（Prohibition laws）的漏洞。

美國人在巴拿馬有長遠的歷史。自一八二一年至一九〇三年，巴拿馬以各種不同的地位隸屬於哥倫比亞；一九〇三年當它仍隸屬於哥倫比亞時，曾歡迎美國人開鑿運河的構想，但哥倫比亞政府卻不同意，因此美國人在巴拿馬發動革命，而且很快就取得獨立，也幾乎立刻劍及履及地展開興建運河的工程。美國因可深受兩洋貫通貿易之利而出資開鑿運河。

在過去一個世紀，巴拿馬設法脫離哥倫比亞而獨立，因此與美國保持良好的關係。沒有證據顯示，巴拿馬國旗是否因而帶有些許星條旗的色彩。但我不會排除這個可能性。它的國旗分為四個方塊附上兩顆星星，設計圖與任何一個拉丁美洲國家都不一樣。它的草圖為日後於一九〇四年出任獨立建國後首任總統的革命領袖曼紐爾・阿馬多・葛瑞羅（Manuel Amador Guerrero）所繪。接著，由他的妻子瑪麗亞・歐莎・狄・阿馬多（María Ossade Amador）於巴拿馬仍隸屬於哥倫比亞時祕密縫製出來。

巴拿馬國旗的左上方是個白色方塊，上面有顆藍色五角星。右上方是純紅色方塊，右下方是白色方塊加上一顆紅色五角星。左下方又是純藍色方塊。藍、紅兩色呼應保守派和自由派兩個傳統政黨。白色代表它們之間關係和諧。藍色又代表巴拿馬兩側瀕臨大洋，紅色則代表愛國志士的鮮血。它設計、採行於一九〇三年，的確也在同年十二月二十日舉行宗教儀式並獲得祝福，此後就一直不變。（圖8-14）

巴拿馬成為主權獨立國家後，運河及兩側各五英里的土地由美國控制、但不屬於美國領土。巴拿馬賜予美國在運河區「永久」享有此一地位。然而到了一九五〇年代，「老美」被認為愈來愈像帝國主義者，因而相當不受歡迎；而國旗因為是主權的象徵，遂成為主要戰場。

一九五八年五月的一場反美暴動，共有九人喪生。翌年，巴拿馬民族主義者威脅要「和平進軍」運河區，以便在星條旗旁也升起巴拿馬國旗，宣示巴拿馬對運河區擁有主權。數百名民眾衝破鐵絲網進入運河區，與保安部隊正面衝突。民眾第二次企圖衝入時，遭到美軍部隊及國民兵制止。此時，美國政府機關官署遭到攻擊，美國大使官邸的美國國旗也被撕毀。

當美國國務院透露它傾向讓步、願准許升起巴拿馬國旗後，華府爆發激烈辯論。一九五九年十二月，賓夕凡尼亞州國會眾議員丹尼爾．傅拉德（Daniel J. Flood）寫了一封私函給艾森豪總統，相當傳神地描繪未來前景堪憂：

再者，若巴拿馬國旗正式在運河區升起，勢必開啟爭議、衝突和混亂的潘朵拉盒子。挑動巴拿馬暴民動粗的極端份子已將雙元控制作為巴拿馬外交政策的即刻目標——而本世紀之初，偉大的領導人以為已永久防阻它的出現。他們的最終目標是將巴拿馬收歸國有。

不論他的動機是對或錯，他可能料事如神，尤其他判斷將會出現雙元控制和收歸國有。

一九六〇年，情勢仍然緊張，美國特別修建了圍籬，確立運河區的邊界。巴拿馬人計畫再次衝進運河區。但國務院贏了辯論，華府公布，美方將准許一面巴拿馬國旗在某一特定地點與美國國旗一同升起。

當年九月的升旗儀式進行地並不順利。巴拿馬總統恩尼斯托・狄・拉瓜迪亞（Ernesto de la Guardia）正式徵詢，是否可由他親自升旗，以示巴拿馬對運河區具有「名義上的」主權。美國正式拒絕。他遂杯葛此一活動，除了美國大使及其高級助理外，不邀請任何美國官員參加總統稍後主辦的接待會。運河區管理當局也沒有任何代表受邀與會。他傳遞的訊息很清楚：此事仍未落幕。

到了四年後的一九六四年一月九日，兩百名中學生高舉巴拿馬國旗遊行，並衝進運河區。他們與一些預備在一所學校升起星條旗的美國青少年起了衝突。運河區有三萬六千名美國居民，其中的數百名學生趕到現場，而巴拿馬國旗則在雙方拳打腳踢中遭到撕毀。

這點成了起爆點。數千名巴拿馬民眾開始群聚於邊界圍籬，並開始搗毀它。暴動持續了三天，有二十多人喪生、數百人負傷，財物損失超過兩百萬美元。美、巴之間的外交關係斷絕了三個月，之後才恢復；這項爭議也導致未來數年，雙方就主權問題重新談判。一九七九年，美方同意廢止運河區，而運河則由雙方共管至一九九九年十二月三十一日；接著完全交還巴拿馬。傅拉德眾議員的話不幸而言中。一月九日也被定為巴拿馬的烈士紀念日。

另一面沒有太多故事性的國旗圖案設計，則是秘魯國旗（圖8-15）。它就是挺平凡、乾淨俐落的紅、白、紅三條縱走色紋，唯一一個提起它的理由是一九七〇年參加舉辦於墨西哥的世界盃足球決賽時，與賽各國代表隊中最酷的旗子或許就是秘魯隊旗了。它以國旗為張本，設計出白色發亮的短褲和襪子及白色短袖汗衫，並在胸前掛上鮮紅的對角線色帶，看來真像香蕉共和國獨裁者的勛章綬帶。總之它漂亮極了。

另一個提及它的原因則是，環繞它出現之赤裸裸坐在國旗上、或將國旗用作馬鞍是對或錯、是敬或辱的激烈辯論。二〇〇八年，某雜誌刊登秘魯著名模特兒雷西・蘇雅瑞茲（Leysi Suárez）裸體坐在一匹以國旗為馬鞍的馬上照片，無意間挑戰了秘魯國旗法。國防部長出面指控，宣稱要以褻瀆國旗的罪名起訴她，並處以最高刑度四年的有期徒刑。這個案子拖了兩年，並於二〇一〇年結案。秘魯人並沒有特別因國旗遭褻瀆而感到不快，反而把它當做笑談，只是一則涉及名模、駿馬和職業政客的有趣故事。

現在，我們把眼睛自水溝抬起、望向天堂，看看阿根廷國旗。自此第一個跳出的名字，便為阿根廷和英國讀者熟悉、但其他地區的讀者或許不熟悉的名字——曼紐爾・貝爾格拉諾（Manuel Belgrano）。波利瓦一生的事功，換來一個國家以其姓氏為名，「貝爾格拉諾將軍」則成了阿根廷海軍一艘輕巡弋艦的艦名，而且於一九八二年的福克蘭群島戰爭（Falklands/ Malvinas War）中被英國潛水艇擊沉。

回到一八一〇年，貝爾格拉諾在布宜諾斯艾利斯領導民眾示威、反對西班牙人。許多示威者的帽子上都有一個淺藍色配白色的徽章。這是一支名為「白翠霞兵團」（Legion Patricia）的民兵部隊其顏色；數年前，他們組織起來對抗英國入侵，不僅相當成功，而且沒有得到任何西班牙總督的協助，因那時總督已經落荒而逃了。

為什麼是藍色加白色呢？較為羅曼蒂克的解釋是，藍色代表天空和普萊特河（River Plate），白色代表白銀。早期的西班牙征服者以拉丁文argentum（意即銀子）作為阿根廷（Argentina）這個區域的名字，以為本地蘊藏大量銀礦。就玻利維亞與秘魯而言，他們的判斷正確，但在阿根廷，除了在佩托西（Petosi）等少數地方找到相當礦脈之外，大部分以失望做結，而阿根廷的銀礦業也是到了這個世紀才真正起飛。不論真假，支持示威的民眾需要藉某個顏色來與西班牙人的紅、黃兩色區隔開來。

傳說在五月示威當天，原本烏雲籠罩的陰天，太陽卻突然突破雲層。大家認為這是吉兆，表示示威一定會成功——的確，後來五月的太陽也成為國徽。西班牙總督不得不准許民眾組織自治政府；後來革命成功，西班牙也終止了其在所謂普萊特河總督轄區（Viceroyalty of the River Plate）的主權——這塊地區涵蓋今天的阿根廷、烏拉圭、巴拉圭及玻利維亞。

一八一二年，貝爾格拉諾在替日後的阿根廷設計新國旗時，從淺藍色配白色的徽記得到靈感，採用藍、白、藍三色橫向條紋的旗幟。到了一八一六年，阿根廷宣布全面獨立；一八一八年，配上人臉的「五月太陽」加到了中間的白色條紋上。（圖8-16）太陽的臉相當神祕：有人認為它代表寧靜，也有人認為它不表現感情。我則認為，它像極了湯瑪士火車頭（Thomas the Tank Engine）。[2] 阿根廷每年六月都會舉行國旗週的慶典，並特別在二十日達到高潮，以紀念去世於一八二〇年六月二十日的貝爾格拉諾。

阿根廷人對英國國旗和福克蘭旗幟重視的程度，不亞於對自身國旗的重視度。這起因於阿、英兩國曾為福克蘭群島〔阿根廷人稱之為馬爾維納斯群島（Malvinas Islands）〕主權屬於誰而發生爭端，並於一九八二年交戰，迄今情緒仍未平靜。如今，阿根廷拿福克蘭群島旗（它有聯合旗的圖像，圖8-17）為政治與經濟武器。二〇一一年，阿根廷說服其南美洲的鄰邦，不准懸掛福克蘭旗幟的船隻進入其港口；阿根廷也威脅說，任何公司若參與英國在福克蘭群島外海探勘石油之事，便休想與阿根廷有生意往來。

你或許會注意到，同樣採用藍、白色橫向條紋相間的烏拉圭國旗（圖8-18），也有一顆五月的太陽，其造型設計與阿根廷國旗相當類似。這是因為兩國具有共同的歷史。今天的烏拉圭，曾是西班牙人統治之普拉特河區域的一部分，它也參加了一八一〇年及其後數年的起義，後來才自立門戶。一直要到一八二八年，烏拉圭才獲得巴西與阿根廷兩大國鄰邦承認其為主權國家，那時它已有了稍微不同、但類似今天我們所見的國旗。五月的太陽代表原始的革命起義，也象徵新國家的誕生，五白四藍的九條色紋，則代表烏拉圭原來的九個省份。

最後我們要談到，或許最為世人熟悉的一面南美洲國家國旗——巴西國旗（圖8-19）。它那充滿活力的綠色和黃色，透過巴西國家足球隊的制服，被數以百萬計的民眾納為時裝設計的一部分。球隊旺盛的戰力吸引了球迷，它的顏色也風靡全球數百萬人。

今天我們所見的巴西國旗，並不是一八二二年，它從葡萄牙爭取獨立時使用的國旗，但二者的圖形設計類似。我們從獨立前的一些發展，也會了解到為何國旗要採用這些顏色。一八〇七年，葡萄牙攝政王約翰（Dom João）——後來的國王約翰六世——為躲避拿破崙那年的入侵而逃到巴西，並在里約熱內盧成立政府。約翰系出布拉岡札王朝（Braganza dynasty），王后卡洛塔・華金娜（Queen Carlota Joaquina）則是哈布斯堡（Habsburgs）王室後裔，這段細節也成了此國旗故事的一個重要元素。

一八二一年，約翰回到葡萄牙，試圖處理政治危機。此時，巴西為「葡萄牙、巴西暨阿爾加維聯合王國」（United Kingdom of Portugal, Brazil and Algarves）的一部分，因此地位與葡萄牙相等。約翰把兒子，也就是儲君佩德羅（DomPedro）留在巴西，以攝政王地位進行統治。

因里斯本的種種政治算計，葡萄牙粗具胚胎的「國會」（Cortes）對皇室不知天高地厚地指指點點，竟把巴西的地位降回殖民地，使佩德羅地位降低，形同里約熱內盧省總督。葡萄牙國會也命令他回國，以免他領頭造反、搞獨立。但他當然要造反。

接下來，則是一系列劃時代的事件與演講，其在巴西的知名度，相當於美國的蓋茨堡演說與英國邱吉爾「我們絕不投降」的演說。一八二二年，佩德羅拒絕了來自葡萄牙的最後通牒，走上獨立之路。後來，他的顧問貝奇渥．平海洛．狄．歐利維拉神父（Father Belchior Pinheiro de Oliveira）對此刻有以下描述：

佩德羅默默走向路邊我們的馬匹。突然間，他停在路中央對我說：「貝奇渥神父啊，這是他們自找的，就讓他們遂了心願吧……從今天起，我們跟他們一刀兩斷。我對葡萄牙政府再無任何期望，我宣布巴西永遠脫離葡萄牙。」

我們立刻熱烈歡呼：「自由萬歲！巴西獨立萬歲！佩德羅萬歲！」

攝政王轉身告訴他的副官：「去向禁衛隊宣告，我剛宣布巴西完全獨立。我們脫離葡萄牙了。」

接著，他向禁衛隊發表講話，撕下代表葡萄牙的藍白色臂章，並交代部屬跟著這個做。最後，他帶頭高呼口號：「不獨立、毋寧死！」

聖保羅「聖保羅人博物館」（Museu Paulista）裡，有幅佩德羅．亞美利哥（Pedro Américo）的畫描述事件經過，與歷史學家尼爾．馬考萊（Neill Macaulay）在其有關佩德羅傳記中講述的故事同樣精彩——當時攝政王正嚴重拉肚子。這正是劃時代歷史關鍵時刻的威而鋼。

這個故事之所以值得一述，其實有許多原因，主要是因它事涉顏色、非常有趣。佩德羅和巴西人可能會和葡萄牙爆發戰爭，但他們一直承認與舊世界有所關聯。巴西國旗裡的藍、白兩色反映的就是這層關係，而綠色和黃色則是布拉岡札和哈布斯堡皇室的顏色。

佩德羅在一八二二年自立於巴西皇帝。第一面巴西國旗是為人們熟悉的綠底配上黃色鑽石，但鑽石中心的皇室徽章有二十顆星星，代表國家的二十個省。一八八九年，巴西帝國改制為共和國，國旗也跟著更改。皇室徽章去掉，換上藍色的天球儀，天球儀上有條白色帶子，以葡萄牙文寫上國家信條「Ordem e Progresso」的字樣，意為「秩序與進步」。另外，天球儀上還有些星星，如今遵循全球習慣，在領域有變動時加上一顆星星。藍色天球儀使星星清晰可見。一八八九年，它們代表新的主權國家有二十一個聯邦州，國旗上則有二十七顆星星。

國旗設計人雷曼多．泰謝拉．孟德士（Raimundo Teixeira Mendes）是巴西哲學家、數學家。國旗上的星星是巴西成為共和國的那一天，這些星星包括南十字星，在星座中的位置之複製。旗幟學家和天文學家喜歡辯論，這些星星在它們這個位置的確切時間——究竟是晚上、人人或許可以看到它們；或者是早晨，因有些文獻證據這麼說。他們甚至還辯論是八點三十七分、還是八點三十分；根據巴西天文學教授保羅．阿勞霍．多爾提（Paulo Araújo Duarte）的說法，「南十字星座位於里約熱內盧子午線的那一刻，它的十字長臂露出腹面。」

據說跨在天球儀上的白色彩帶代表巴西在赤道的位置。我們沒有太多證據可證明這個說法，但鑒於孟德士是個數學家，這麼說也不無道理。孟德士深受十九世紀初哲學家奧古斯提．孔德（Auguste Comte）影響。孔德創立世俗的「人道教」（Religion of Humanity），也試圖灌輸他實證主義哲學，主張

「愛是原則，秩序是基礎」，因而啟發了「秩序與進步」的觀念。一九〇三年，孟德士在巴西創立實證主義教會（Positivist Church），一九二七年去世，得年七十二歲。

到了現代，綠色被認為代表熱帶雨林，黃色代表國家的黃金，但任何人若加以深究，就會接觸到巴西的歷史。它的過去有分裂，尤其是貧富對立，但也不乏族群分裂。巴西有過暴力的社會階段，也出現過不少貪瀆腐敗的領導人，今天差不多也是如此；但與其他拉丁美洲國家相比，巴西還是較有秩序與進步。巴西也有強烈的認同意識，部分是因它的語言使它和說西班牙語的鄰國有所不同之故。

現在，綠色和黃色向全世界宣示它的訊息，而且它的國旗也具強化巴西軟實力的全球意義。天球儀和星星為我們習慣所見，綠色和黃色反映人類的活力，人們藉由不一樣的管道為巴西所吸引，很少有國家能獲致這樣的成績。任何零售業者都曉得，有能立刻辨識的包裝頗助於推銷品牌。巴西把自己包裝在我們全都熟悉且似乎也相當喜愛的國旗中。

我們都曉得，現代的巴西有許多問題：政治、經濟、貧民窟都出現汙點，但透過它的足球、音樂和人民，其本質仍令我們傾倒。法國哲學家艾伯特．卡繆（Albert Camus）寫道：「過了某個年紀，每個人都該為自己的面孔負責。」他們討喜的國旗正是兩億巴西人民呈現給世界的其中一個面貌。

拉丁美洲是新世界的一部分，但這些國家與全世界許多國家相比也不再年輕。新文化已在中南美洲大陸崛起。過去兩個世紀，這些國家冶煉出堅固的認同意識，他們的國旗展現出新與舊的融合。

這些象徵似乎已確立於這個融合的文化中，它有助於在這個過去曾相當動盪的區域建立穩定。

譯註

1 岡瓦納大陸是一個超級大陸塊，存在於新元古代（Neoproterozonic）（約五億五千萬年前）至石炭紀（Carboniferous）（約三億二千萬年以前），它是由多塊古陸核（cratons）吸積而形成。後來，岡瓦納在古生代時期（Paleozonic）成為最大的大陸地殼（continental crust），面積約一億平方公里。石炭紀時期，它與歐美大陸（Euramerica）合併，成為一塊更大的超級大陸，名為盤古大陸（Pangaea）。中生代時期（Mesozoic era），岡瓦納大陸和盤古大陸又逐漸裂解。岡瓦納大陸剩餘的部分即為今天的南美洲、非洲、南極（Antarctic）、澳洲和印度次大陸。

2 湯瑪士火車頭是英國鐵道迷、作家威爾伯特・奧德瑞（Wilbert Awdry）及克里斯多福・奧德瑞（Christopher Awdry）父子《火車系列》故事書的虛擬主角。（摘自維基百科）。

第九章
好壞與美醜

「我們是一個民族，要說一個部落也行。旗幟就是宣示力量。」

——同志彩虹旗設計人吉伯特・貝克（Gilbert Baker）

為什麼海盜叫做海盜？因為他們就是海盜啊！為什麼骷髏旗叫做海盜旗？沒有人有斬釘截鐵的答案。這兩個句子可能都不好玩，特別是海盜豈是開玩笑的事。討人厭、偷東西、殺人如麻，並不好玩，但過去幾百年來，骷髏和長骨旗、獨眼龍眼罩、假腳和奸猾兮兮「赫赫赫」的笑聲，幾乎變成羅曼蒂克的東西，強尼・戴普（Johnny Depp）主演的加勒比海海盜電影，更讓它們膾炙人口。

骷髏旗（圖9-1）和本章提到的其他旗幟一樣，在全球廣為人知；它是眾多超越國界的旗幟之一。旗幟不一定需代表國家或政治思想，才能激起感情或傳遞訊息。它可以是和平的象徵；是團結支持某國際組織的象徵；或甚至只是一種成功的品牌代表。這些旗幟代表多元思想，它們共享識別的因子，即使手法或方式或有不同。當然也有些旗幟如骷髏旗，依據被使用時的脈絡傳遞不同的訊息；在戶外音樂節，骷髏旗或許代表升起它的人有「搖滾」精神，但索馬利亞外海的商船看到它時，一定會十分緊張。

自航海以來就有海盜，而且世界各地都有，但海盜和骷髏旗連結在一起，似乎源自於十二世紀，最早由「聖殿騎士團」（Knights Templar）的船隊升起。當時他們組成全世界最大的艦隊，奉派保護聖殿騎士團龐大的商業帝國。他們為何採用這個圖像已不可考。但十二世紀有位華德・梅普先生（Walter Map）提起某些十二世紀中期的惱人事件時，就是從「西頓的骷髏」（Skull of Sidon）的傳說衍生出來：

有位聖殿騎士西頓勛爵（Lord of Sidon）熱愛馬拉奇亞（Maraclea）的一位女郎；但她年紀輕輕就去世，在她下葬當天的夜裡，這名邪惡的情郎潛行到墳場，挖出她的棺木，性侵犯她。此時天上傳來聲音，命令他九個月後回來，因為他將有個兒子。他遵命，屆時再度開棺，並在骨骸的腿骨上發現一個頭。同一個聲音又交代他好好保護它，因為它會給他帶來各種好運。因此他就帶走了它。它也成為保護他的精靈，只要他亮出這個神奇頭顱，就戰無不勝。後來，它就傳為騎士團所有。

聖殿騎士團寧願相信他們和上帝站在同一邊，而不是當海盜，可是他們在海上的行為卻與海盜無異。這些難以想像富裕的「窮騎士」，不只攔阻較小的船隻，搶走別人的財寶，他們的旗幟可能也啟發了日後的海盜。

我們對海盜典型的印象始於十八世紀初。骷髏旗做為海盜旗號的相關紀錄，最早出現在英國海軍軍艦〈普理號〉（HMS Poole）艦長約翰．柯蘭比（John Cranby）的航海日誌中，此日誌目前蒐藏於倫敦基尤區（Kew）的英國國家檔案館。一七〇〇年七月某日的「顯著的觀察和意外」這個條目指出，「在這二十四小時天氣晴朗的大風中」，於維德角群島（Cape Verde Islands）追趕一艘法國海盜船。海盜逃走了，但艦長在航海日誌記載，他們的黑旗上有「交叉的骨頭、死人的頭顱和沙漏」。

這個作法於十八世紀頭幾十年在海盜界流行起來，激起了民眾的想像力。海盜在黑旗上憑想像畫上一些令人毛骨悚然之物。沙漏是告訴船上的人，我們追上來了，你們時間不多了；有時整副骷髏會被加上去，意在告訴你情勢嚴峻；刀刃和其他武器則威脅意味十足。海盜發展出一套被稱為「海盜準則」的系統，在大多數人不識字的時代，它設法傳遞大量訊息。骷髏旗告訴對方：來者不善。若海盜另外再加一面黑旗，則代表不抵抗、投降就饒了眾人性命。若抵抗或企圖逃走，海盜就升起紅旗，表示殺無赦。

從公關的角度來看，這是絕頂上道的行銷。它把意向交代地清清楚楚，立即可辨，以後果不堪設想來鼓勵受害人放棄抵抗——一般人往往都會抵抗。若海盜船長惡名在外，是名號如雷貫耳的「黑鬍子」（Blackbeard）、「黑巴特」（Black Bart）、「流血」（Blood）等，那就更有震撼作用。自望眼鏡中看到可怕的旗幟從一英里之外逼近，會讓你氣血往上衝。你必須快速評估：能跑得比他們快嗎？能打贏他們嗎？你真的準備為了你的船貨，不惜一死與他們拚了嗎？

這些問題在今天與在一千年前一樣重要。今天在索馬利亞、奈及利亞、印尼和其他熱點的海盜也都很清楚。甚至有些旗幟畫成骷髏和AK-47長槍。他們的意向與伊斯蘭國旗幟一樣，都是要讓敵人心生畏懼，逃不了就趕快投降。

或許就是因為非法犯禁的形象，十八世紀的海盜抓住了民眾的想像力。許多作家、詩人和劇作家把他們的生活羅曼蒂克化，丹尼爾・笛福（Daniel Defoe）就是其中之一，而日後，好萊塢的劇作家們對他們的江洋大盜行徑也有繪聲繪影的描述。一九三五年，埃洛・佛林（Errol Flynn）主演的《鐵血船長》（*Captain Blood*）就是個最好的例子，鐵血船長的海盜船揚起白色骷髏旗、縱橫海上。

在影片中，海盜旗沒被稱為Jolly Roger（快樂的羅傑），雖然此時這個字眼早已用於英語世界。這個詞彙最早出現在十八世紀初期。查爾斯・詹森（Charles Johnson）在一七二四年的《海盜通史》（*A General History of the Pirates*）中寫道，儘管它們圖案不一，有兩批海盜都稱呼他們的旗幟為Jolly Roger（快樂的羅傑）。因此有些歷史學者認為，這個名詞已普遍套用在不同設計的海盜旗上。

為什麼呢？這有三種說法。第一，當時的人習慣稱惡魔為「老羅傑」（Old Roger），因此海盜在旗幟上加了猙獰可怕的骷髏，也就因此而得名。另一個較普及的理論是，早期某些海盜升的是紅色旗幟，法文是Jolierouge（漂亮紅旗），因此轉成英文時，發音就變成Jolly Roger了。最後，也同樣說得過去，因為Roger（羅傑）這個字在當時有「飄泊的流浪漢」之意，因此這些海上飄泊的流浪漢的標誌就得到Jolly Roger（快樂的羅傑）的匪號。

再來就是「啊」的軼聞，它雖然與旗幟無關，卻相當有趣。我們對「海盜說話」的印象幾乎可以一九五〇年代的演員羅伯·牛頓（Robert Newton）的言談舉止為代表。不論他主演「長約翰·席爾維」（Long John Silver）[1]或「黑鬍子」，這些角色一直「啊」個不停。他最生動的演出可能就是《長約翰·席爾維回到金銀島》（*Long John Silver's Return to Treasure Island*）這部電影裡，為一名死去的水手致哀禱告後，來了聲「啊啊啊門」。

為了避免落入海盜手中、發生不幸的後果，許多水手會升起白旗，以示投降。舉白旗投降的象徵已有數千年歷史，而且跨越文化畛域。羅馬史書提到，第二次布匿克戰爭（the Second Punic War, 218BC-AD210）時，以白旗做為停戰表示，後來在第二次克里蒙那戰役（the Second Battle of Cremona, 69），則做為投降之旗。中國人約與此同時，也以白色表示投降。軍旗專家猜測，中國人以白色代表死亡和哀悼，它可能也代表戰敗的哀傷。

白旗另一個是從遠距離或戰場混亂中，藉由容易看見和了解的訊號，溝通重要訊息的例子。它在大多數人能寫字之前的幾千年前就已出現，當時人們雖然不識字，卻看得懂旗幟要傳達的意思。現在它是全球認識的記號，跨越國際、文化和語言障礙，表達戰場談判、安全通行、停火和投降之意。它的使用也經由海牙和日內瓦有關戰爭準則的公約定為法制。相關條文規定：「在國際武裝衝突中不當使用停火旗幟，若造成死亡或嚴重人員受傷，則構成戰爭罪行」，「所謂不當使用，意指除了停火旗幟原本的意圖——譬如，要求溝通，以便談判停火或投降——之外的任何其他用途；任何其他用途譬如，對敵人取得軍事優勢，則為不當及不合法。」

大多數國家對處理白旗狀況的解釋協議和作法，都有書面規定。譬如，英國軍方二〇〇四年出版的《武裝衝突法聯合服務手冊》（*Joint Service Manual of the Law of Armed Conflict*）中就表明：

> 展示白旗只意味著一方被徵詢是否接受來自另一方的溝通。有時它可能代表展示白旗的一方希望就某目的進行暫停敵對動作的安排，如撤退傷患；有時也可能代表這一方希望談判投降事宜。一切要視特定案例的情況及條件而論。譬如實務上，若由個別士兵或交戰中的一小群人亮出，白旗即表示投降。
>
> 第十條第五項第二款：展示白旗的一方應停火並等待對方回答。任何濫用白旗的行為都可能構成戰爭罪。但是，在對待敵軍時必須始終保持高度警惕。

沒錯，的確有些人故意濫用白旗欺騙敵人：譬如，英國人在波爾戰爭（the Boer War）時指控波爾人玩詭計。也有很多案例記載，有人被控不理睬白旗——二〇〇九年，國際間指責斯里蘭卡內戰期間，發生一件「白旗事件」：三名塔米爾之虎（Tamil Tiger）叛軍領袖手持白旗、並無武裝、預備投降，卻遭官員下令射殺。然而，濫用白旗的明確證據則相當罕見。無論哪種方式，這樣的指控在情感上極具煽動性，它顯示在我們心中深處，雖然邏輯瘋狂、戰爭又殘酷，我們仍尋求某種類似秩序、規則之物，在一切都失敗時仍可訴諸我們的共同人性。就某種程度而言，它不只是訴求，而且是懇求憐憫和基於信賴。它仍存在的這件事，證明了對這個世界性的標誌仍有所承認和尊重。

日內瓦公約也涵蓋國際紅十字總會（International Committee of the Red Cross, ICRC）會旗（圖9-2）的使用。國際紅十字總會允許各國軍隊使用它的白底紅十字標記，以換取它可監督是否遭濫用。它對於旗幟的使用訂出嚴格的規定，戰爭時期與和平時期各有不同。譬如，什麼建築物可以展示紅十字標記，以及依據特定情況，它可展示的大小等。在戰時，「刻意攻擊具有保護標記的人員、器材或建築物，依國際法係戰爭罪行。」

紅十字標記訂立於一八六三年，並於一八六四年首次日內瓦公約正式承認。中立國瑞士的國旗為紅底白十字，他們則選擇反過來的白底紅十字，部分是因為中立的性質，也因這兩個顏色從遠方易於辨認。這面旗幟原應不具宗教色彩而為普世所用，但它免不了有個十字在上頭，看起來非常類似十字軍東征時期基督徒升起的某些旗幟。十三年後，俄土戰爭爆發，鄂圖曼土耳其帝國以新月取代十字架，後來其他穆斯林國家也跟進。

國際紅十字總會一直都很關心這個標記的真正意義，有時會在衝突中遭到忽視；雖然它並非任何一方的代表，但在激情高昂下，紅十字旗或紅新月旗（圖9-3）可能就被認為代表某一方。另外還有其他問題：兩個現有的標記可能不是要傳遞宗教認同，但譬如在以色列或中國，卻可能被認定是如此。以色列是猶太人居大多數，中國卻有許多佛教徒和道教徒。

一九九二年時，國際紅十字總會的會長認為需要有第三個標記，但直到二〇〇五年，各國政府才協議出一個今天我們仍在努力適應的圖案——紅水晶旗。（圖9-4）紅水晶標誌採用白底、空心的紅色菱形設計，已開始出現在正式建築物及偶爾出現在戰場上。它不具任何政治、宗教或地理的象徵意味，允許對紅十字和紅新月有意見的國家也能加入此一國際組織。也有人稱紅水晶為紅鑽石，它和大家已熟悉的另兩面姊妹旗幟具相等地位、意義及法律效力，但或許還沒達到普世皆認識它的地步。

另一面旗幟的國際知名度似乎也仍不足，那就是北大西洋公約組織（North Atlantic Treaty Organization, NATO）會旗，即使它的設計相當乾淨俐落：深藍底色上有個「白色羅盤標記」。不過若非此一官方描述，乍看下，你可能會以為它是一個圓圈繞著一顆星星。星星的每個角有道白線輻射出來。（圖9-5）

北約組織成立於一九四九年，十二個國家組成這個軍事同盟共同對付來自蘇聯的威脅，並進而維護和平。會旗直到一九五三年才定案。北約組織理事會（NATO Council）工作小組的設計師奉命提出「簡單、醒目」，同時又能代表同盟「和平宗旨」的圖案。

一九五二年，最初的提案是以十四顆星配上一個有兩條藍色紋帶的銀盾牌為基礎。盾牌代表北約組織的防衛性質，藍色紋帶代表大西洋，星星代表十四個會員國，它貌似十六世紀的設計。會員國們對設計圖案沒有共識，也指出若再有新成員加入，豈不是每次都要更動圖案？翌年，理事會通過今天我們所見的這面旗幟。北約組織首任祕書長，英國籍的黑斯汀・伊斯梅（Hastings Ismay）將軍如此說明它的象徵意義：「藍色背景代表大西洋，四角星代表羅盤引導我們走向正確的道路、和平的道路，圓圈則代表北約組織的十四個會員國團結在一起。」

北約組織目前有二十八個會員國，表示這個組織不僅普遍受歡迎，而且相當成功，也證明其創始人的選擇正確，而非每次有新會員加入就在會旗上增加一顆星。〔譯按：舊南斯拉夫聯邦的蒙特內哥羅（Montenegro）於二〇一七年六月加入，成為最新的會員國，北約組織現在已有二十九個會員國。〕

儘管只有十四個會員國，事情到了一九五〇年代就變得很複雜，當時設在巴黎近郊之北約組織轄下的歐洲盟軍最高統帥部（Supreme Headquarters Allied Powers Europe, SHAPE），就為如何升旗爆發爭議。盟軍最高統帥艾森豪將軍想出了一個辦法，讓會員國國旗在總部大樓外，以一個半圓形的方式升起，但地主國位於半圓形的前方。此後，各會員國便以法文的國名字母順序升起，但每天每個國家的國旗往前挪一位。因此在「圓周」概念下，國旗往前移動，就沒有頭尾以及誰大誰小的問題。這樣誰也不能抱怨，不是嗎？

荷蘭馬上就反對法文把它的國名譯為「Pays Bas」，要求譯為「尼德蘭」（Netherlands）。這一來，荷蘭國旗就移到盧森堡（Luxembourg）和挪威（Norvège, Norway）之間，它也覺得舒坦多了。隔幾年，有個北約組織律師吃飽撐得慌，研究了一下，發現聯合王國（United Kingdom，即英國）的法文正式名稱不是「Grande Bretagne」（Great Britain，大不列顛），應該是「Royaume-Uni」。因此它不應該排在G，而應該排在R；於是它稍微移動了一下。但這下輪到法國人說話了：「啊，是這樣喔。」「哈，既然如此，我們早就說了嘛，尼德蘭的正確法文名字是『Pays Bas』。」負責升降旗的官員可能去找荷蘭人商量：「你們接受排在P的位置嗎？」荷蘭人點點頭，於是荷蘭國旗又回到一開始的位置。

一九五九年，加入北約組織不到幾年的土耳其，不甘心在這個排名中「墊底」，建議捨棄此一輪流制度，並改用英文國名，這一來，美國就是United States of America而非Ėtats-Unis d'Amėrique。但法國人不幹。

一九六六年，法國退出北約組織的軍事指揮結構，翌年，歐洲盟軍最高統帥部遷至比利時的卡斯提（Casteau）。爭吵至今仍未停止。我們已思索了五十年，該怎麼稱呼那些國家的名字及國旗的位置該擺哪裡。今天，地主國國旗仍在最前面，法文字母順序仍繼續用，每個星期天午夜，各會員國國旗依序換位置，刻意象徵圓周循環不止；但也無意間象徵了爭議永無止息。會員國對北約組織會旗本身沒有意見，但卻非常關心他們的國旗是否靠近它。畢竟對法國人來說，萬萬不可讓英國國旗在重要節慶時靠近他們的國旗；反之亦然。

目前希望有面旗幟能代表團結，但背後卻出現了許多不團結的現象。有面旗幟則似乎啟迪了敵對國家間的彼此團結，它就是奧林匹克旗。在奧運期間，世界各國都以極大的熱情展現自己的國旗，也沒有對鄰國表現敵意。

若不去理會腐敗、欺騙、吸毒、過分商業化，以及一些討人厭的短跑選手朝攝影機比出猥褻姿勢，的確可能對奧林匹克旗及其代表意義感到溫馨。

奧林匹克的格言是「更快、更高、更強」，指的不是毒品劑量，而是奧林匹克信條中揭櫫的，人生最重要的，不是勝利而是奮鬥。就體育競賽而言，這的確是高尚的思想，但它是否適用於，姑且說是諾曼第登陸作戰，那恐怕就有極大的辯論空間了。

無論怎麼說，這些格言和信條增強了白底五環旗的象徵意義。五環旗為現代奧運會之父皮耶‧狄‧顧伯亭男爵（Baron Pierrede Coubertin）設計。顧伯亭小時候，對於一八七〇年法國遭俾斯麥領導的普魯士擊敗感到十分挫折。他認為法國戰敗的原因是法國人缺乏運動，體力太差之故。後來，他又相信體育競技是團結各國的好方法，於是在一八九二年，開始倡導創辦現代奧林匹克運動會。兩年後，十二個國家、七十九名代表集會，組成了國際奧林匹克委員會（International Olympic Committee, IOC）；一八九六年，首屆夏季奧林匹克運動會在希臘雅典舉行。

當時的奧運會還沒有代表旗幟。五環旗的圖案最先出現在一九一三年顧伯亭在一封信上的塗鴉；翌年，他提出了以它做為設計旗幟的點子，後來經通過採行。由於第一次世界大戰爆發，下屆奧運會直到一九二〇年才在比利時安特衛普（Antwerp）舉行，新旗幟首次於奧林匹克體育場亮相。開幕典禮上，旗幟打開，五隻和平鴿飛出，首次有位運動員舉起五環旗代表全體選手宣誓。（圖9-6）

五環代表世界五大洲，交互連結代表團結（另有一說是地球有七個洲）。白底色代表和平。五環分為五個顏色：較高的三環是藍（左）、黑（中）和紅（右）；較低的兩環是黃（左）和綠（右）。有個錯誤的觀念認為，每個顏色代表一個洲；而且這個說法還出現在奧林匹克運動會手冊上，不過因無證據證明，所以這段話於一九五〇年代自手冊刪除。顧伯亭在一九三一年寫道：「這個設計有其象徵意義；代表世界上的五大洲，透過奧林匹克精神團結起來，而六個顏色（包括白色）是目前全世界各國國旗上都出現的顏色。」

有鑑於這面奧林匹克旗在劫難嚴重的大戰前設計出來，而且於戰爭落幕不久後升起，其象徵意義格外強烈。二十九個國家出席安特衛普奧運會，包括阿根廷和埃及都不遠千里派出代表參賽。然而，世界團結與和平的精神不無遺憾，因德國未受邀參加。奧地利、匈牙利、保加利亞和土耳其也都未能參加一九二〇年的賽事。第二次世界大戰後的一九四八年，德國又被拒於奧運門外。

首面奧林匹克旗在比賽結束後神祕失蹤，直到七十七年後才又出現。一九九七年，一百歲的哈利・普瑞耶斯特（Harry Prieste）應邀出席美國奧林匹克委員會的晚宴，有位記者採訪他時提到，安特衛普奧運後會旗神祕失蹤的故事。哈利說：「我可以幫你解謎。它就在我的衣櫃裡。」接下來，他道出多年的祕密，一九二〇年他贏得跳水比賽銅牌，當天夜裡有位隊友和他打賭，他就爬上十五英尺高的旗杆，偷了那面會旗。在他坦白後的三年，已經一百零三歲的哈利在二〇〇〇年雪梨奧運會上，把這面旗幟還給國際奧林匹克委員會。國際奧林匹克委員會頒給他一面獎牌，感謝他「捐回」它。這面旗子如今陳列於瑞士洛桑奧林匹克博物館。

很自然地，奧運會旗幟每次都扮演極重要的角色。比賽揭幕時，奧林匹克旗在主場館升起，並飄揚於整個比賽期間。奧林匹克歌第二段就提到這面旗幟，這是一八九六年首屆現代奧林匹克運動會上，第一次演奏時就有的慣例：

現在我們來自這個世界各地，
分享這些舊日的比賽，
讓每個國家的旗幟在兄弟情誼中展開。

這的確是高尚的情操，只不過很有趣的一點是，國旗竟然在奧運會上占有那麼重要的地位，觀眾熱情支持自己國家的旗幟，慶祝自己國家選手的勝利，但奧林匹克的本意並非要展現一國的體育實力。奧運會的焦點擺在個人身上，而不是國家整體的表現和獎牌總數。事實上，奧林匹克章程甚至表明他們「不應訂定每個國家的任何全球排名，而是鼓勵個人獎牌得主……奧運會是運動員在個人或團隊中的比賽，不是國家之間的比賽。」即使如此，這並沒有抑止各國注重及競爭獎牌的總數，並將奧運會作為提振國家榮耀、慶祝選手們顯然技高群英，同時合理化他們在體育運動上投注的巨大資源。

奧林匹克運動會並不是唯一如此的場合：體育競技和國家榮耀本就經常結合在一起。在各種國際比賽中，國旗常被熱情地展現於衣服上或被畫在臉上，甚至含納於各種推廣用品和紀念品中。大多數時候這不會傷害人們推崇國家認同和成就，但在某些極端情況下，它卻會失控。體育競技在激情高昂下，常可媲美現代戰爭，因敵對力量仍集結於各自的大旗背後，彷彿昔日軍隊相互對峙。

二〇一六年歐洲盃足球賽，許多年輕人及未必年輕的球迷在法國街頭四處流竄，與敵隊球迷幹架鬥毆。許多俄國球迷在英國隊出賽時動粗，顯然覺得這代表為國出征。在險峻的體育和政治關係中，俄羅斯當局竟雪上加霜，盲目維護本國的街頭暴民，而當一群暴民遭法國當局驅逐出境時，它卻召見法國駐莫斯科大使表示抗議。這恐怕大大違背了奧運會觀賽民眾的精神。

奧運會開幕儀式時，每個國家代表隊都會高舉各自的國旗進場。希臘隊永遠第一個入場，接著與賽各國依地主國語言的字母排序進場；名義上，地主國的國旗及隊員則最後進場。奧林匹克旗降下時，奧運會正式結束。會旗摺好後，交給四年後主辦城市的代表收下，接著希臘國旗升起，以示尊重原始的奧林匹克競賽。

關於奧林匹克旗，我們還有一則軼事可說，它提醒我們，凡事都要深入了解並仔細核實。本書或有疏漏、沒挑剔出某些神話，但作者可沒被某則故事蒙混過去。這個故事是說，顧伯亭男爵會設計五環旗是因受到在希臘古城德爾菲（Delphi）出土的一塊石頭、石頭上有相同的五環圖形而得到靈感。這個故事雖廣泛地由專家確認過，但根據其他資料來源，包括美國考古學學會（Archaeological Institute of America）的研究，我們發現其內情更平淡、並非那麼羅曼蒂克的故事，不過它可能也是較吻合事實的故事。

一九三六年柏林奧運會之前，當時的奧運籌備會主席卡爾·戴姆（Carl Diem）希望能在古代曾舉辦過奧林匹克競賽之德爾菲的體育場舉行一個儀式。他指示打造一塊石頭，並將奧林匹克五環鐫刻於其上。他的構想是，聖火火炬手會自德爾菲出發，奔向柏林。沒錯，聖火送到了柏林，但石頭卻留在現場。

二十年後，兩位美國大眾科學作家琳恩和蓋瑞・普理（Lynn and Gray Poole）夫婦，為了撰寫《古代奧林匹克運動史話》（*A History of the Ancient Olympic Games*），來到德爾菲進行研究調查。他們看到這塊石頭，誤以為它是古希臘留下的東西，因此寫道，這是原始奧林匹克競賽的表徵，而顧伯亭也因此得到啟發、設計出五環旗。後來許多書以訛傳訛，至今都還流傳著。事實上，這塊石頭還被稱為「卡爾・戴姆的石頭」。

奧運會開幕儀式有個傳統，各國代表團經過地主國元首面前時，會將國旗略低一下，以示敬禮。大多數國家都這麼做。美國則是少數不這麼做的國家之一。美國的傳統源於一九〇八年，奧運會首次舉行入場遊行儀式時，美國隊就不曾將國旗略低、以示敬意，理由是「美國國旗不向塵世的君王低頭」。然而，賓州州立大學歷史學者馬克・戴瑞生（Mark Dyreson）則認為，這不是正式的決定；一九一二年、一九二四年和一九三二年三次奧運會，美國國旗都曾低頭致敬。他在著作《為全球霸業打造愛國主義：美國參加奧運史話》（*Crafting Patriotism for Global Dominance: America at the Olympics*）中寫道：一九二八年，美國奧運代表團團長道格拉斯・麥克阿瑟（Douglas MacArthur）將軍決定，國旗不低頭致敬，才為此一正式決策定下先例，但也是要到一九三六年柏林奧運會才成為定例，而且為得到美國政府支持的政治動作。

柏林奧運會之所以值得記憶有幾個原因，倒不純然是美國黑人選手傑西・歐文斯（Jesse Owens）在一個號稱雅利安人心智、體力都高人一等的政權面前勇奪四面金牌，更因為許多國家代表隊向希特勒行納粹式敬禮。美國隊經過司令台時，只以「向右看」致意，國旗沒有稍降以示敬禮。德國當局，包括希特勒本人非常生氣。在一九三六年，這的確是大不敬的跡象，雖然常態上來說，這不是美國人的意圖：美國人只是對自己的國旗表示尊敬，因美國人對自己的國旗及其代表的一切抱著無上的敬意，它不向任何人低頭敬禮。

因為格子象徵終點線，因此把我們帶到體育世界旗幟終點站的是一面黑白色格子旗，它只花了幾十年就獲得全球的知名度，如今它不僅代表一場比賽的結束，也代表興奮、刺激畫下休止符。（圖9-7）它的起源頗平凡無奇，但幾乎所有對其歷史的研究，都會追溯到一則民間傳說。據說，這面旗子於十九世紀時源於美國中西部。傳說中，賽馬競賽快結束時，就會揮舞桌布告訴大家，食物準備好了，比賽要結束了。當時的桌布通常是格子花色，不是黑白格子就是紅白格子。漸漸地，各式比賽結束都會揮舞它。民間傳說通常有某些事實根據，但在這方面，我們卻找不到主要證據來支持這個說法，不過這則故事似乎可信，於是乎便流傳了下來。

不過，中西部歷史專家佛瑞德・伊格洛夫（Fred R. Egloff）所寫的一本書，似乎解答了這個謎題。佛瑞德經多年研究，在二〇〇六年出版專著《格子旗的起源：追尋競賽的聖杯》（*Origin of the Checker*

Flag: A Search for Racing's Holy Grail）。他出生於伊利諾州，一輩子喜歡探究類似傑西・詹姆斯（Jesse James）打家劫舍的軼聞故事，然後進行歷史考據。如今他已遷居德州，我找到他時，發現他正搬出同樣的工夫做研究，並寫出了《格子旗的起源》這本書。佛瑞德沉迷賽車，本身也擁有車隊，六十多歲時，他以一輛一九三〇年代的 BMW328 汽車贏得了一九九七年的復古跑車競賽（Vintage Sports Car Competition）。這輛 BMW 328 身世不凡；第二次世界大戰期間，它的原始荷蘭車主為了不讓納粹染指愛車，將它藏在一家美術館的地下室，並將其埋藏在數百張舊椅子之中。

因此我們可以說，佛瑞德對歷史並不陌生，也精通各種汽車。他的故事始於雷內・德瑞福斯（René Dreyfus）到美國訪問時。法國人德瑞福斯是一九三〇年代大賽車（Grand Prix）最偉大的賽車手之一。佛瑞德回憶道，德瑞福斯到中西部訪問時問起：「格子旗啟用於何時何地？它究竟代表什麼意思呢？」沒人能給他滿意的答案。於是佛瑞德說：「我的好奇心被激起了，於是數年後就開始研究它。你知道嗎，我以為很簡單嘛，我認得許多老一輩的人——這整整搞了我十年耶！」

他從關於桌布的傳說下手，也研究賽馬，但沒有結果。因此他又轉到自行車比賽。他翻遍美國自行車騎士聯合會（League of American Wheelmen）、美國自行車博物館（the Bicycle Museum of America）的檔案，及無數與自行車有關的軼聞細節，但根本找不到格子旗的蹤影。他說：「我又走入死胡同，研究又回到原點。所有關於它源自賽馬和桌布的說法，全都是臆測之詞，大多數人也都承認了。我到歐洲去查，但它並非源於歐洲，而是起源於此。」

美國第一場賽車於一八九五年的感恩節舉行於芝加哥。因此佛瑞德來到芝加哥大學圖書館動手動腳找資料（圖書館恰巧離那場賽車的起始地不遠）。「當時有份雜誌《汽車》（*The Automobile*）雙週刊。圖書館搬出所有藏書，我則逐期逐頁翻查，尋找關於格子旗的照片或任何文字敘述。」他在一九〇二年七月某期中找到了一張照片，某場比賽的終點用了一幅正中央有塊黑方塊的白色旗子。一九〇六年某期雜誌則出現另一張照片，紐約汽車展覽會展示了形形色色的一堆旗幟，其中就有面格子旗。

這就很有意思了——雖然不是他要找的證據，但總算有點眉目了。他開始研究早期的長途汽車競賽「吉立登巡迴賽」（Glidden Tours）的相關報導。十九、二十世紀之交，汽車甫問世時公路狀況不佳，開車極度不易，因此產生了一種賽程長達一千公里的比賽，為的是測試汽車長途駕駛的「可靠性和耐久度」，製造商們於比賽中彼此競爭，希望能獲勝並藉此推銷汽車，這類賽事是在美國汽車協會（American Automobile Association）支持下舉辦。

我在另一期雜誌中，找到在派卡德汽車公司（Packard Motor Company）負責公關工作的一名男子薛尼．華爾登（Sidney Walden）的相關報導。當時派卡德公司參與了吉立登巡迴賽，為方便決定誰是贏家，薛尼．華爾登提出一個點子，認為應劃分車道並設立時間限制。他們在某個距離安置人員以檢查時間，並稱其為「檢查員」（checker）。為展示其位置及身分，他們採用了格子旗。

最後，我在一九〇六年五月的雜誌上看到一張照片，有輛汽車前方，站著一名手持格子旗的男子。照片攝於當年稍早的一場吉立登巡迴賽。我認為這是汽車競賽使用格子旗的第一張照片。這輛汽車至今仍在，它是一九〇六年的達拉克（Darracq）車型，目前在紐西蘭，不過那是題外話。

這已經很明顯了。但這可是佛瑞德花了好幾年工夫才上窮碧落下黃泉，在賽馬、自行車競賽方面統統走上死巷後，於汽車競賽相關報導中爬梳整理才獲得的突破。皇天不負苦心人，佛瑞德・伊格洛夫總算挖到真相了。

說來挺諷刺，賽車界的這個標記的原始用意是告訴駕駛人慢下來，但卻和加速有關。即使如此，如今這個記號已漆在汽車門上、印在汗衫上，也用於廣告上，以示速度與勝利。如今你若參觀一級方程式賽車，便可見粉絲興奮揮舞格子旗，為他們喜愛的賽車手或車隊搖旗吶喊。

揮舞旗幟是自古以來的全球現象。我們看到中國人飛舞這些絲布旗幟已有數千年之久，阿拉伯人在穆罕默德先知前就使用旗幟，歐洲人使用旗幟至少可上溯至十字軍東征時期。旗幟原本用於戰場，並做為國家的象徵——也是伸張主權的一種方式。

譬如二〇〇七年，俄羅斯人便把他們的國旗插在北極海床上，不是因為它看起來不錯，而是要傳達「這是我們的——不是你們的」的訊息。它是否有效，或有助於日後進行石油和天然氣鑽探的權利，還需進行談判，但儘管只是純粹的宣傳，標示出它是「你的」領土也非毫無幫助。在北極等有爭議之地，這種事可能會日益棘手；沒有插旗的地區——意即沒有控制它的國家——可能仍被視為有待爭奪。北極目前沒有單獨的一面旗幟，這是因為丹麥、加拿大、俄羅斯和美國等國家都聲稱對它的不同部分握有主權，這些國家都針對某些地區保留進行鑽探的權利。這是個需要小心談判的問題，以免經濟和外交的爭端演變成軍事衝突。

同樣地，在全世界的最底層，有另一個未因主權探索而引爆爭議之地——南極洲。它有一面官方旗幟，而數十個參與「南極條約系統」（Antarctic Treaty System）的國家，已賦予它一面正式旗幟，條約規定，在南極不得派駐軍隊、不得採礦及不得進行核子試爆。有七個國家（有時重疊）對南極的某些楔形地區提出權利主張，但只是為了科學研究用途、而非基於傳統的領土主權目的。這些國家有些在他們宣示的地區升起國旗，也有些國家升起特殊旗幟，譬如英國升起「不列顛南極旗」英國南極洲的旗幟（British Antarctica），但他們無一代表對這塊土地擁有所有權。美國作為一九五九年這項條約的簽署國之一，沒有對南極的任何土地提出主權主張，也不承認其他國家的任何主張；然而，它在南極設立了一個科學基地並升起星條旗。畢竟，你不能不留一手啊……

雖然旗幟仍被當做民族國家的專用品，但這是旗幟當道的時代。現在似乎有各式各樣的旗幟，從地方運動隊伍到全球性的運動與組織——如同志彩虹旗和藍色的聯合國會旗——無不飛舞著旗幟。沒錯，你不會在伊斯蘭國負隅頑抗、仍據守的少數地點看到這兩面旗幟，它們在北韓也不多見；但後者代表世界團結的理念，前者則是已開發世界普遍承認的標記，代表自由的概念適用於所有人。

從科學上來說，彩虹僅是天空中出現的弧形光譜，因光線在水滴中的反射、折射和散射而產生——但它是何其漂亮啊！自有人類以來，能欣賞大自然的美麗，便抓住了我們的想像力。

在猶太教和基督教文明裡，彩虹是上帝不再以大洪水淹沒世界的象徵。在基督之前的北蠻人心中，彩虹是連結地球與神祇之家的橋梁，但只有德行俱佳的人才能使用它。根據《鳩格米西史詩》（*Epic of Gilgamesh*）的記載，蘇美人（Sumerian）認為它是核准戰爭的表徵。加彭的芳族人（Fang people）不准小孩看彩虹，因彩虹在他們的超自然經驗中用於宗教啟蒙，緬甸的克倫族（Karen）則認為它是邪惡的象徵。

根據目前的民間傳說，某些美洲原住民認為，太陽旁邊的彩虹是上帝給的訊號，代表重大變化的到來，而多元性別社群（LGBT communities）則由此繼承了這個象徵，只是大多數人並不知道。我們現正處於變化劇烈的時代，其速度較幾百年前更快，而且對同志社群態度的變化相較於過去千年，可謂十分巨大。

最原始的同志彩虹旗目前陳列於紐約市的現代藝術博物館（Museum of Modern Art, MOMA）。一般公認，這面旗幟的設計和推廣要歸功於六十多歲的美國人吉伯特．貝克（Gilbert Baker）。[2]他說，他在一九七六年美國慶祝建國兩百週年、星條旗無所不在的時期，就開始思索同志社群需要一面代表旗幟。彩虹是他最早想到的象徵之一，因在他看來，它代表大自然的多樣化——就好像同志社群也有各種不同的膚色、性別和年齡一樣。

一九七〇年代早期，貝克自軍中退役後定居舊金山，以擔綱變裝皇后及替同志集會與活動縫製旗幟為生，並結識了哈維．米爾克（Harvey Milk），這位一九七七年加州首位公開出櫃的同志公職人員。米爾克希望，一九七八年舉行於舊金山的同志遊行能有個代表標記，於是請貝克幫忙出點子。二〇一五年，貝克在接受紐約市現代藝術博物館專訪時，說明了他的思考過程：

〔哈維．米爾克〕相當重視與堅持能見度，……一面旗幟的確吻合此一使命，因為這正是宣示你的能見度的方法，也是表明：「我就是這樣一個人！」……它不是一幅畫，不只是一塊布，不只是一個logo——它有太多用途。我認為我們需要這種象徵，需要人人可以立即了解我們是什麼人的象徵。〔彩虹旗〕沒有提到「同性戀」這個字，美國國旗上也沒有說「美國」，但人人看到它就會曉得它代表什麼。當我決定我們應有一面旗幟時，這個影響立刻出現，這面旗幟吻合做我們的象徵，我們也是一個族群。旗幟代表宣示力量，因此它非常合適。

頭兩面彩虹旗為三十英尺寬、六十英尺長，有八個顏色，由三十名義工製作於舊金山同志社區中心。一九七八年六月，同志大遊行在舊金山聯合國廣場舉行時，這兩面大旗於焉亮出。五個月後，哈維．米爾克和市長喬治．馬士孔尼（George Moscone）一起遭到另一位辭職的市議員槍殺殞命，此人不滿市府當局對同性戀者過度寬容。

米爾克喪生了，但彩虹旗留存了下來，由於許多人想對米爾克的理念和同志社群表態支持，彩虹旗的需求驟增。接下來，它迅速傳布到世界各地，開始代表另一個全球跨國社群。

其原始設計包含八個顏色的條紋。粉紅色代表性，因而故意放進去，因納粹規定，同性戀要佩掛一個粉色三角標章。紅色代表生命，橙色代表療癒，黃色代表陽光，綠色代表自然，天藍色代表藝術，靛青色代表和諧，紫色代表人類精神。粉紅色很快就被剔除掉，因就旗幟而言，這個顏色很少用到，因此製作費十分昂貴；一九七九年天藍色也被拿掉了，因此彩虹旗成為雙數的六色。（圖9-8）

如今，這六個顏色表達許多不同的意義。同志社群在世界各地旅行時看到商店、旅館、餐廳或建築物展示它，便曉得這是歡迎他們的地方，在這裡不會被視為異類或排斥。突尼西亞的加拿大大使館和倫敦的內閣辦公大樓也都升起了彩虹旗。也有人把六色彩虹投影到巴黎艾菲爾鐵塔與華府白宮上。

二〇一六年夏天，在佛羅里達州奧蘭多脈動夜總會的許多同志遭槍擊狙殺後，彩虹旗幾乎馬上出現在全世界無數地點。社群媒體出現彩虹標誌，數以百萬計的推特（Twitter）及其他帳號紛紛貼上彩虹。各地的集會和致哀活動也無不亮出彩虹標記。世界各地已開化到允許人們表露性傾向，而同情受害人的許多城市，也紛紛掛出彩虹旗。這就是認同政治，不過它還有更深刻的意義。彩虹旗不僅用來辨認某人是同志，也用來表露對同志社群的支持。彩虹旗可謂戰旗，但用在文化戰爭上。它已經取得了重大進展，尤其在西方世界的都會區，但若要升起彩虹旗，風險仍在。在世界極大的一片地區，尤其非洲和中東，展示彩虹旗會被抓去坐牢，甚至引發更慘烈的後果。

二〇一六年，英國情報機關MI6總部也升起彩虹旗。MI6局長以清楚明白的方式傳遞訊息：MI6不僅支持同志平等權利，也歡迎各種不同背景出身的人們應徵。它雖是六色條紋旗，卻發出了具有多重意義的訊號。〇〇七龐德不會被嚇倒，但許多人卻大大為此震駭。

最後我們談到聯合國會旗。這是一面全球性的旗幟；號稱要成為代表全世界的旗幟，但卻心願未遂。或許因為聯合國本身的政治錯綜複雜；也或許因為它代表民族國家，但我們卻看到在這些民族國家中，許多人根本不效忠自己的國旗；也或許單純只因它不是具有啟發性的旗幟也過時了，當然，這只是主觀的判斷。

據我們所知，還有一面所謂的「地球國際旗」（International Flag of the Planet Earth，圖9-9），它的設計理念是，若我們比以前更大膽地跨出一大步，我們可將它豎立於遙遠的星球上，或至少向外星居民展示它們；若外星人對我們的歷史有所了解，可能會略微了解我們的意圖。此為斯德哥爾摩貝克曼斯設計學院（Beckmans College of Design in Stockholm）的奧斯卡・培尼斐爾德（Oskar Pernefeldt）設計，引起了不少注意，但未獲官方承認。

根據地球國際旗的網站，它以海藍色為底色，並有七個交互相扣的環圈，「形成一朵花——這是地球上生命的象徵。這些環圈彼此環環相扣，代表我們這個星球上的所有東西，無論直接或間接，全都連結在一起。」我們被告知，這提醒人類「無論國界為何，我們共享這個星球。我們應彼此照顧，也應愛護我們生活於其上的這個星球。」很好啊，但聯合國也這麼說啊，而且還確實砍死了數以千計的樹木造紙，並以數十種語言印了幾百萬份公報如此闡述道。

最初，聯合國會旗升起於一九四七年十月於紐約召開大會時。它以多納・麥克勞林（Donal McLaughlin）替一九四五年於舊金山開會、起草聯合國憲章時設計的聯合國徽章為基礎。一九九五年，他發表了《徽記的起源及一九四五年聯合國會議其他回憶》（*Origin of the Emblem and Other Recollections of the 1945 UN Conference*）一書，提到這是倉促推出的設計。他在時間壓力下，畫出數個設計圖，但也立刻捨棄它們，然後得出一個圓形徽記，把大陸擺放在圓線的緯度和直線的經度線上，外頭再以兩枝橄欖枝拱翼。這個徽章略經修正後，成為正式的聯合國璽印和徽記。

一九四七年，它再度為聯合國繪圖員李歐・德洛茲多夫（Leo Drozdoff）採用，成為聯合國會旗的設計。旗幟底色為淺藍色，正中央的圖案是一個白色的聯合國徽記。整個徽記是一幅以北極點為中心、方位角等距的五大洲世界地圖平面投影。五個同心圓圍住五大洲。（圖9-10）當時一般認為，地球只有五大洲，不過日後演變成六或七大洲兩種不同說法，依據你問誰而定。總之，這個「五」強調的是聯合國的結構，尤其是安全理事會，其反映的是一九四五年而非今天的世界。這個「五」提醒我們，第二次世界大戰結束時的五大戰勝國——蘇聯、美國、英國、法國和中國——他們建立適合他們的世界秩序，包括讓自己成為安全理事會的永久常任理事國，並享有否決權。巴西、墨西哥、印尼、印度、德國及其他國家，有時能在安理會提出主張，則反映他們在二十一世紀的國力。它在本世紀已不合時宜，不過在可預見的將來，我們仍丟不開這個結構與這面會旗。

若你有某種傾向，那麼這面旗幟的同心圓會讓你感到怵目驚心，看起來彷彿這個世界陷入了外星人的十字瞄準線。對於我們這些不戴錫箔帽的人來說，情況並非如此，但是旗幟的設計很自然地吸引了陰謀論世界的興趣。譬如，你可能已經注意到，旗幟上的世界竟然是……平的！此外，在這些陰謀論圈子中眾所周知的是，蜥蜴人／共濟會／光明會都會明目張膽地在視線可及之處插入一些奇奇怪怪的標誌。你若解釋，在平面上很難繪製一個三度空間的物體，並不會削弱他們的信念。若在同心圓中看到三十三塊東西，那就更有趣了，別忘了，在光明會裡，三十三是很重要的數字……讓我們這些人高興的是，這些理論家花了許多時間爭論哪些他們的真理是真理，反而饒過了「主流」，不來煩我們。

除非有重要會議在進行，週末時刻的聯合國總部外頭，只會有聯合國會旗飄揚著。重要會議罕於週末舉行，因而對於想在週末接觸聯合國的人士而言，一點都不意外。聯合國總部是個從星期一上班到星期五下午的地方。

除了週末以外，每天都有一組十人左右的工作人員，負責在上午八點把各個會員國國旗升起，並於下午四點降旗。整個過程歷時半小時。依規定，每面國旗大小相同，都是四英尺乘六英尺，高、寬比例為二比三。這是為了避免「我家國旗比你家國旗大」的癥候。但大小一致也會出問題。許多國家國旗的高、寬比例並非二比三，因此三不五時會有些大使、貴人甚至元首來抱怨，他們的國旗看來很怪。

各國國旗沿著紐約市第一大道，由北向南，依據英文字母的國名順序懸掛。赫德遜河畔不時有風吹起，此刻眾旗飄揚，甚為壯觀。這個景象傳遞出來的意義則又見仁見智。英國著名的旗幟權威葛里翰．巴特蘭樂觀地說：「在過去數年，我得出的結論是，旗幟上的內容實際上並不重要。我們犯下的錯誤之一，就是以為旗幟上的東西使它變得很強大……它對某人有什麼意義，這屬於他們，而且可能對其他一千萬人說，這給了它力量。」

聯合國會旗應該是在向全球全體七十億人說話——畢竟我們就是國家，而它說的是聯合。可是無可避免地，做為人類混在一起的實體，聯合國內部本身的意見未必一致，外界對它的感受也不同。要大於其繁多的委員會中常可見政治角力，不僅會員國暗中較勁，也有區域和宗教團體介入其中。要大家都去愛這面旗幟很難，但它卻是我們唯一的旗幟。若非我們已經有了一面旗幟——以及一個組織來——代表全體七十億人，一定會有人創制它們。這不就是我們所做的事嗎？

地球國際旗是個很可愛的構想、設計也很美麗，但它若正式通過、成為「我們的」旗幟，立刻就會沾染政治色彩。總之有人會來問，誰來選擇它？誰主持委員會？誰代表它發言？當然這個問題意指的是，誰來代表我們全體發言？做為一個星球，我們一點都不「聯合」。只要我們看到某些人或某些團體在管事，而我們不同意他們的意見時，我們可能就不會同意那面旗幟。情況果就是如此。

通常旗幟代表認同；它們認同了某些人，同理，也劃分出誰不是一夥的。這正是為什麼一面國旗或宗教旗幟，對我們的想像力和熱情會有那麼大的影響力。但聯合國會旗並非作為反對某個外敵之用，因此我們更難聯合起來力挺它了。或許我們缺乏想像力去洞見我們本身是個聯合實體，而且有共同的目標，因此必須等到火星來攻擊地球了，才會真正明白這一點。

但我們應以更積極的觀點作結。在等候火星人來拜訪我們的同時，我們能做的，正是好好正視聯合國總部前的這排世界各國國旗。它們依序排列，代表各色各樣的民族和國家。它在視覺上很清晰、明白地表露我們在膚色、語言、文化、政治等方面上的不同，但它同時又提醒我們，我們可以團結起來——我們有種種缺陷和不同的國旗，但我們是一家人。

譯註

1 十九世紀英國作家羅伯・路易士・史蒂文生（Robert Louis Stevenson）寫出膾炙人口的小說《金銀島》（Treasure Island），這個海盜故事的主人翁就是長約翰・席爾維。

2 貝克已於二〇一七年三月三十日去世，享年六十五歲。

致謝

感謝葛里翰・巴特蘭（Graham Bartram），David Waywell, Samir Bambaz, 米納・阿—歐拉比（Mina Al-Oraibi），Zein Jafar, Ollie Dewis, Sarah Ader, 佛瑞德・伊格洛夫（Fred R. Egloff）、佛瑞德・布朗尼爾（Fred Brownell）、山岱・歐拉瓦爾・歐拉尼蘭（Sunday Olawale Olaniran），以及馬赫迪・阿布都・哈地博士（Dr Mahdi F. Abdul Hadi）。

感謝我的出版社 Elliott and Thompson，尤其是 Bad Joke Prevention Unit 部門的編輯 Jennie Condell 和 Pippa Crane，他們十分辛苦地把各個例證編入定稿。其中如有任何不當，由我負擔文責。

國旗是牽動感情的話題，任何一面國旗的故事通常都有不同版本的歷史。我已盡力澄清歷史證據不足之處，如有乖誤，由我負擔文責。

參考書目

一般參考

Complete Flags of the World (London: Dorling Kindersley, 2002)

Devereux, Eve, *Flags: The New Compact Study Guide And Identifier* (London: Apple Press, 1994)

Eriksen, Thomas Hylland and Jenkins, Richard (eds), *Flag, Nation and Symbolism in Europe and America* (Abingdon: Routledge, 2007)

Marshall, Alex, *Republic or Death! Travels in Search of National Anthems* (London: Random House 2015)

Smith, Whitney, *Flags Through The Ages And Across The World* (New York: McGraw-Hill, 1976)

Tappan, Eva March, *The Little Book of the Flag* (Redditch: Read Books Ltd, 2015)

Znamierowski, Alfred *The World Encyclopedia of Flags* (Wigston: Lorenz Books, 1999)

The Flag Research Centre website, http://www.crwflags.com/fotw/flags/vex-frc.htm

導論

'Guns, Drones and Burning Flags: The Real Story of Serbia vs Albania', YouTube. 17 October 2015, https://www.youtube.com/watch?v=WuUUGIn8QuE

第1章

Hughes, Robert, *American Visions: The Epic History of Art in America* (New York: Knopf Publishing Group, 1999)

Luckey, John R., 'The United States Flag: Federal Law Relating to Display and Associated Questions', CRS Report for Congress, 14 April 2008, http://www.senate.gov/reference/resources/pdf/RL30243.pdf

'Every race has a flag…' Notated Music, Library of Congress, (Jos. W. Stern & Co., New York, 1900) https://www.loc.gov/item/ihas.100005733/*Sunday Spartanberg Herald*, 4 August 1935

http://nomoretatteredflags.org

第11章

Lister, David, 'Union Flag or Union Jack', Flag Institute Guide (2014) Bartram, Graham, 'Flying flags In The United Kingdom', Flag Institute Guide (2010)

Groom, Nick, *The Union Jack: The Story Of The British Flag* (London: Atlantic Books, 2006)

第三章

Buckley, Richard, *Flags of Europe: Understanding Global Issues* (Cheltenham: European Schoolbooks, 2001)

Schulberg, Jessica, 'Video: The Ridiculous Meaning of Europe's Flag, Explained', New Republic, 29 September 2014.

https://newrepublic.com/article/119601/european-flag-doesnt-have-anything-do-europe

Walton, Charles, *Policing Public Opinion in the French Revolution* (Oxford: Oxford University Press, 2009)

'The European Flag', Council of Europe http://www.coe.int/en/web/about-us/the-european-flag

http://www.radiomarconi.com/marconi/carducci/napoleone.html

http://www.portugal.gov.pt/en/portuguese-democracy/simbolos-nacionais/decreto-que-aprova-a-bandeira-nacional.aspx

第四章

Guinness World Records 2015 (Vancouver: Guinness World Records, 2014)

'Muslims World Cup Flag Anger', *Burton Mail*, 7 June 2006 http://www.burtonmail.co.uk/muslims-world-cup-flag-anger/story-21485018-detail/story.html#ixzz41ZDlrhWL

第五章

McCants, William, 'How ISIS Got Its Flag', *Atlantic Magazine*, 22 September 2015

SITE Intelligence Group, https://ent.siteintelgroup.com/

第六章

Bruaset, Marit, 'The legalization of Hinomaru and Kimigayo as Japan's national flag and anthem and its connections to the political campaign of "healthy nationalism and internationalism"', Department of East European and Oriental Studies, University of Oslo (Spring, 2003)

'Constitution of the Peoples Republic of China' (1982) http://www.npc.gov.cn/englishnpc/Constitution/node_2825.htm

'Chinese National Flag: Five-starred Red Flag', http://cn.hujiang.com/new/p478857/

Daily NK.com Kim Tu Bong and the Flag of Great Extremes [Fyodor Tertitskiy Column]

Sun Tzu, *The Art of War* (London: Penguin Classis, 2002)

第七章

Barrett, A. Igoni, 'I remember the day . . . I designed the Nigerian Flag', Al Jazeera, 3 September 2015 http://www.aljazeera.

com/programmes/my-nigeria/2015/09/nigerian-flag-150901092231928.html

Hill, Robert A. (ed.) *The Marcus Garvey and Universal Negro Improvement Association Papers*, Vol. IX, Africa for the Africans 1921–1922 (Berkeley: University of California Press, 1995)

Official Website of the Universal Negro Improvement Association And African Communities League, http://www.theunia-acl.com/

Shepperson, George, 'Notes On Negro American Influences On The Emergence Of African Nationalism', *Journal Of African History*, 1, 2, (1960), 299–312

'Taiwo Akinkunmi: An Hero Without Honour', Online Nigeria, 15 January 2007 http://article.onlinenigeria.com/ad.asp?blurb=478#ixzz41fRsUZGe

第八章

Flood, Daniel J., official correspondence, 1959 http://www.foia.cia.gov/sites/default/files/document_conversions/5829/CIA-RDP80B01676R000900030089-5.pdf

'Advantages of the Panamanian Registry', Consulate General of Panama in London Website, http://www.panamaconsul.co.uk/?page_id=115

Carrasco, David and Sessions, Scott, *Daily Life of the Aztecs: People of the Sun and Earth* (Westport, CT: Greenwood Publishing

Group, 1998)

von Goethe, Johann Wolfgang, *Goethe's Theory of Colours: Translated From The German, With Notes* (Cambridge: Cambridge University Press, 2014)

Jensen, Anthony K., 'Johann Wolfgang von Goethe (1749–1832)', Internet Encyclopedia of Philosophy, http://www.iep.utm.edu/goethe/

'Latin America Has Achieved Progress in Health, Education and Political Participation of Indigenous Peoples in the Last Decade', Economic Commission for Latin America and the Caribbean, Press Release, 22 October 2014 http://www.cepal.org/en/pressreleases/latin-america-has-achieved-progress-health-education-and-political-participation

Macaulay, Neill, *Dom Pedro: The Struggle for Liberty in Brazil and Portugal, 1798–1834* (Durham, NC: Duke University Press, 1986)

'Panama Canal Riots – 9–12 January 1964', GlobalSecurity.org http://www.globalsecurity.org/military/ops/panama-riots.htm

第九章

Ship's Log, British Navy Ship HMS *Poole*, July 1700. From records held at The National Archives.

Antonelli, Paola and Fisher, Michelle Millar, 'MoMA Acquires the Rainbow Flag', Inside/Out, Museum of Modern Art website,

17 June 2015, http://www.moma.org/explore/inside_out/2015/06/17/moma-acquires-the-rainbow-flag/

Dryeson, Mark, *Crafting Patriotism for Global Dominance: America at the Olympics* (Abingdon: 2015, Routledge)

Egloff, Fred R., *Origin of the Checker Flag: A Search for Racing's Holy Grail* (Watkins Glen: International Motor Racing Research Centre, 2006)

'Geneva Conventions 1949 And Additional Protocols, and their Commentaries', International Committee of the Red Cross website, https://www.icrc.org/applic/ihl/ihl.nsf/vwTreaties1949.xsp

'Joint Service Manual of the Law of Armed Conflict', UK Ministry of

Defence, 2004 https://www.gov.uk/government/uploads/system/uploads/attachment_data/file/27874/JSP3832004Edition.pdf

Leigh, Richard, Baigent, Michael and Lincoln, Henry, *The Holy Blood and the Holy Grail* (London: Arrow Books, 2006)

McLaughlin, Donal, 'Origin of the Emblem and Other Recollections of the 1945 UN Conference', 1995 https://www.cia.gov/news-information/blog/2015/images/McLaughlinMonograph.pdf

Olympic Games website http://www.olympic.org/documents/reports/en/en_report_1303.pdf

Rawsthorn, Alice, 'Skull and Crossbones As Branding Tool', *New York Times*, 1 May 2011

Shirer, William L., *The Rise and Fall of the Third Reich* (New York: Simon & Shuster, 1990

Young, David C., 'Myths About the Olympic Games', Archaeology online, 6 April 2004 http://archive.archaeology.org/online/features/olympics/games.html

國家圖書館出版品預行編目(CIP)資料

國旗的世界史：旗幟的力量與政治 / 提姆.馬歇爾(Tim Marshall)作；林添貴譯. -- 初版. -- 新北市：遠足文化, 2020.01
面； 公分. -- (遠足新書)
譯自：A flag worth dying for : the power and politics of national symbols
ISBN 978-986-508-021-1(平裝)
1.國旗 2.國際政治

571.182　108011317

特別聲明：有關本書中的言論內容，不代表本公司／出版集團的立場及意見，由作者自行承擔文責

遠足文化　讀者回函

遠足新書 12

國旗的世界史：旗幟的力量與政治

A flag worth dying for : the power and politics of national symbols

作者・提姆・馬歇爾（Tim Marshall）｜譯者・林添貴｜責任編輯・龍傑娣｜校對・施靜沂、楊俶儻｜封面設計・牛俊強｜出版・遠足文化事業股份有限公司・第二編輯部｜社長・郭重興｜總編輯・龍傑娣｜發行人兼出版總監・曾大福｜發行・遠足文化事業股份有限公司｜電話・02-22181417｜傳真・02-86672166｜客服專線・0800-221-029｜E-Mail・service@bookrep.com.tw｜官方網站・http://www.bookrep.com.tw｜法律顧問・華洋國際專利商標事務所・蘇文生律師｜印刷・崎威彩藝有限公司｜排版・菩薩蠻數位文化有限公司｜初版・2020年1月｜初版二刷・2022年5月｜定價・420元｜ISBN・978-986-508-021-1